KB264680

문예신서
167

하나이지 않은 성

뤼스 이리가라이

이은민 옮김

東文選

하나이지 않은 성

하나이지 않은 성

차 례

이 글들은 초기에 다음과 같이 여러 잡지들에 실렸었다.

〈거울, 다른 쪽에서〉, *Critique*, 1973년 2월, n° 309.
〈하나이지 않은 성〉, *Cahiers du Grif*, n° 5.
〈정신분석 이론으로의 회귀〉, *Encyclopédie médico-chirurgicale, gynécolo-gie*, 1973년 3월, 167 A-10.
〈담화의 권력/여성의 복종〉, *Dialectiques*, n° 8.
〈여자는 다 그런 것 Cosi fan tutti〉, *Vel*, n° 2, 1975년 8월.
〈액체의 '작동'〉, *Arc*, n° 38. à
〈여자들의 시장〉, *Sessualità e politica*, éd. Feltrinelli, 1976.
〈여자들 사이의 상품들〉, *La Quinzaine Littéraire*, n° 215, 1975년 8월.
〈'프랑스 여자들'이여, 더 이상 애쓰지 마라〉, *La Quinzaine Littéraire*, n° 238, 1976년 8월.
〈우리의 입술이 저절로 말할 때〉, *Cahiers du Grif*, n° 12.

거울, 다른 쪽에서

그녀는 대답한다. "그렇다면, 결국 정말로 그 일이
일어난 거군! 그럼 이제 난 뭐지? 할 수만 있다면 그
일을 기억하고 싶어! 난 꼭 그렇게 할 거야!" 그러나
아무리 굳게 결심했다 해도 그것은 그녀에게 별 도움
이 되지 못했고, 깊은 사색 끝에 그녀가 생각해 낸 말
은 고작 "L, 나는 그것이 L로 시작된다는 것을 알고
있어"라는 것이었다. (거울의 다른 쪽에서)

알리스의 두 눈은 푸른색이다. 그리고 **붉기도** 하다. 그녀는 거울을
들여다보면서 두 눈을 떴다. 겉으로 보기에 다른 부분은 여전히 폭력
에서 벗어나 있는 것 같다. 그것은 그녀의 집에서 유일하게 살아 있
는 것이다. 그녀의 어머니는 그녀가 가장 좋아하는 것이라고 믿고 있
다. 그녀는 여교사라는 자신의 임무를 수행하기 위해서만 거기에서
나온다. 물론 초등학교의 여교사를 말하는 것이다. 하루 종일 그곳에
서 사람들은 바꿀 수 없는 사실들에 대해 쓴다. 칠판이냐 공책이냐에
따라 흰 바탕에 검은색으로, 검은 바탕에 흰색으로. 어쨌거나 색깔의
변화는 없다. 알리스가 혼자 있을 때를 위해 이 색깔의 변화는 유보
된다. **그녀가 뭔가를 드러내는 화면 뒤에 혼자 있을 때를 위해서.**
집이나 정원에 혼자 있을 때를 위해.

그러나 이야기가 시작될 수 있는 때, 다시 시작될 수 있는 때는 오로지 '가을이다.' 어떤 일이 일어나기 위해서는 사물들이 아직 완전히 굳어지지 않은, 죽지 않은 그 순간을 포착해야만 할 것이다. 그러나 모든 것은 잊혀진다. 즉 '측량 기구들'·'망치'·'상자'와 특히 '안경' 이 그렇다. "그렇지 않고서 사람들이 어떻게 살아갈 수 있을까?" 그 것은 지금까지 **소유의 한계들**을 규정했고, 안과 밖을 구분했으며, 호평과 혹평을 대립시켰다. 그것은 모든 것의 가치를 감상하고 인정할 수 있게 했다. 경우에 따라서는 거기에 적응할 수 있게 했다.

자, 그들의 익숙한 지표가 없다면, 완전히 타락하고 마는 저들을 보라. 친구와 친구 아닌 자 사이의 차이는 어디에 있는가? 처녀와 창녀의 차이는? 자기 아내와 남자들이 좋아하는 여자의 차이는 어디에 있는가? 남자들 욕망의 대상인 여자와 서로 사랑을 나누는 여자의 차이는? 한 여자와 다른 여자의 차이는? 집을 갖고 있는 여자와 즐거움 때문에 사람들이 모이는 그 집을 자기 쾌락을 위해 이용하는 여자의 차이는? 사랑은 어떤 집에서, 어떤 여자를 상대로 일어나는가——일어났고, 일어날 것인가? 게다가 사랑하기 좋은 시간은 언제인가? 작업 시간인가? 그들 각자의 목적을 어떻게 규정해야 할까? '측정하다(Arpenter)'라는 말은 욕망과 상관 있는가, 아니면 그렇지 않은가? 쾌락이 측정될 수 있고, 표시될 수 있으며, 삼각 측량이 가능한가, 그렇지 않은가? 더 나아가 지금은 '가을이고' 색깔은 변한다. 붉은색으로. 비록 붉은색이 영원히 지속되지 않는다 해도 말이다.

아마도 그 순간, 알리스는 분명 놀랄 것이다. 이때 그녀 자신이 무대에 등장해야 할 것이다. 여러 가지 빛을 띤 눈으로. 이 눈은 푸르고 또 **붉다.** 이 눈은 표면과 뒷면을 알고 있다. 또 불분명한 변형을 알고 있다. 그리고 자아 상실의 모호함 혹은 명백함도 알고 있다. 이 눈은 겉모습은 저절로 변한다는 사실을, 하나가 다른 것이 된다는 사실을, 이미 다른 것이 되어서도 또 다른 것이 된다는 사실을 항상 예상한다. 그러나 알리스는 학교에 있다. 그녀는 늘 혼자서 맛보는 이것을 경험하기 위해 돌아올 것이다. 적어도 그녀의 어머니가 주장하는 바로는 그렇다. 그녀는 알리스가 어떤 여자인가를 아는 듯한 유일한 사람이다.

　그리하여 정각 4시에 측량사는 그녀의 집으로 들어선다. 측량사가 누군가의 집에 들어가기 위한 좋은 핑계로, 하물며 그 사람이 여자라면, 그는 채소 바구니를 가져간다. 이름과 옷·사랑이나 다른 핑계로 '그녀' 집에 들어가는 지금 뤼시앵의 입장에서는 그렇다. **당장에는** 이것이 그를 난처하게 하는 것 같지는 않다. 그는 문을 열고, 그녀는 전화를 건다. 자기 약혼자에게. 그는 집안으로 들어서고, 그들, 두 사람 사이로 한 번 더 들어간다. 오늘 4시 한 여자와 한 남자를 가깝게 하는 것, 즉 결별 속으로. 뤼시앵과 알리스 사이의 관계는 아직까지 걸음마 수준에 속한다. 영원히 그럴지도 모른다. 과거와 미래는 마치 우연이라는 서툰 발걸음에 굴복하는 것처럼 보인다. "사랑은 어쩌면 그런 게 아닐까?" 또 어머니-알리스, 뤼시앵-글라디스, 알리스-그녀의 남자 친구("그녀에겐 이미 남자 친구가 있다. 이 사실이 그녀에게는 권태롭다"), 사수-조수(측량사들) 사이를 그것이 끼어들어 가로지르기도 한다. 이미 제시된 것만을 이야기한다면 말이다.
　거기에서 그가 중재를 하는가? 아니면 **이 중재가 단순한 중재가 아니라는 것**을 아주 어렴풋하게 의심하기 시작하는가? 그는 불을 찾는다. 혼란을 감추고 그 모호성에 몰두하기 위해서. 연기 속에서 그녀의 관심을 딴 데로 돌리기 위해서. 만일 그녀가 자기 앞에 놓인 라이터를 보지 못한다면, 그녀는 불을 켤 만한 도구가 있을 첫번째 방에서 그것을 가져오라고 한다. 그가 이 집을 잘 알고 있기 때문에 그의 걱정은 사라진다. 그는 계단을 오른다. 원한다면 이 집을 둘러보라고 그녀가 말한다. 그들은 정원에서 헤어진다. 남자는 전화기 아래에 둔 '그의' 안경을 잊었고, 여자는 침대 위에 둔 '자신의' 모자를 잊었다. 불의 위치도 달라져 있었다.

그는 일터로 되돌아온다. 그녀는 어디론가 사라진다. 오늘이 토요일인가, 아니면 일요일인가? 측량을 해야 할 때인가, 아니면 사랑을 해야 할 때인가? 혼란스러운 그에게는 한 가지 방법만 있다. 즉 '훈제 청어'를 먹어치우는 일이다. 그러나 곧 다시 가고픈 욕망이 너무도 강하다.

훈제 청어들이 아무리 많아도, 그때뿐이다. 그(들)는 정원 가까이 있다. 그는 사랑에 빠진 남자, 그 집에 사는 여자를 사랑하는 남자이다. 첫번째 남자가 두번째 남자에게 묻거나, 두번째 남자가 첫번째에게 이렇게 묻는다. 그가 좋아하는 여자를 다시 만나러 갈 수 있느냐고. 그는 두려워지기 시작한다. 그리고 허락해 달라고 애원한다……
나중에.
　어떤 것이 되었든 그 저택에 대해 아는 바——사적인, 혹은 일반적인——가 뤼시앵에게는 없다. 그는 아무 계산 없이 주고, 유통시킨다. 모자와 채소·만족감을. 이것들이 그의 소유물인가? 다른 사람들의 것인가? 그의 여자인가? 다른 사람의 여자인가? 그가 행복감을 되찾게 된 것은 무도회장에서이다. 이는 다른 사람들이 그의 행복을 빼앗는 것을 그가 견뎌낸다는 것을 배제하지 않는다. 다른 곳에서.

　　그리하여 그는 다시 들어간다. 식사 시간이다. 그녀…… 그녀는 누구일까? 그녀는 다른 여자이다. 그녀는 라이터 같은 것을 찾는다. 불은 어디에 있는가? 위층 방에서 사수 측량사가 정겹게 신호를 보낸다. 마침내 정확하고, 확실하고, 검증할 수 있는 사실이 드러나 다행이다. 말하자면 1+1을 통해, 즉 자기 자신과 동일하면서도 전체적으로 변화를 일으키는 반복되는 요소를 통해, $a+b$를 통해 연결, 결과가 너무도 중요하다는 것을 그 (스스로에게) 입증할 수 있음이. 간단히 말해, 어떤 이야기가 중요하다는 것이. 이것이 사실이라고 말해도 과언이 아니다. 그가 이미 거기에 왔다고 해도 과언이 아니다. 그는…? 그녀는? 예전에는 어땠는가? 또 어떠하지 않았는가? 그녀가.

　　채소들은 더 이상 어떠한 이유도 부여하지 않을 것이기 때문이다. "나는 채소를 먹어야 했다." '나'는 누구인가? 오로지 '불'만 남는다. 그러나 이 불이 이러한 증명을 뒷받침하기 위해 거기에 있는 것은 아니다. 그리고 만일 이 불이 이것을 위해 있었다 해도, 일어났던 일의 어떠한 흔적도 남지 않을 것이다. 불이 여기에서 저기로 이동했다는 것을 증명할 경우, 사람들이 지금 그 불이 어디에 있는지 알고 있다고 확신하는 경우, 이 불이 있을 수 있는 유일한 장소가 알리스의 방이라고 알려 주는 경우 많은 주장들은 '마법'에 속한다.

　　이 신비술은 알리스에게 결코 유쾌하지 않았다. 비현실적인 것은 그녀를 사로잡지 않는다. 그녀는 어느 누구보다도 가공된 것, 환상적인 것, 믿기 어려운 것에 대해 잘 알고 있다. 그러나 그녀는 늘 자기가 이야기하는 대상을 감지할 것이다. 그녀는 이 놀라운 모든 일들을 목격할 것이다. 그녀는 '이상한 나라에' 있게 될 것이다. 그녀는 단순하게 상상하고, '직감적으로 느끼지' 않았다. 어쩌면 추론했을까? 그녀는 가장 먼 곳에 있다. 그리고 수많은 칸막이들이 그 사이에 놓여 있다! **거울 저편으로 가는 것, 그것은 전혀 다른 일이다.**

　게다가 그녀가 보기에 이 남자에게는 이런 모험의 표시들이 없다. 그것은 뉘앙스의 문제이다. 그렇다면 그는 아주 신속하게 이 집에서 나가야 한다. 그가 원치 않는다면? 그러면 그녀가 이 집을 떠날 것이다. **집 밖**은 가장 훌륭한 은신처이다. 특히 이 계절에는 온갖 색깔들로 가득하다. 그 역시 정원 안으로 들어선다. 아주 가까이. 그러면 사람들에게는 혼자 있을 권리가 없는가? 어디로 가야 하는가? 어디든 갈 수 있는 측량사들 같은 모든 내방객들에게 집과 정원이 개방되어 있다면 말이다. 그들을 피할 수 있는 은신처를 어서 빨리 만들어야 한다. 그들의 계산과 시선·추적에서 벗어날 수 있는 장소로 숨어야 한다. 그들의 침투에서 벗어날 수 있는 장소로. **그곳은 어디인가?**

　뤼시앵은 아주 긴 시간이라도 기다릴 수 있다. 그는 채소밭 옆에서 아주 끈질기게 기다린다. **저택 바깥에 머물던** 그는 곰곰이 생각한다. 특히 근대 밭에 대해서. 이 채소는 어린 여자아이들의 성장을 돕는다. 그들은 어느 새 결혼할 나이가 된다. 그는 아주 오래 전부터, 매우 조심스럽게 미래를 준비한다. 일어날 것 같지 않은 미래를. 그는 그것 이외에는 생각지 않는다. 어쩌면 그는 거기에서 온 것 같다. 빈손으로. 그는 사람들이 하는 것처럼 길을 이용하지도 않는다. 그는 계단참에 이른다. 여전히 좀 거북한 상태이다.

　알리스가 웃는다. 뤼시앵이 웃는다. 이 공모자들은 둘 다 웃는다. 그들은 연기한다. 그녀가 그에게 모자를 선물한다. "글라디스가 뭐라고 할까?” 그가 알리스의 선물을 받았다고 하면? 그녀가 그에게 모자를 줬다고 하면? 지금 물건을 건네는 여자의 마음은 ‘잠자리’의 재빠른 질주에 사로잡힌다. 사람들이 쾌락의 가능성을 **배가시키는** 마음에 더 많이 빚지고 있는가? 아니면 **처음으로** 그것을 제안하는 마음에 더 많이 빚지고 있는가? 만일 한 상태에서 다른 상태로 이동한다면, 어떻게 이들을 구별하는가? 사람들이 자기 자신이 어디에 있는가를 어떻게 알 수 있는가? 마침내 이런 혼란이 뤼시앵에게 일어난다. 그는 마음이 끌린다. 그가 이런 상태에 있는 이상, 각자가 단순하게 ‘나 자신’이 되기를 포기하고, 자기의, 너의, 그의 방책들을 벗는 이상, 그는 일체의 조심성을 버린다. 아무것도 소유하지 않은 듯한 태도로, 매우 방탕한 것 같은 태도로 그는 작은 영역을 고수했다. 정확하게 말해 **은신처를.** 극히 개인적인 피난처를. 세상 사람들과 잘 맞지 않을 때를 위해. 걱정이 너무 버거울 때를 위해. ‘비가 올 때를 위해.’ 이 궁극적인 행복, 이 독특한 허무를 그는 알리스와 공유하려고 한다. 자신의 개인적인 특징을 없애려고 한다. 그가 그녀를 데리고 간 데는 동굴 같은 곳이다. 숨겨지고, 은밀한, 수수한 장소이다. 그곳은 약간 어둡다. 알리스가 찾고자 하는 것은 무엇인가? 그가 찾고 있는 것은? 사람들이 숨어 있기 때문에, 그들은 귓속말을 나눈다. 말하지 않고 웃기 위해서. 그러나 뤼시앵은 모자를 ‘침대’ 위에 두고 잊었다는 것을 알고 있다. 이 특별한 사실이 그의 태도를 성가시게 한다. 조급한 마음이 인다. 메아리 속에서 그의 행동은 실패로 돌아갈 것이다. 믿음직한 어조로 아주 낮게 속삭이던 그는 무슨 일인지 전혀 속이지 않는다.

대체 무슨 일인가? 그에게 일어난 일인가? 다른 사람에게 일어난 일인가? 그는 일어날 일을 이런 식으로 드러내는가? 알리스는 움직이지 않는다. 그녀는 마음의 문을 닫는다. 그녀는 **얼어붙은 듯이 있다.**

우리 앞에 쾌락을 누릴 수 있는 각자의 권리들이 있으니, 변호사 사무실로 가자. 상담은 밖에서 이루어질 것이다. 그 안에서 "여자가 엿듣고 있다"라고 그는 말한다.

——"한 소녀의 집에서, 소녀와 사랑을 나누었어요. 내가 어떤 위험에 처해 있는 거죠?"——"아무런 위험도 없어요." 이것은 사람들이 상상할 수 있었던 것을 넘어선다. 이 모든 것은 허무하다. 아무 동기도 없다. 위험의 그림자조차. 고통이나 빚도. 실패도 없다. 이런 가혹한 장소에서 어떻게 계속 측량할 수 있는가? 그렇지만 결과는 일어나기 마련이다. **이 이야기에서는 말이다.**

이야기를 계속하자. "그래서 나는 내가 모르는 한 여인의 집에서 내가 모르는 여인과 동침했어요. 내가 어떤 위험에 처한 거죠?"——"4년형이오."——"왜요?"——"가택 침입과 성폭행이오. 2년에 2년을 더하면 4년이지. 2×2=4, 2^2=4. 4년이란 말이오."——"어떻게 하면 그 형량을 피할 수 있소?"——"두 사람에게 달려 있어요. 한 여자와 또 다른 여자. 두 여자 모두에게 달린 거죠. 우선 서로 다른 이 두 사람을 같은 사람으로 만들어야 하오. 그리고 나서는 둘의 관계로 넘어가야만 하오."——"한 사람은 지목했어요. 집이라는 계수를 붙일 수 있는 여자죠."——"그래서요?"——"다른 특징은 말할 수가 없어요. 그녀는 내가 자기 집 가까이에 오지 못하게 해요."——"골치 아픈 일이군요. 다른 여자는? 여행자, 떠도는 여자 말이에요. 그럼 움직이는 단위가 되는 건가?"——"그녀는 어디론가 홀연 사라져 버렸어요."——"그렇다면……."——"그녀를 다시 볼 수 있게 도와 줄 수 있습니까?"——"아내가 화를 낼 텐데. 내 체면이 손상될 거요."——"내가 당신을 데려가겠소, 당신을 말이오. 내가 책임을 맡지요. 불명예는 내가 당하겠소."——"좋소."

하지만 **도대체 어디로 간단 말인가?** 세상은 넓다. 여기? 거기? 물론 어느곳에서는 멈춰야 한다. 만일 그를 약간 난폭하게 땅 위에 내려놓는다면, 그는 자신이 아주 더럽혀졌다는 것을 어쩔 수 없이 이해하게 된다. 이 일은 결코 일어나서는 안 된다——"아내가 뭐라고 말할까?" 제 발을 더럽힌 법조인에 대해 뭐라고 생각할까? 그리고 마지막 순간에 **누가** 이 불명예를 막아 줄까? 판사? 자기 아내? 왜 또다시 자기가 책임지기 싫어하는 것을 다른 사람의 탓으로 돌리는가? 왜냐하면 약간 혐오스럽게 보일 수 있기 때문이다. 명망 있는 남자의, 스스로 그렇다고 주장하는 자에게는 어울리지 않는 역겨운 면모로 나타날 수 있기 때문이다.

그러나 법을 잘 지키기(법과 무리 없이 화해하기) 위해 찾아온 측량사는 매우 낙담한다. 만일 수치상 '4년'이 된다면, 그는 변호사의 능력을 '제로'로 평가한다. 거기에서부터 그는 다시 시작해야 할 것이다.

뤼시앵은 글라디스의 집으로 되돌아왔다. 그는 한숨을 쉰다. 아직까지도. 그는 사태의 명확함 때문에 슬퍼진다. 망연자실해진다. 그는 유리창 너머의 풍경을 한없이 바라본다. 보이지 않는 존재가 그의 시선에 구멍을 뚫는다. 그의 시선을 포위하고, 꼼짝 못하게 한다. 글라디스가 대문을 닫는다. 뤼시앵이 입을 연다. 마침내——"속물들, 그들은 함께 정사를 벌였더군."——"누가 그랬다는 거야, 뤼시앵? 누구하고 누가? 그럼 네가 원하는 바로 그 여자 말야? 네가 좋아했었던 여자?" 처녀건 창녀건 **여자들은 속임수를 쓴다.** 어느 새 한 여자를 다른 여자 쪽으로 몰아가는 일이 이루어진다. 이 **혼란**은 다시 **합법적인** 것이 되어 버린다. 거울은 깨어진 채로 걸려 있다. 사람들은 (거울) 어디에 있는가? 모든 것이 빙글빙글 돈다. 사람들은 춤을 춘다.

음악에 리듬을 곁들이고, 리듬을 일으키기 위함이다. 관현악단이 연주할 것이다. 물론 다른 곳에서이다. 당신들은 사물들이 자기 실현을 완성하는 것은 항상 **다른 장면** 속/위에서라는 것을 파악하기 시작했을 것이다. 그들의 표출이 단순한 증거, 즉 단순한 확실성을 넘어설 정도로 충족된다는 것을 파악하기 시작했을 것이다. 그 사건에서 현재 보이는 것을 넘어설 정도로 말이다. 여기에서 저기로——어디?——지금에서 이후로——나중에?——어떤 것에서 다른 것으로——누구?——조장하는 자의 완성에 대한 끊임없는 보고서를 넘어설 정도로 말이다. 그리고 그 반대의 경우도 마찬가지이다. 시퀀스들·이미지들·발언들·'주체들'은 증가한다. 즉 대역들(doublure)이 이것들을 양분한다. 다른 사람에 의해 누군가의 계획들이 재현된다. 그/그녀는 이 계획들을 변경하면서 세상에 드러낸다. **다른 사람 속에 있는/다른 사람에 대한 자신의 인상이라는 사실 때문에 이 욕망을 어쩔 수 없이 수용한다.** 반복이 일어날 수 있는 자궁이란 인상, 이 반복 가능성에 대한 지원과 번식이라는 인상 말이다. 이때 번식되는 것은 동일한 것도 있지만 다른 것도 있다.

현재 (재)생산되는 이중창에는 연주자로 알리스의 어머니와 알리스의 약혼자가 있다. 정확하게 말해서 악기는 첼로이다. 처음으로 외부인이 이 연주를 지켜본다. 그것은 알리스이다. 그녀는 멀리 떨어져, 방——세번째 방——구석에서 귀를 기울이거나 살피는 것 같다. 그러나 그녀가 정말 거기에 있는가? 반쯤 정신이 나간 채이긴 하지만 어쨌든 거기에 있기는 하다. 무슨 일이 일어날지 귀를 기울이고, 또 쳐다보면서. 일은 이미 일어났다. **그 안에서, 또 밖에서.** 무엇이 이 둘을 결정적으로 규정하는가는 추정할 수 없다. 차이는 항상 변한다. 만일 '그녀가' 꿈을 꾼다면 '내'가 나가야 하는가? 소동이 일어난다. 누군가 사라졌기 때문이다. 그러나 또 다른 누군가가 이 사라진 주체의 빈 자리를 확실하게 보충할 것이다. 고통스럽지만 기다리기만 하면 된다.

그는 대문을 다시 연다. 귀를 기울이고 살핀다. 그러나 그의 역할은 오히려 끼어드는 일이다. '그 안으로 걸어가' 모든 커플들을 무너뜨리는 것이다. '집들·사람들·감정들' 속으로 걸어가서 말이다. 이들을 구별하기 위해서, 우연하게 (재)조화시키기 위해서. 그가 지나간 후, 그 장소에는 이면이 사라질 것이다. 아마도 뒷면도 마찬가지일 것이다. 그러나 "그렇지 않다면 사람들이 어떻게 살아갈 수 있을까?" 오로지 한 면만 갖고, 한 얼굴 한 방향만으로. 오로지 한 면에서. 늘 거울의 같은 쪽에서. 이 **면**은 각자를 자신의 다른 쪽에서 떼어내, 이 다른 쪽은 갑자기 전혀 다른 존재로 나타난다. 낯선 미지의 존재. 적, 불길한 존재. 냉혹한 타자로 나타난다.

"이런 상태로 어떻게 살아갈 수 있는가?"——"5년 전부터 그녀는 나에게 잔인하게 굴어!"——"그러면 늘 악마 같은 태도로 그들을 쳐다보세요!" 그러나 외젠이 꼬리 잘린 고양이를 흉내내기 때문에, 그녀가 자기 집에 들여놓으라고 허락한 그 유일한 도구에 대한 부담을 측량사에게 전가시키기 때문에, 그는 난폭하다. 그녀가 한숨을 쉬고, 고민에 빠져 눈물을 흘린다면, 당신들은 그녀가 여전히 나아지지 않았다는 것을 알게 될 것이다. 게다가 사람들 때문에 괴로워하는 사람에게는 떠나 보라는 충고를 하라. 그는 반드시 돌아오기 위해 거기에 자신의 원동력을 남겨둘 것이다. 다른 사람에게는 그녀가 그를 좋아하지 않는다고, 더 이상 사랑하지 않는다고 말해 보라. 그러면 그녀는 웃을 것이다. 비록 그녀가 슬프더라도. 그러나 당신이 적어도 이 상황의 어떤 면을 꿰뚫어볼 수 있는 심미안을 지닌 채 거기에 있었다면

──오직 짧은 시간 동안만이라도──그들은 더 이상 거기에 있는 것이 아니다. 그들은 더 이상 재결합할 수 없다. 그들은 서로 헤어지는 편이 더 낫다. 어쨌든 오늘날에는 그렇다. 게다가 **그들은 단 한번도 결합해 본 적이 없었다.** 각자가 상대방의 다른 면을 지지하기 때문이다. 막연히 기다리면서.

　알리스는 혼자 있다. 사수 측량사와 함께. 그가 이 집주인과 사랑을 나눈 자이다. 그 일은 그녀의 침대 위에서 일어나기까지 했다. 그녀는 이제 안다. 그 역시 이 공백기 동안 어떤 오해가 있었음을 알게 되었다──"후회하세요?"──"아뇨."──"이 혼란이 사라졌으면 하세요?"──"…?"──"그걸 바라겠죠?"──"…?"──**똑같은 역할을 가진 이들을 어떻게 구별할 수 있단 말인가?**
　그녀와 관계된 나를 어떻게 구별할 수 있는가? 어쩔 수 없이 멈추지 않고 다른 쪽에서 오는 나는, 게다가 항상 그들이 투사되는 스크린의 이쪽에서 오기 때문에, 그들의 모습이 나타나는 면 위에 있는 셈인 나는 살 수 없다. 이 모든 이미지・담화들・환영들은 나를 마비시키고, 꼼짝 못하게 한다. **나는 그 자리에 얼어붙는다.** 그들의 찬사, 듣기 좋은 말로 표현되는 나, 그들이 자기네들의 '사랑'이라고 부르는 나는 위축된다. 내 어머니・외젠・뤼시앵・글라디스…… 이들이 알리스에 대해 하는 이야기들을 모두 들어 보라. 여러분들은 그들이 내게 결정적인 판단을 내린다는 것을 알았다. 자기들의 이익에 가장 적절하게 말이다. 그리하여 나는 어떠한 '내 자아'도 그들에 의해, 그들을 위해 적응된, 그들의 필요나 욕구에 따라 움직이는 '자아'의 다양성도 깨닫지 못한다. 그런데 이 자아는──나로부터──무엇을 원하는지를 드러내지 않는다. 나는 망연자실하다. 사실, 나는 늘 그래 왔다.

그러나 그것을 느끼지도 못했다. 나는 그들의 욕구에 나 자신을 맞추는 데 몰두한다. 반쯤 넋이 나간 상태에 있기보다는 말이다. **다른 쪽에서 오는 욕구에 말이다.** 그리하여 내가 내 자아로부터 일깨울 수 있는 것은 이것이다. 나는 내 아버지인 타이유페르 씨의 이름을 쓴다. 나는 늘 이 집에서 살고 있다. 무엇보다도 아버지와 어머니와 함께. 아버지는 돌아가셨다. 그후 나는 여기에서 혼자 살고 있다. 어머니는 옆집에 기거하신다. 그 다음은…?

　——"그 다음에 그녀가 뭘 했습니까?" 그녀는 내가 아니다. 그러나 나는 여러분들을 위해 기꺼이 '그녀'가 될 것이다. 그녀 주변을 돌면서, 아마도 결국 나는 '내가 어떻게 될 것인지 알아갈 것이다——"그녀가 무엇을 했습니까?"——"그녀는 불을 찾으러 이층으로 갔어요. 그녀는 날 불렀어요."——"당신 이름은 뭡니까?"——"레옹이오……." 그리하여 나는 올라간다. 그녀가 그렇게 움직였기 때문이다. 내가 주독하는 유일한 차이는——정확하게? 잘못 알고?——다른 방에서 그의 이름을 부르는 것이리라. **두번째 방 말이다.** 그가 도착한다. 그러나 그가 들어가고 싶은 곳은 첫번째 방이다. 또다시 그가 속아넘어가는가? 그는 결코 속지 않는가? 그가 그것을 대수롭지 않게 생각하기 위해서, 누군가 다른 사람이 아닌 '그녀가' 되어야만 할 것이다. **사람들이 누가 '그녀'인지를 확인할 수 있을까, 없을까?** 아마 중요한 것은 이 장면이 반복된다는 것이다. 거의 비슷하게 말이다. 그때부터 '그녀'는 유일한 존재가 될 것이다. 다른 옷들로 갈아입는다 해도 말이다.

　——"이제 난 뭘 해야 하죠?"——"모르겠어요." 다른 곳에서 알리스는 철저히 혼자이다. 그녀가 온갖 놀라운 일들을 목격했을 때에도 마찬가지이다. 그녀가 한쪽에서 다른 한쪽을 왕래하곤 할 때에도. 이쪽에서, 그녀는 아주 부자연스런 표시들, 매우 인위적인 구속만을 확인한다. 다소 교과서적인 것들이다. 그것들은 유치원이나 공립 초등학

교에서나 있을 것 같다. 그리고 거기에서, 그 앞에서 그녀는 스스로를 교사로 느끼지 않는다. 그러나 그 역시 모른다. 그는 망토를 벗는다. 그녀가 그렇게 하라고 했기 때문이었다. 그리고는…?

　——"우선 내가 위층에 둔 것을 치우고 그 다음에 그 아래에 둔 것을 치워야 하나요? 반대로 해야 할까요? 밖에서 안으로 가야 하나요? 아니면 그 반대인가요?"——"…?" 그녀가 항상 은밀하게 있었기 때문에, 항상 숨어 있었기 때문에, 그리고 가려진 그곳에서 아무도 그녀를 발견하지 못했기 때문에, 그녀는 그저 전부 돌아보는 것만으로 충분하다고 믿는다. 사람들이, 그가 그녀를 쳐다보고 만지고 붙잡도록 하기 위해서는 숨김 없이 스스로를 드러내기만 해도 충분하다고 믿는다.

　——"내가 당신을 즐겁게 하나요?" 그가 그것을 알고 있는가? 이건 무슨 뜻인가? **쾌락의 원천을 어떻게 지칭해야 하는가? 왜 그것을 포기해야 하는가?** 그녀는 누구인가? 자신에게 몇 가지 특징을 부여하라고, 자신에게서 매우 독특한 특성을 발견하라고 그에게 요구하는, **거의 주체가 아닌** 이 '여자'는 누구인가? 겉으로 보기에 측량술은 사랑에 있어서 그다지 유용한 것 같지 않다. 어쨌든 그녀의 사랑을 위해서는 말이다. **사실 투사면 뒤에** 버티고 있는 것을 어떻게 측정하고 규정하는가. 이/그의 한계들을 넘어서는 것을. 여전히 **독특한** 한계들을. 아마도 그는 거기에서 생겨나는 것, 거기에 나타나는 것 혹은 재현되는 것을 즐길 수는 있을 것이다. 그것은 여전히 간파될 수 있는 것 안에 있을 수도 있을 것이다. 하지만 어떻게 이 지평을 넘어설 수 있는가? 목표 대상을 정하지 못했는데도 욕망을 품을 수 있는가? 거울의 다른 쪽을 겨냥할 수 있는가?

　알리스는 밖으로 나온다. 밤이다. 아무것도 보이지 않는다. 이 칠흑 속에서는 똑바로 걸을 수도, 오래 서 있을 수도 없다. 사람들은 균형

을 잃는다. 침착하려 할수록, 기껏해야 비틀거릴 뿐이다——"사람들
이 밖에서 절뚝거린다. 보러 가야겠다."

이야기는 끝에 이른다. 적어도 이야기가 전개되는 동안에, 이 이야
기는 누군가 침입하지 않을 **울타리**, 즉 사유지라는 공간 안에서 뒤집
히고 다시 전개된다. 어떤 곳은 뛰어넘을 수 없는 곳이 될 것이고, 어
떤 봉우리는 넘어설 수 없는 것이리라. 이것은 추구해야 할 다른 스
타일, 다른 방식을 발견하지 못하게 할 것이다. **적어도 두** 부류가 필
요할 것이다. 그리고 그 이상이 필요할 것이다. 이것들이 저절로 분
절되기 위해서. 서로 결합할 수 있기 위해서. 그렇다면 어느 순간에?
어느 지점에서? 여기에서 두번째가 첫번째의 유일한 **뒷면**은 아닐 것
이다. 때때로, 매우 빈번하게 그것은 보충물이다. 다소 적합하게. 다소
연결될 수 있게. 결코 궁극적으로 유일한 것만이 문제가 되지는 않을
것이다. 단위는 반으로 나뉜다. 각자는 많은 부분을 지니거나, 적은
부분을 차지할 수 있을 것이다. 동일시할 수 있는 부분이 있거나, 그
렇지 않은 부분이 있다. 그렇기 때문에 사람들이 쾌락의 가능성들을
모조리 다 써버릴 수도 없을 것이다. 아직 여분을 **뒤에**, 다음번을 위
해서 남겨두기 때문이다.

그러나 자기 영역의 경계에, 현재 틀의 경계에 도달하게 되면, 사태
는 악화된다. 연속되는 사건들이 늘어가는 증세 악화를 입증한다. 그
러나 이것이 퇴행 같은 것에 이르지 않는다는 것은 확실치 않다. 각
자의 위치에서 제각각 후퇴하지 않는 것도.

날이 밝자, 사수는 **몇 가지** 방법을 써야겠다고 생각한다. 결국 일요일이 되었어도 말이다. 감히 혼자서는 그 일을 못하는 그이기에 그는 **조수**에게 전화를 걸어, 알리스 집에 잊고 두고 온 자기 망토를 찾으러 가라고 했다. 사정이 어떤가를 알기 위해서이다. 자연스럽게 알기 위해서였다. 위험성을 따져 보기 위해서였다. 한 가지 혐의에 대한. 그는 차에 조수를 태우고 집 울타리까지 간다. 술집에서 그를 기다릴 것이다. 그리고 거기에서 그는 뤼시앵을 다시 만난다. 그들 사이는 오히려 나빠진다. 그들은 서로에게 욕설을 퍼붓는다. 당신이 알고 있는 사람 쪽에서는 '머저리'라는 말이, 더 수줍어하는 사람에게서는 '불손한'이란 말이 나온다. 그럼에도 불구하고 수줍은 사내는 이 무의미한 욕설 때문에 깊이 자책할 것이다. 레옹은 자기 일에 꼭 필요한 측량도구들 때문에 기분이 상한 것이다. 알리스에게는 그의 망토가 없다. 그러나 그녀는 그것을 보관하고 있을 것이다. 그녀가 그를 다시 만나려 하기 때문이다——"왜 그를 원하는 거죠?"——"그러고 싶어요."——"왜요?"——"제대로 경험해 보고 싶어서요." 그러나 여러분은 무엇이 문제인지 알 수 없다. 여러분은 거기에서 아무것도 보지 못한다. 혹 보더라도 거의 못 본다. 그런데 이러한 사실들을 명확하게 직시하기 위한 결정적인 한 요소를 그가 막 간파했다. 안이 잊고 있었던 전화기 밑의 안경(?)이 그것이다. 그녀는 그것을 써본다. 빙긋 웃는다. "이게 없다면 어떻게 살 수 있지?" 레옹에게, 이 안경이 없는 그에게 꼭 돌려 줘야만 한다. 모든 사람들이——특히 레옹과 알리스가——정말 중요한 사건이 일어날 때에는 꼭 그것을 써야 할 것이기 때문이다. 이것이 상황을 명료하게 만들어 주는 데 도움이 될 것이다. **아니면 그 반대일지도 모른다.** 곧 그들은 안경을 벗어던질 것이다. 이것은 분명 안이 한 일이다. 조수 막스는 레옹에게 안의 안경을 되돌려 준다. 그 사이 알리스는 이 안경을 가지러 자기 집에 오라고 그에게 전화를 건다. 안경을 깨뜨릴까봐 걱정스럽기 때문이다. 유리로 된 것은 그녀에게 부서지기 쉬운 것이다. 레옹은 안이 사라지게 된 수수께끼를 푼다. 안경 없이 그녀는 살아갈 수 없었다. 그는 경찰서로 가 모든 것을 털어놓는다. 경찰관은 아무것도 이해하지 못한다. **여전히 그것은 시력의 문제이다.** 그는 엄벌에 처해야 할 동기를, 유죄의 이유를, 하물며 사태를 바로잡을 가능성을 알지 못한다. 그러나 그는 이 전문가에 대한 자신의 활동을 즉시 포기할 준비는 되어 있다. 그리하여 레옹이 그의 고통을 제거하는 것은 금지된다. 점점 더 고통을 겪는 그는 그녀, 그 여자들 가운데 한 사람의 집으로 되돌아간다. 이제 그가 심판자로 파견되기 때문이다. 안은 자전거를 타고 그보다 먼저 도착했다.

여전히 그녀를 찾고 있던 알리스는 안을 데려와 어떻게 된 일이냐고 털어놓으라고 한다. 그녀는 분명 그녀도 마찬가지였다고 생각한다. 그녀가 바로 '그녀'라는 사실을(이) 입증하(되)기 위해서 알리스는 그 다음 이야기에서 안을 앞서간다. 그녀는 모든 것이 이미 끝났을 때 어떤 일이 일어나는지 말한다. 그 다음날 그녀에게 일어난 일이, 아직 그녀에게는 일어나지 않은 일을. 사랑, 그것은 딱 한번이지만 특히 다시 시작해서는 안 되는 것임을, 모든 것을 되풀이하는 경향이 그녀에게 약간 성가신 것이 될 수 있다는 것을.

누가 말했는가? 누구의 이름으로? 그녀를 대신하는 그녀가 그녀를 대신하려고 애쓰지 않는다는 것도 불확실하다. **'그녀'보다 훨씬 그녀답기 위해 애쓴다는 것도 그렇다.** 그렇기 때문에 일어날 수 있었던 일에 그녀가 덧붙이는 이런 말이 생긴다. "그는 자기와 나 사이에서 아이가 태어나기를 바라기까지 해." 이 여자들은 각기 다르게 혼란을 느끼면서 침묵을 지킨다.

물론 측량사가 끼어드는 것은 이 순간이다. **그러나 어떻게 이들을 식별할 수 있는가? 누가 그녀인가? 그리고 또 다른 그녀는? 두 단위의 합체가 아닌 이 여자들은 어디에서 나와서 어디로 가는가?**

이들이 그에게 대답하기 위해 둘 다 일어난다. 그러나 이 일에는 안쪽이 더 낫다. 자신들이 생각하는 바가 무엇인지를 그에게 이야기할 사람은 그녀이다. 그녀 자신들? 아니면 그녀? 자기의 생각을? "한쪽, 아니면 다른 쪽, 둘 다이거나 둘 중 어느 누구도 아니죠."——"그게 바로 당신이오!"——"그게 나예요." 그녀는 내 앞에 마치 아무 일도 일어나지 않은 듯이 있다. 그래서 내가 그녀에게 일어났을 법한 모든 일을 꾸며댔는가? 그녀가 처한 상태를 꾸며댔는가?——"다시 당신을 만나고 싶지 않군요." 그것은 너무 지나치다. 그녀는 결국 자신이 다시 나타나는 순간에, 어쩌면 이 다시 만난다는 것이 굳어질 수 있을지도 모르는 순간에 어떤 인식에 의해 그녀가 즉시 사라져 버린다고 주장한다——"그럼 알리스는?"——"마찬가지죠." 그녀는 어느 누구도 아니다. 두 사람 가운데 아무도 아니다. 모두이건 각자이건 더 이상은 이 두 사람이 아니다. 이 여자(들)가 뒤로, 예를 들면 집의 문을 통해서 그렇게 피해 가는 것을 어떻게 묵인할 수 있는가——"알아두세요. 당신은 나를 다시 볼 것이고, 나에 대해 말하는 것을 다시 듣게 될 것입니다. 커다란 기계들을 갖고 다시 와서 측량을 하고, 평평하게 만들고, 부술 것입니다. 집과 정원 전부 다."

알리스는 눈을 깜박거린다. 천천히, 여러 번. 아마도 그녀는 다시 눈을 감고, **또 뜰 것이다.** 그러나 눈썹들이 닫히기 전에 두 눈이 **붉게** 변했음을 당신은 보게 될 것이다.

　여기에서 단순히 미셸 수테[1]의 영화도, 또 다른 것도 문제될 수 있는 것이 아니기 때문이다. 게다가 '그녀에게는' 결코 '고유' 명사가 없고, 기껏해야 그녀는 '이상한 나라'에 있기 때문이다. 비록 X씨라는 이름에 대해 주의할 때에만 '그녀에게' 공식적으로 실존할 권리가 있다 해도 말이다. 그리하여 사람들이 그녀를 잡기 위해서, 그녀에게 이름을 붙이지 않은 채로 내버려두기 위해서, 그녀를 알아보지도 않은 채 그녀를 잊기 위해서 '나'——누구?——는 소문자로 남을 것이다. 솔직하게 말하자.

지하의 '알리스'

하나이지 않은 성

여성의 성욕은 늘 남성적 기준들을 출발점으로 삼아 고려되어 왔다. 그리하여 '남성' 음핵의 능동성/'여성' 질의 수동성의 대립, 프로이트——그리고 다른 많은 이들——가 성적인 측면에서 '정상 여성으로의 변화'에서 나타나는 여러 단계들이나 대안들로 이야기하는 이 수동성의 대립은, 남성적 욕구의 실현에 의해 좀 지나치게 요구되는 것 같다. 왜냐하면 거세의 불안감이 (어린 소년에게) 존재하지 않는 한, 이때의 음핵은 수음 행위에 적합한 작은 페니스처럼 인정되기 때문이고, 금지된 손이 쾌락을 위한 매개체로 있어야 할 때 질은 남자 성기에 하나의 '안식처(logis)'를 제공함으로 그 가치를 지니기 때문이다.

여성의 성감대는 중요한 남근과 비교될 수 없는 성기——음핵이거나 성교시 페니스 주변을 감싸고 문지르는 구멍——덮개가 될 뿐이다. 즉 이것은 성기가 아니거나, 혹은 자기 성애를 위해 성기 자신의 주변을 감싸는 남자의 성기일 뿐이다.

성관계의 이러한 개념으로는 여성과 여성의 쾌락에 대해서 아무 것도 밝혀지지 않는다. 여성의 운명은 '결핍'과 (성욕) '감퇴,' 그리고 오로지 유일하게 가치 있는 것으로 인정되는 '페니스에 대한 열망'이 될 것이다. 그리하여 그녀는 이 페니스를 소유하기 위한 모든 방법을 시도할 것이다. 그것을 자기에게 줄 수 있는 아버지-남편을 향한 다소 비굴한 사랑을 통해, 사내아이에 대한 선호도에서 생기는 아이-페니스에 대한 욕망을 통해, 여전히 남자들에게만 주어지는 문화적 가치들, 그러므로 늘 남성적인 문화적 가치들로의 직접적인 접근 등을 통해서 말이다. 여성은 결국 남성의 성기와 동등한 것을 소유하려는 기대감으로서만 자신의 욕망을 경험할 것이다.

그런데 이 모든 것이 여성의 쾌락에는 매우 생소하게 나타난다. 그녀가 지배적인 남근 체계를 벗어나지 않는 경우를 제외하고는 말이다. 예를 들면 여성의 자기 색정은 남성의 자위와는 사뭇 다르다. 남성의 경우, 자기 몸에 접촉할 도구가 필요하다. 손이나 여자의 성기·혀 같은. 이 자위에는 최소한의 움직임이 필요하다. 여성 자신의 접촉은 스스로, 자기 안에서 중재자 없이, 그리고 능동성과 수동성 사이에 일어날 수 있는 분리가 일어나기 전에 이루어진다. 여자는 늘 ‘자기 몸을 만진다.’ 게다가 사람들은 그녀의 이 행위를 막을 수도 없다. 그녀의 성기가 지속적으로 서로를 포개는 두 음순으로 이루어져 있기 때문이다. 이처럼 그녀 안에서, 그녀는 이미 서로를 애무하는 둘이다——그러나 하나씩 나눌 수는 없다.

이 자기 색정의 불안감은 격렬한 침입 속에서 일어난다. 즉 침입자인 페니스에 의해 두 음순 사이는 난폭하게 벌어진다. 이는 성관계에서 자신의 쾌락을 빨리 소멸시키지 않기 위해 여성에게 필요한 ‘자기 성애’로부터 여성을 추방시키고 탈선시킨다. **그뿐만 아니라** 자기 색정과 성교시 이성적 성애 사이를 확실하게 연결시키기 위해 만일 질이 어린 소년의 손을 대신해야 한다면——이는 항상 죽음을 의미하는 전혀 다른 기표와의 만남이다——여성에게 반복적으로 일어나는 자기 색정이 성욕의 고전적 표현에서는 어떻게 바뀌어야 할까? 여성은 소극적 처녀성, 완강하게 자기 자신 안에 갇혀 있는 처녀성과 침투로 인해 벌어지는 육체, 자기 성기인 그 '구멍' 안에서 자기 접촉의 쾌락도 알지 못하는 이 육체의 둘 중 어느것도 선택할 수 없는 상황에 방치되는 것이 아닐까? 서구적 성욕에 있어서 발기에 집중된 이른바 배타적인——그리고 엄청난 번민에 사로잡혀 있는——관심은 어떤 점에서는 발기를 일으키는 상상이 여성에게 생소하다는 사실을 입증한다. 많은 부분 거기에는 남자들 사이의 경쟁에 의해 강요된 명령만이 있을 뿐이다. 즉 가장 '강한' 남성은 '가장 쉽게 발기하는' 자이고, 가장 길고 크며 단단한 페니스를 가진 자이며, 게다가 '가장 멀리까지 오줌을 쏘는' 자이다.(cf. 사내아이들의 놀이들) 더욱이 이것은 남성과 그 어머니의 관계가 강요한 사도매저키즘의 상상력에 의한다. 즉 그것은 무력으로 부수고, 뚫고 들어가고, 차지하고 싶은 욕망, 사람들이 그 안에 잉태되어 있었던 복부의 신비, 번식과 자신의 '기원'에 관한 비밀 같은 것들에 대한 상상들이다. 또 어쩌면 어머니와의 아주 오래 된 관계——아마도 역사 이전의 자궁 내부——를 되살리기 위해 피를 다시 흘려보내고 싶은 욕망-욕구인지도 모른다.

　　성적 상상계에 있어서 여성은 남성의 환영을 작동시키기 위한 다소 기분 좋은 받침대에 불과하다. 여성이 거기에서 대신 쾌락을 발견한다는 것, 그것은 가능한 일이고 분명한 일이기도 하다. 그러나 이것은 무엇보다도 자기와 상관 없는 욕망에게 자기 몸을 매저키즘적으로 팔아넘기는 것이다. 이로 인해 그녀는 남성에게 의존

하는 상태에 남겨지고, 사람들은 그녀에게서 이러한 상태를 알게
된다. 남성은 그녀가 원하는 것이 무엇인지, 어떤 일을 하려는지는
모른 채, 그녀를 자기 쾌락을 실현하기 위한 ‘대상’으로 ‘고려’하
기 때문에 심지어 재차 요구한다. 그러므로 그녀는 자신이 갈구하
는 것이 무엇인지 말하지 않을 것이다. 게다가 그녀 자신도 그것
이 무엇인지 모른다. 프로이트가 고백하고 있는 것처럼, 어린 여자
아이의 초기 성생활과 관계 있는 것은 너무나 ‘모호하고’ ‘해가 갈
수록’ 너무나 ‘희미해져서’ 이 문명, 이 역사의 흔적 배후에 있는 아
주 오래 된 문명의 유적들, 여성 성욕이란 무엇인가에 대한 몇 가
지 징표를 밝혀 줄 수 있을 유적들을 되찾기 위해서는 땅 속 깊이
파헤쳐야만 할 것 같다. 아주 오래 된 이 문명은 아마도 같은 언어
활동, 같은 알파벳을 지니지는 않을 것이다. 여자의 욕망은 남자와
동일한 언어로 말하지 않을 것이고, 그리스 시대 이후 서구를 지배
하는 논리에 의해서 다시 감춰졌을 것이다.

　이러한 논리 속에서 시선의 우월성, 형태 구별과 형태 개별화의
우월성은 특히 여성적 에로티시즘에 생소하다. 여성은 시선보다는
접촉을 더 즐기고, 그녀를 매우 시각적인 체계 속에 포함시키는 것
은 여전히 그녀를 수동성으로 지정하고 있음을 의미한다. 즉 그녀
는 바라보기에 좋은 대상이 된다. 만일 그녀의 육체가 ‘주체’의 충
동을 불러일으키기 위한 노출과 정숙한 위축이라는 이중의 움직임
으로 인해 그토록 성적으로 자극적이고 유혹적이라면, 여성의 성기
는 **아무것도 볼 것이 없다는 두려움**을 나타낸다. 재현과 욕망이란
이 체계의 오류를 나타낸다. 보는 것을 좋아하는 목표의 ‘허점’을
드러낸다. 아무것도 볼 만한 것이 없는 것이 재현 장면에서 배제되

고 거부되어야 함은, 이미 그리스 조각품에서 드러난다. 여성의 성기는 그저 없는 것으로 나타난다. 즉 가려지고 그 '틈새' 안에 다시 여며진 것이다.

볼 만한 것이 없는 이 성기에는 고유한 형태도 없다. 만일 끝없이 혼자서 접촉하는 자기 성기의 불완전한 형태를 여성이 적절하게 즐긴다 해도, 남근 형태론을 내세우는 문화는 이 쾌락을 거부한다. 규정할 수 있는 유일한 형태에 일치하는 가치는 여성의 자기 색정 안에서 작용하는 가치를 막는다. 형태와 개인, 성기, 고유 명사, 독특한 의미의 **단일함**은 여성이 자기 자신과의 접촉을 유지하는 **최소한 둘**(음순들)의 이러한 접촉을 갈라 놓고 분리하면서 독차지한다. 무엇이 접촉되는가는 구별하지 않으면서 말이다.

여기에서 해독하고, 단위별로 풀어내고, 개인별로 목록을 작성한다고 주장하는 한 문화권에서 여성이 나타내는 신비가 있다. 그녀는 **하나도 둘도 아니다.** 사람들은 꼭 여성을 한 사람으로, 더 나아가 두 사람으로 결정할 수 없다. 그녀는 꼭 들어맞는 정의를 거부한다. 게다가 그녀에게는 '고유' 명사도 없다. **하나**가 아닌 그녀의 성기는 성기가 **아닌 것**으로 여겨진다. 눈에 보이는 유일한 성기, 그리고 형태적으로 지칭할 수 있는 유일한 성기인 페니스의 부정으로, 이면과 반대면으로 여겨진다. (이것이 발기에서 진정으로 나아가는 변화의 몇 가지 문제들을 제기한다고 해도 말이다.)

그러나 이 '형태'의 '두께', 쌓아올린 양, 더 크거나 더 작은 변화, 그리고 아직도 그녀가 그러한 상태로 만들어지게 되는 순간들의 간격에 대한 비밀은 여성에게 있다. 그것을 알지 못한 채로 말이다. 그리고 사람들이 그녀에게 남성의 욕망을 유지시키고, 생기

있게 해주기를 바란다 해도, 사람들은 이러한 바람이 그녀에 대한 자기들의 욕구를 의미한다고 강조하지는 않는다. 게다가 그녀가 이 사실을 적어도 분명하게 알고 있지 못함을 강조하지 않는다. 그러나 이 욕구의 힘과 연속성은 사람들이 여성에게서 기대하는 '여성성'의 모든 가장 행렬들을 오래도록 키워 갈 수 있다.

사실 여성에게는 아이가 남아 있다. 이 아이 앞에서 아이의 촉감과 접촉에 대한 취향은 자유롭게 행해진다. 이 취향이 이미 상실된 것이 아닌 한, 전반적으로 강박 관념이 지배하는 문화에 있는 접촉의 금기 속에 빠지지 않은 한 말이다. 그렇지 않을 경우, 그녀의 쾌락은 거기에서 그녀가 직접적 의미의 성관계에서 아주 자주 부딪치는 욕구 불만에 대한 보상과 그에 대한 해소 방법을 발견할 것이다. 이처럼 모성은 위축된 여성 성욕의 결핍을 메우게 된다. 남자와 여자는 아이가 드러내는 그들 사이의 중재가 없다면 서로를 더 애무하지 않게 되는가? 특히 남자아이일 경우에 그렇다. 자기 아들과 동일한 남자는 모성적 배려의 기쁨을 재발견한다. 또 여자는 남성 신체의 한 부분, 즉 자기 아이-페니스-음핵에 장난치면서 자꾸만 접촉한다.

이것이 서로 사랑하는 이 세 사람에게 무엇을 일으키는가는 당연히 드러나게 마련이다. 그러나 남자의 욕망과 여자의 욕망 모두에게 낯설다는 사실 때문에 성관계가 실현 불가능한 문화권에서 오이디푸스의 금기가 강요될 때, 이것은 다소 형식적이고 인위적인 법 같다——그러나 이것은 아버지들의 독선적인 담화를 영속시키는 방법이다——그리고 이 문화권에서 남성과 여성은 어떠한 핑계로든 서로 결합을 시도해야만 한다. 그것은 예전에는 어머니 육치와 분명히 관계 있다는 핑계였고, 오늘날에는 아버지의 법을 능동적으로 혹은 수동적으로 연장시킨다는 핑계이다. 위축된 애정 행위들과 성에 대한 매우 추상적인 말들로 대화를 나눔으로써 그들은 아버지와 관계 있는 유배지를 구성하지 않는다. 즉 어머니와 아버지는 부부의 기능을 주도하지만, 그것은 사회적 역할들일 뿐이다. 분업이 이들의 사랑을 방해한다. 그들은 생산하거나 재생산한다. 자기들의 한가로운 시간을 어떻게 이용해야 할지에 대해 너무도 무지한 채로. 그들이 여가를 거의 갖지 못하기 때문에, 게다가 그들이 이 여가를 거의 누리고 싶어하지 않기 때문이다. 그 시간에 두엇을 하기 때문인가? 사랑의 샘에서 만들어 내야 할 것은 어떤 대체물인가? 다시금⋯⋯.

　여성적 상상계인 억압으로 되돌아가야 하는가? 그리하여 여자에게는 성기가 없다. 그녀에게는 적어도 두 개의 성기가 있다. 그러나 개별적으로는 규정할 수 없다. 게다가 그녀에게는 훨씬 많은 성기들이 있다. 적어도 항상 이중적인 그녀의 성욕은 여전히 다수이다. 지금의 문화가 되려는 것처럼? 현재의 문헌들이 만들어지는 것처럼? 이 성기들이 어떤 검열에 의해 제거되는지를 너무나 모르는가? 사실, 여성의 쾌락은 음핵의 능동성과 질의 수동성 같은 것 가운데 어느쪽도 선택할 수 없다. 질을 애무함으로써 생기는 쾌락은 음핵을 애무함으로써 생기는 쾌락으로 도치될 수 없다. 이 쾌락들은 서로가 교체할 수 없는 방식으로 여성 쾌락에 참여한다. 여러 가지들 가운데 가슴을 애무하는 것, 외음부를 만지는 것, 음순 사이를 벌리는 것, 질 뒤쪽의 막으로 압력을 넣었다 뺐다 하는 것, 자궁 경부를 스치는 것 등등이 있다. 이는 여성의 가장 특별한 몇 가지 쾌락만 환기시키기 위함이다. 사람들이 상상하는 그런 성적 차이에는 약간의 오해가 있다. 그렇지 않다면 다른 성이 유일한 성에 불가피한 보조물에 불과하다고 상상하지 마라.

그런데 **여성에게는 도처에 조금씩 성감대가 있다.** 그녀는 도처에서 약간씩 쾌락을 누린다. 신체 전체가 히스테릭하게 된다는 것에 대해서 말하지 않더라도, 여성 쾌락의 분포는 매우 다양하고, 저마다의 차이 속에서 그 수도 많으며, 복잡하고 예민하여, 사람들이 동일한 것에 좀 지나치게 집중하는 상상계에서는 생각도 못할 정도이다.

'그녀'는 그녀 자신 속에서 영원히 타인이다. 이 사실로 인해 아마도 사람들이 그녀에 대해 광적이고, 이해할 수 없고, 흥분하고, 변덕스럽다고 말하는 것이리라. 그녀의 언어 활동을 환기시키는 단계에까지 가지 않더라도 말이다. 이때 이 '언어 활동'이 어떠한 의미의 인과성도 표시하지 않은 상태에서 '그녀'는 사방으로 흩어진다. 즉 모순적인 말들, 이성적 논리에는 다소 광적인 말들, 완결된 쇠창살과 이미 완벽하게 준비된 코드를 지닌 채 그것에 귀 기울이는 자에게는 들리지 않는 말들이다. 이 말들에서 여성은 또 늘 수정된다——적어도 그녀가 그것을 시도할 때에는. 그녀는 재잘거림과 탄성, 반신반의, 미완으로 남은 문장 등으로 자기 자신에게서 가까스로 멀어진다. 그녀가 다시금 자기 자신으로 되돌아올 때, 그것은 다른 곳으로 떠나기 위해서이다. 쾌락 혹은 고통의 다른 지점에서 말이다. 항상 짜여지고 있는, 말로 서로를 감싸고 있는, 그러나 거기에 정착하지 않기 위해, 고정되지 않기 위해 해체되기도 하는 **'다른 감각'**인 다른 귀로 그녀의 말을 들어야 할 것이다. 만일 '그녀가' 그렇게 말한다면, 그것은 이미 더 이상 그녀가 말하려는 것이 아니기 때문이다. 게다가 그것은 결코 어느것과 일치되지 않고, 오히려 근접되어 있다. **거의 닿을 지경이다.** 이것이 이 근방에서 아주 멀어질 때, 그녀는 멈추고 원점, 즉 자신의 신체-성기에서 다시 시작한다.

그리하여 여자들이 말하려는 것에 대한 정확한 정의 속에서 이 여자들을 훔쳐 보는 것, 명확하게 하기 위해 그녀들로 하여금 반복시키는 것은 부질없는 일이다. 이들은 이미 당신들이 그녀들을 깜짝 놀라게 한다고 주장하는 추론적 장치가 아닌 다른 곳에 있다. 그녀들은 그녀들 자신 안으로 되돌아갔다. 그녀들을 여러분 자신들에 대해서와 같은 방식으로 이해해서는 안 된다. 그녀들에게는 당신들이 지니고 있는, 당신들이 그녀들에게도 있으리라고 추측하는 내재성이 없다. 이것은 그녀들이 자기들끼리, **조용한, 다수의, 확산된 촉각인 친한 사람들 속에서 있음을 의미한다.** 만일 당신들이 끈질기게 그녀들이 무엇을 생각하느냐고 물어본다면, 그녀들은 "아무것도 생각하지 않아요. 모두 다 생각해요"라고 대답할 수 있을 뿐이다.

이처럼 그녀들이 갈구하는 것은 정확하게 아무것도 아니고 동시에 전부이기도 하다. 항상 여성이란 성은 당신들이 그녀들에게 부여하고, 빌려 주는 이 **단일함(un)**──예를 들면 성의 단일함──그 이상이고 전혀 다른 것이다. 이것은 종종 일종의 채울 수 없는 허기, 당신들을 완전히 녹초로 만들어 버릴 탐욕 같은 것으로 해석되고, 의심의 대상이 된다. 그리하여 특히 전혀 다른 체계가 문제된다. 이 체계는 어떤 단일한 계획을 혼란시키고, 욕망의 대상-목적을 파괴하며, 유일한 쾌락에 대한 양극화를 폭발시키고, 단일한 담화에 대한 충실성을 해체시킨다.

다양한 여성 욕망과 언어 활동이 파편처럼, 빼앗긴 성욕에서 떨어져 나온 잔해로 이해되어야 할까? 부정된 성욕의 잔해로? 이것은 간단하게 대답할 수 없는 질문이다. 여성적 상상계의 거부·배척은 분명 파편적으로만 자신을 느끼는 상태에, 지배적 이데올로기 안에서 거의 구조화되지 않은 열외에 여성을 위치시킨다. 마치 스스로를 비추기 위해, 자기 자신을 늘리기 위해 '주체'(남성)가 만든 거울의 파편들 혹은 잉여물처럼 말이다. '여성성'의 역할은 게다가 남성적 사유(화)에 의해 규정되고 여성의 욕망과는 거의 일치하지 않는다. 여성의 욕망은 은밀하게, 숨겨진 곳에서 불안하고 죄를 저지르는 식으로만 회복될 뿐이다.

그러나 여성적 상상계가 스스로를 펼쳐 보이고, 부분적으로, 잔해물로 그 전체를 빼앗긴 것과는 다른 식으로 작동할 수 있다면, 여전히 이 상상계가 **단일한** 우주 형태하에서 표출될 것인가? 이것이 피상적이기보다 더 입체적일까? 아니다. 다시금 이 여성적 상상계를 여성에 대한 모성의 우월성으로 이해하지 않는 한 말이다. 게다가 이것은 남근 숭배 사상에서의 모성이다. 이것은 가치 있는 자기 생산물을 시기하는 소유욕에 갇혀 있는 모성이다. 생산 능력이 더 많다는 평가를 받는 남자와 경쟁하면서 말이다. 능력을 겨루는 이런 경주에서, 여성은 자기 쾌락의 개별성을 상실한다. 사방으로 갇혀 있는 그녀는 **음순의 미봉합**에서 오는 쾌락을 포기한다. 아마도 어머니이지만 처녀라는 것, 이것은 신화가 오래 전부터 그녀에게 정해 준 역할이다. 그녀가 자신의 동의하에서 성적 무력함으로 축소되는 만큼 그녀에게는 어떤 사회적 힘이 인정된다.

그러므로 한 사람의 여인으로 (다시) 있다는 것은 자기 쾌락의 어떠한 것도 어떤 다른 것을 위해 희생하지 않는 가능성, 특히 자신을 다른 어떤 것과 동일시하지 않는 가능성, **결코 한 가지만이 될 수 없다**는 가능성만을 의미할 수 있을 것이다. 이것은 어떠한 한계도 고정될 수 없는 팽창중인 우주, 그러나 비일관적이지는 않을 우주에서 나온다. 또 이 우주에서 유년의 동질 다형의 이상(異常) 증세, 그 속에서 성감대가 남근 우월성하에서 재배치되기를 기대하는 그런 이상 증세가 나타나는 것도 아니다.

　여성은 항상 다수로 있게 될 것이지만 분산의 상태로 있다. 타자가 이미 그녀 안에 있고, 이 타자가 자기 색정이란 측면에서 그녀에게 익숙하기 때문이다. 그러나 이것은 그녀가 이 타자를 가로챈다는, 그녀가 이 타자를 자기 수중에 넣는다는 뜻은 아니다. 독특함, 소유라는 것은 아마도 여성에게는 매우 낯선 것이리라. 적어도 성적인 면에서는 그렇다. 그러나 **가깝다는 것**은 그렇지 않다. 너무나 가까워서 동질성의 구분 자체가 불가능해진다. 그리하여 그것은 소유의 형태를 띤다. 여성은 **너무나 가까워서 그것을 가질 수도, 자신이 소유될 수도 없는** 누군가로부터 쾌락을 누린다. 그녀는 끊임없이 타자와 자기 자신을 교환한다. 서로를 동일시하지 않은 채로 말이다. 이것이 현재의 체계에 의문이 된다. 여성의 쾌락은 치유될 수 없이 이 체계의 계산 속에서 궁지에 몰린다. 즉 이 쾌락은 타자 안으로/타자를 통한 이동을 끝없이 확대하고 있다.

　그러나 여성이 여성으로서 쾌락을 누리게 되는 곳에 이르기 위해서는, 그녀에게 가해지는 억압의 다양한 체계들을 분석하는 긴 에움길이 반드시 필요하다. 그리고 쾌락이라는 유일한 해결책을 사용한다는 주장은 사회적 관습으로 다시 걸러진 그녀의 쾌락이 요구하는 바를 자칫 그르치게 할 위험이 있다.

여성은 전통적으로 남성을 위한 도구로서의 가치, 남자들 사이의 교환 가치이기 때문이다. 즉 상품인 것이다. 이것은 그녀를 물질의 수호자로 남기고, 그들의 가격은 그들의 노동과 '주체들,' 즉 노동자들·상인들·소비자들에 의한 필요-욕구의 기준에 따라 평가될 것이다. 여자들은 그들의 아버지와 남편·매매춘업자들에 의해 남성 중심적으로 구분된다. 그리고 매매춘에 있어서 이러한 구별의 표시가 그들의 가치를 결정한다. 여성은 대지-어머니를 소유하는 경우를 포함해서 영원히 남자들 사이의 다소 경쟁적 교환 장소일 뿐이다.

상호 작용의 이 대상이 이미 확정된 매매에서 벗어나지 않았는데 어떻게 쾌락의 권리를 요구할 수 있는가? 어떻게 이 상품이 시장에서의 호전적 질투와는 다른 관계를 다른 상품들에 대해 지닐 수 있단 말인가? 소비자에게 그의 비옥한 토지가 소멸될지 모른다는 걱정을 일으키지 않으면서 어떻게 물질이 자기 자신으로부터 쾌락을 누릴 수 있단 말인가? 여성의 욕망을 '독특한' 용어로 규정할 수 있는 허무한 이 교환이 어떻게 순수한 환상·광기로 나타나지 않을 것인가? 이 환상·광기는 보다 적절한 담화를 통해, 그리고 겉으로 보기에 보다 구체적인 가치 체계를 통해서 순식간에 거두어들일 수 있는 것들이다.

그러므로 스스로 극단적이 되기를 바라기도 하는 여성의 변화는 여성의 욕망을 충분히 해방시키지 못했다. 지금까지 어떠한 이론이나 정책도 이 역사적 문제를 해결하지 못했고, 충분히 이해하지도 못했다. 마르크시즘이 그 중요성을 발표했었음에도 불구하고 말이다. 그러나 직접적으로 말해서 여자들은 하나의 계급을 형성하지 않고, 이들이 다수 속으로 사라짐으로써 그들의 정치적 투쟁은 복잡해지고, 이따금씩 그들의 요구는 모순으로 드러난다.

그러나 그들을 억압하고, 이용하며, 그들을 '현금화' 하는 문화를 통한/문화에 대한 여자들의 굴복에서 비롯되는 그들의 후진적 상황은 여전히 남아 있다. 여자들이 이 문화에서 대단한 이익도 얻지 못하면서 말이다. 그렇지 않을 경우 매저키즘적 쾌락과 가사 노동, 그리고 출산의 이른바 독점적인 일들에 파묻혀 있다. 노예들의 권리는 어떻게 되는가? 게다가 이런 것들은 어디에도 없다. 왜냐하면 쾌락에 관련된 주인이 억지로 시중받는 것은 아니기 때문이다. 그리하여 특히 성의 체계에서, 관계를 전복하는 것은 감히 생각할 수 없는 목적처럼 보인다.

그러나 여자들이 자신들의 자기 성애와 동성애를 간직하고 무르익게 하여야 한다 해도, 이성간의 성적 쾌락을 포기하는 것은 또다시 힘의 축소, 전통적으로 그들의 몫인 힘의 축소와 일치하지 않을까? 여자들이 자신들만의 취향에 따라 새로운 감금 상태, 새로운 감힘을 구축하는 걸까? 그녀들이 전략적으로 파업할지도 모르고, 남자들의 욕망을 방어하는 법을 특히 말로 배우는 시기에 그녀들이 남자들로부터 거리를 유지한다는 것, 그녀들이 자기들을 경쟁 상품으로 여기는 남자들의 강압적인 선택을 피해 다른 여자들에 대한 사랑을 발견한다는 것, 어쩔 수 없이 깨닫게 해주는 사회적 위상을 그녀들 스스로 형성한다는 것, 그녀들이 매춘부라는 조건에서 벗어나기 위해 자기 생계를 꾸려 간다는 것 등은 분명 교환이 이루어지는 시장 노동자 상태에서 벗어나기 위한 필수 불가결한 단계들이다. 그러나 그들의 여정이 단순히 사물들의 질서를 전복하는 것을 겨냥한다면——이것이 가능하다고 가정해 보자——역사는 결국 동일한 상태로 되돌아올 것이다. 남근 우월주의로 말이다. 그들의 성기도, 그들의 상상계도, 그들의 언어 활동도 여성들의 발생을 (재)발견하지 못할 것이다.

정신분석 이론으로의 회귀

프로이트 이론

전오이디푸스 단계에서의 리비도 조직

"양성의 개인들은 리비도의 초기 단계들을 같은 방식으로 거치는 것 같다. 일체의 기대와는 반대로, 공격적 항문기의 여자아이가 사내아이보다 공격성이 덜하다는 것을 입증하지는 않는다. 남근기 초기부터 불일치보다는 유사성이 끝없이 많이 드러난다. 우리는 이때의 여자아이가 작은 남자라는 사실을 인정해야만 한다. 이 단계에 이른 이 작은 남자는 자신의 작은 페니스 덕택에 성감각을 어떻게 획득하는가를 배우고, 이 성적 흥분은 성관계의 몇 가지 표현들과 관계 있다. 같은 목적하에서 어린 여자아이는 아직 훨씬 작은 자신의 음핵을 이용한다. 그녀에게 있어서 모든 자위 행위는 페니스와 동등한 물건에 관심을 갖는 것 같고, 이 두 성에게 있어서 **질, 특히 여성의 질은 아직 드러나지 않은 것 같다.**"[2] [1] 프로이트에게 있어서 성 발달의 초기 단계들은 사내아이와 여자아이에게 동일하게 전개된다. 이는 성감대가 동일하고 유사한 역할을 한다는 사실로 정당화된다. 이것은 여러 성감대가 동일하고, 유사한 역할, 즉 흥분의 원천이며 '부분적'이라고 일컬어지는 만족의 원천이라는 역할을 수행한다는 사실로 정당화된다. 이 성감대들은 특별하게는 구강과 항문이지만 생식 기관이기도 하다. 이때 이 생식 기관들이 모든 부분적인 충동들을 '성적 기능,' 혹은 번식 기능에 종속시키지 않는다 해도, 이 생식 기관들 스스로는 성감대라는 명칭으로 특히 자위 행위에 개입한다.

남성 기관의 우월성

구강이나 항문이 성의 차이라는 시각에서 '중성적'일지도 모른다는 것, 이 사실이 프로이트에게 문제를 일으키는 것 같지는 않다. 생식기관 자체가 동일하다는 점에 대해, 그는 생물학과 해부학적 관찰에 의거하면서 여자아이의 유일한 음핵이 성발달 시기에 **작용한다**는 사실을, 그리고 이 음핵은 훼손된 페니스처럼, '보다 작은' 페니스처럼, '여성의 양성적 본질을 입증하는 발생학적 후유증' 처럼, '사람들이 귀두에서 발견하는 것 같은 성감대' 처럼 여겨질 수 있다고 말할 것이다. 이때 여자아이는 작은 남자이고, 그녀의 모든 충동과 성적 쾌락, 특히 자위 행위의 쾌락은 사실 '남성적(virils)'이다.

이러한 주장들은 특히 《성 이론에 대한 세 가지 기고》[2]에서 발전된다. 여기에서는 **유일하고도 동일한 생식 기관──남성 기관──이라는 가설이 양성의 유아기 성 체계를 이해하기 위한 기본이다**는 사실이 주장된다. 그리하여 동일한 방식으로 프로이트는 **리비도가 항상 남성적이라는 사실을,** 그리고 이 리비도가 남성 혹은 여성에게 나타나고, 욕망의 대상은 여성적일 수도, 남성적일 수도 있다는 사실을 지지하게 된다. 페니스 우위와 관계 있는 이 개념, 리비도가 매우 남성적 특성을 지닌다는 것과 관련된 이 개념은 우리가 앞으로 보게 될 것처럼 프로이트가 발전시키는 거세 문제를 일으킨다. 거기에 이르기 전에, 여성이 변화하게 되는 이 '초기' 시기가 지니는 몇 가지 함축적 의미들에 대하여 생각해야 한다.

소녀의 유아 생식 능력에 이르는 결과들

프로이트가 말하기를, 여자아이는 부분적인 충동의 에너지에 관한 한 사내아이에 뒤지지 않는다. 예를 들어 "소녀의 호전적인 충동들은 무기력하지도 않고, 수적으로 덜하지도 않다."[1] 마찬가지로 사람들은 '소녀의 믿겨지지 않는 남성적 활동성'[1]을 관찰할 수 있었다. 그런데 '여성성'이 도래하기 위해서는, 앞서 기술한 충동들보다 훨씬 큰 억제가 이 어린 소녀에게 요구되고, 특히 그녀의 성적 '활동성'이 정반대의 형태, 즉 '수동성'으로 변형되어야 한다. 이처럼 특히 공격적 항문기에 시각적인 것을 좋아하는 부분적 충동들, 매우 끈질긴 이 충동들은 결국 조화로운 보완성 속으로 분배될 것이다. 즉 소유하고 싶은 경향은 소유되고 싶은 욕망 속에서 그 대체물을 발견할 것이고, 고통을 주려는 쾌락은 여성적 매저키즘에서, 또 보고 싶은 욕망은 자신의 모습을 과시하고 싶은 욕망을 일으키는 '가면들'과 조심성 등에서 그 대체물을 발견할 것이다. 궁극적으로 두 성의 차이는 성적 기능과 역할들을 분배하면서 유년기를 다시 지나왔다. 즉 "남성은 주체와 능동성, 페니스의 소유를 한데 모을 것이고, 여성은 대상과 수동성, 거세된 생식기를 계속 반복할 것이다."[3] 그러나 후에 이루어질 부분적 충동들의 이러한 구별은 유년기의 성 활동 속에 새겨져 있지 않고, 프로이트는 여성에 대한/여성에 의한 유아적 성 에너지 억압의 결과들을 거의 이해하지 못했다. 그러나 그는 성적 충동의 보다 이르고, 보다 단호한 억압에 의해, 수동성 쪽에 훨씬 많이 기우는 경향에 의해 여성성의 특징이 만들어진다는 것을, 또 그래야만 한다는 것을 강조할 것이다. 사실 여자아이가 어머니를 좋아하는 것은 어린 남자이기 때문이다. 딸-여자와 어머니-여자의 특수한 관계를 프로이트는 거의 고려하지 않았다. 그리고 뒤늦게서야 그는 거의 분석되지 않은 연구 영역으로서 어린 소녀의 전(前)오이디푸스 단계로 되돌아갈 것이다. 그러나 바로 그때부터 오랫동안 그는 **소녀의 어머니에 대한 욕망을 '남성적인,' '남근의' 욕망으로 간주한다.** 그로부터 어머니와의 이 관계를 반드시 포기해야 하는 사태가, 게다가 어머니에 대한 '증오'가 생긴다. 이때 소녀는 중요한 성기의 관점에서 자신이 거세되었다는 것을 깨닫게 될 것이다. 그리고 자기 어머니를 포함한 모든 여성이 마찬가지라는 것을 깨닫게 될 것이다.

부분적 충동의 병리학

프로이트에게 있어서 부분적 충동의 분석은 해부학적 사실을 위반하고 싶은 욕망들에서부터 이루어진다. 그는 신경증에서는 외상으로 나타나는 이 욕망의 억압을, 그리고 변태의 경우에서는 이 욕망의 실현을 주시한다. 생식기와의 관계 때문에 이때 사람들은 구강과 항문의 점액질에 지나치게 열중한다. 사도매저키스트·관음증 환자·노출광 같은 이들의 성적 환상과 행위들이 프로이트의 관심을 끄는 것도 마찬가지이다. 만일 프로이트가 유아기의 성욕을 그 증상이 나타나기 시작하는 신경증이나 변태에서 추론한다면, 동시에 그는 우리에게 이러한 증상들이 선천적인 경향의 결과이거나 (거기에서 그의 이론에 있는 해부학적 기반이 다시 나타난다) 성 발달

중 정지의 결과라는 것을 나타낸다. 그리하여 여성 성욕은 해부학적 오류(예를 들면 동성애를 결정하는 '양성적 난소들'⁴)에 의해서건, 여성으로 변화하는 시기에 일어나는 미완 상태에 의해서건 혼란스러워질 수 있을 것이다. 그리하여 사람들이 동성애에서도 다시 보게 되는 구강 점액질이 우세하게 나타난다. 시각적인 것을 좋아하고 사도매저키즘적 경향의 충동으로 말하자면, 이 충동들이 너무나 강력하게 나타나기 때문에 프로이트는 생식 체계에서 이것들을 배제하지 않았고, 이 충동들을 성적으로 차별화하면서 수정할 것이다——보다/보여지다의 대립과, 고통을 주다/고통을 겪다의 대립을 상기해 보자. 이는 그가 보기에는 해소된 성관계가 병리학이 아님을 말하려는 것이 아니다. 여성의 성병리학은 그러므로 전오이디푸스 콤플렉스의 용어로는, **구강 점액질에 대한 열중, 또 노출증과 매저키즘에 대한 집착**으로 해석되어야 할 것이다. 물론 다른 사건들도 다양한 양상에 따라 생식기 이전 단계에서 나타나는 병적인 '퇴행'을 결정지을 수도 있다. 이러한 양상들을 파악하기 위해서, 프로이트에 의한 '정상 여성으로의 변화(devenir une femme normale)'에 대한 역사를, 그리고 보다 특별히 여자아이와 거세 콤플렉스의 관계를 재고찰해야만 한다.

여성의 거세 콤플렉스에서 나타나는 특징

거세 콤플렉스가 사내아이에게 오이디푸스 콤플렉스의 쇠퇴를 드러낸다면, 여자아이에게는 다른 식, 이른바 그 반대가 된다. 이것은 무슨 뜻인가? 사내아이의 거세 콤플렉스는 페니스 혹은 자신에게 매우 중요한 남성적 부분이 반드시 신체의 일부를 형성하지 않는다는 사실을 주시하는 시기에, 그리고 다른 몇몇 사람들——자기 누이, 함께 어울리는 여자아이들——에게 그것이 없다는 것을 주시하는 시기에 싹튼다. 여자아이들의 생식기 모습, 우연히 보게 된 그 모습은 이러한 깨달음의 계기가 된다. 사내아이의 첫번째 반응이 자기가 본 것을 부정하고, 그래도 자기 누이와 모든 여자에게, 특히 어머니에게도 페니스가 있다고 주장하며, 그것이 어떤 것이든 모든 사람들에게서 남성적 성기를 보고 싶어하고, 보았다고 믿는다면, 그는 거세의 불안이 자기에게도 싹튼다는 사실을 피할 수 없다. 만일 어떤 사람들에게 페니스가 없다면, 그것은 사람들이 그들에게서 그것을 잘라냈기 때문이다. 즉 페니스는 처음부터 있었다가 나중에 제거된 것이다. 왜 그런가? 이것은 어떤 잘못을 저지른 아이를 벌 주기 위해서일 수밖에 없다. 사람들이 아이의 성기를 절단할 만한 잘못은 자위 행위였을 것이다. 그것에 관해 이미 아이는 여러 차례 경고와 위협을 받아 왔던 터였기 때문이다. 이 자위 행위가 부모들에 대한, 특히 어머니에 대한, 아버지처럼, 말하자면 아버지 대신 자신도 소유하고 싶은 어머니에 대한 애정을 배출하고 싶은 욕구에 의해 결정된다는 사실을 간과해서는 안 된다. 자기 도취에 빠져 그가 매우 열중하는 기관인 자신의 페니스를 잃게 된다는 두려움은, 그리하여 이 사내아이로 하여금 오이디푸스의 입장을 포기하도록 만든다. 즉 어머니를 소유하고 자기 경쟁자인 아버지를 제거하려는 욕구를 포기하게 된다. 이때부터 초자아의 형성과 오이디푸스 콤플렉스의 유산, 그리고 사회적·도덕적·문화적·종교적 가치들의 수호자가 그 뒤를 이을 것이다. 프로이트는 이러한 사실에 대해 "사람들은 거세 콤플렉스가 남근 우월 단계에 갑자기 이르는 것을 고려하는 조건에서만 이 거세 콤플렉스의 의미를 정당한 가치로 평가할 수 있다"[3]라고 주장한다. 우리가 이미 보아 온 것처럼 그는 유아적 생식 능력의 부분적인 충동을 다시 구분하고 서열을 정해야 한다고 믿는다. 유일한 성기인 페니스는 그리하여 여자아이들에게서와 마찬가지로 사내아이들에게도 가치 있는 것으로 인정되어 왔다.

그때부터 사람들은 **여자아이**에게 있어서 거세 콤플렉스는 무엇일까 상상할 수 있다. 여자아이는 **음핵 속에 중요한 남근 기관을 갖고 있다고 믿곤 한다**. 그리고 남자 형제를 흉내내면서, 성적 감각이라는 자위 행위를 통해 이 사실을 끌어내곤 한다. 그러나 페니스의 모양——어린 사내아이가 자기 누이의 생식기를 발견할 때 이 어린 사내아이에게 일어나는 일과는 정반대로——은 그녀에게 자신의 음핵이 사내아이의 성기와의 비교에서 버틸 수 없음을 입증한다. 이때 그녀는 자신의 운명인 편견——해부학적——을 이해하고 상실의 위협, 일어날지 모른다는 두려움이 아니라 이미 완결된 사실인 거세를 스스로 인정해야만 한다. 제거가 현실화된 것이다. 그녀는 사내아이와의 비교에서 자신에게 성기가 없다는 것을, 혹은 적어도 중요한 성기라고 믿었던 것이 잘려진 페니스에 불과하다는 사실을 인정하게 되거나 인정해야만 할 것이다.

페니스를 갖고 싶은 욕구와 오이디푸스 콤플렉스로의 진입

이 실제적인 거세, 돌이킬 수 없는 자기 중심적 상처를 나타내는 이 거세를 여자아이는 쉽게 체념하지 못한다. 여기에서 차후에 여성의 변화를 대부분 결정짓게 되는 '페니스를 갖고 싶은 욕구'가 생긴다. 사실 여자아이는 아주 나중에라도 '진짜' 페니스를 언젠가는 갖게 되기를, 자신의 아주 작은 성기가 더 자라나 아마 언젠가는 남자 형제의 그것과, 함께 어울려 노는 남자 친구들의 그것과의 비교를 견딜 수 있게 되기를 희망한다. 이러한 희망이 이루어지기를 기대하면서, 그녀는 자기에게 없는 것, 즉 가장 값진 남성 기관을 아버지에게서 얻기를 바라면서, 자신의 욕망을 아버지에게로 돌리게 된다. 이 '페니스를 갖고 싶은 욕구'로 인해 그녀는 어머니를 외면하게 된다. 그녀는 성적인 면에서 역시 완전치 못하다는 점 때문에 어머니를 비난하고, 자신이 어머니의 운명을 공유하고 있음을 조금씩 이해하며, 자기처럼 그녀도 거세되었다는 사실을 알게 된다. 자신의 첫번째 성적 '대상'인 어머니로 인해 더욱 괴로운 그녀는 어머니를 버리고 **오이디푸스 콤플렉스로**, 혹은 아버지를 향한 욕망 속으로 **진입한다.** 이처럼 여자아이의 오이디푸스 콤플렉스는 사내아이에게서 관찰된 순서와는 반대로 거세 콤플렉스의 뒤를 이어간다.

그러나 **여자아이에게 있어서, 이 오이디푸스 콤플렉스는 아주 오래도록 남아 있게 될 것이다.** 사실 그녀는 자신이 갖고 있지 않은 성기를 잃게 될까 두려워하지는 않는다. 그리고 아주 나중에, 또 종종 불완전하게 아버지에 대한 자신의 욕망을 단념케 하는 것은 아버지에 대한 반복적인 욕구 불만일 뿐이다. 사람들은 이러한 상황에서 **초자아의 형성이 타협되리라는** 것을 추론할 수 있다. 이것은 여자아이를, 또 여성을 아버지 앞에서, 남성-아버지 앞에서——이는 초자아의 역할을 한다——유아적 의존 상태에 두며, 그녀를 가장 뚜렷한 사회적·문화적 이익에 참여하기에는 무능력한 존재로 만들 것이다. 자발성이 거의 없는 여자아이는 도시에서 이루어지는 '뚜렷한' 투자를 받을 만한 재능을 아직 거의 부여받지 못할 것이다. 지금까지 그녀의 행동은 질투와 적개심, '페니스를 갖고 싶은 욕구'에 의해서, 혹은 부모들이나 그들을 대신하는 사람들의 사랑을 잃게 되지는 않을까 하는 두려움에 의해서 유발되어 왔기 때문이다. 그러나 그녀가 어머니에 대해 느끼는 애정을 아버지에게 전이시키면서, 여성이란 조건이 그녀로부터 요구하는 성적 '대상'으로 변화되면서, 이 여자아이는 자신의 운명을 완성하지 않는다. 그리고 프로이트가 주장하는 것처럼 '정상 여성으로의 변화'는 남성적 성욕의 보다 단선적 발달에서 요구되는 것보다 훨씬 복잡하고 고통스러운 변화를 요구한다.[1] 사실 아버지가 페니스를 자신에게 줄지도 모르기 때문에, '페니스를 갖고 싶은 욕구'가 여자아이로 하여금 자기 아버지를 향한 욕망을 품게 만드는 결정적인 역할을 한다 해도, 매우 '능동적인' 이 욕구는 사람들이 여성의 성욕에게, 여성의 성기에게 기대하는 '수동적' 수용성에 자리를 양보해야만 한다. '음경을 대신하는' 음핵의 성감대는 '어머니의 품이라는 유산을 받아들이면서'[3] 그 중요성을 질에게 양보해야 한다. "질은 페니스의 거처라는 가치를 지니기 때문이다." **여자아이는 성적 대상뿐 아니라 성감대도 변화시켜야만 한다.** 이는 여성성의 복구와 절대적으로 뗄 수 없는 '수동성의 고조'에 꼭 필요하다.

아이를 '갖고 싶은' 욕망

그것이 전부가 아니다. 프로이트에게 있어서 '성 기능'은 무엇보다도 번식의 작용이다. 그렇기 때문에 이 성 기능은 모든 충동을 출산의 우월성에 집중시키고 귀속시킬 것이다. 그리하여 여자는 앞서 기술한 '성 기능'을 중시하게 되고, 리비도의 발전을 완성하는 것은 아이를 잉태하고 싶은 욕구가 된다. '페니스를 갖고 싶은 욕구'에서 사람들은 다시 한 번 이러한 진적의 힘을 발견할 것이다.

아버지로부터 페니스를 얻고 싶은 욕구는 아이를 잉태하고 싶은 욕구로 대체되고, 이 아이는 프로이트가 분석하는 등가성에 따라 페니스의 대체물이 된다. 여자의 행복은 새로 태어난 아이가, 그토록 자신이 갈구했던 페니스를 가진 사내아이일 경우에만 완성될 수 있다는 것을 덧붙여야 한다. 이처럼 그녀는 여성이라는 상황에 피할 수 없이 결부된 자기 중심적 수치감을 자신이 낳은 아이로 보상받게 될 것이다. 물론 어린 여자아이가 실제로 아버지의 아이를 낳는 것은 아니다. 어린 시절의 이 욕망이 실현되기 위해 그녀는 기다려야 할 것이다. 그리고 아버지가 그녀의 모든 욕구를 막는 이 거부 속에 우연히 아버지를 대신하는 다른 남자에게 그녀의 충동을 전이시키게 되는 원인이 자리잡게 될 것이다.

아들의 어머니가 된 여성은 '자기 혼자서는 누릴 수 없었던 자부심을 아들에게로 전이시킬' 수 있을 것이다. 그리고 페니스가 없다는 사실은 인과 관계에서 여성의 능력을 전혀 손상시키지 않게 되어, "오로지 어머니와 아들의 관계만이 어머니에게 완벽한 만족감을 부여할 수 있게 된다. 왜냐하면 이 관계는 모든 인간 관계에서 가장 완벽하고 가장 분명한 것이기 때문이다."[1] "아내가 남편의 아이를 낳지 못하는 한 부부간의 행복은 불안정한 상태에 있게 되어 **이 완벽한 인간애의 모델은 그때부터 남편 쪽으로 전이될 수 있을 것이다.**"[1] 여자아이와 여성이 자기들의 '여성성'을 실현하기 위해 반드시 해야만 하는 이 험난한 여정은 그러므로 아들을 낳으면서, 아들을 보살피면서, 그리고 똑같이 남편을 보살피면서 종결된다.

오이디푸스 콤플렉스 이후 형성되는 증세들

아마도 이러한 변화는 그 발달의 어떤 시기에 **멈추고**, 정지될 수 있고, 심지어 **퇴행**할 수도 있다. 그리하여 우리는 여성적 성욕의 특수한 증상들이 형성됨을 목격하게 된다.

남성에 대한 콤플렉스와 동성애

이처럼 거세에 대한 깨달음은 여성에게 '남성에 대한 강한 콤플렉스'를 형성시킬 수 있다. "이 경우 여자아이는 모진 현실을 받아들이지 못하고, 끈질기게 자신의 남성적 태도를 과장하며, 자신의 음핵이 능동적이라는 사실을 고집하고, 남성적 어머니 혹은 아버지와 자신을 동일시하면서 해결책을 찾는다."[1] **이 남성 콤플렉스의 극단적 결과는 성 체계에서, 동성애의 대상을 선택하는 과정에서 나타난다.** 가장 흔하게 자기 아버지를 '대상'으로 삼는 이 콤플렉스는 여성의 오이디푸스 콤플렉스와 마찬가지로 어쩔 수 없이 그녀가 아버지로부터 겪은 여러 기만적 사실로 인해 즉시 유아적 남성성으로 퇴행한다. 그녀에게 욕망의 대상은 그때부터 남성의 방식에 따라 선택되고, "그녀는 자기가 좋아하는 대상 앞에서 전적으로 남성적인 행동을" 취한다. "그녀는 여성적 대상을 선택할 뿐 아니라 이 대상 앞에서 남자 같은 태도를 취한다." 그녀는 어떤 점에서는 "남성이 되어, 아버지의 위치에서 어머니를 애정의 대상으로 생각한다."[4] 이러한 극단의 상태로 가지 않더라도, 어떤 때에는 남성성이 지배적이고, 또 어떤 때에는 여성성이 지배적인 시기가 반복적으로 교차됨은 아마도 남성에게 여성이 드러내는 수수께끼, 여

성의 삶에서 **양성성이 얼마만큼 중요한가**로 해석될 수 있는 수수
께끼를 설명할 수도 있을 것이다.

　게다가 프로이트에 따르면, 여성의 남성적 맹세는 결코 완전하게
해소되지 않을 것이고, 자신의 성적 열등감을 모면하려고 애쓰는
'페니스를 갖고 싶은 욕구'는 **다른 점에서는 '정상' 여성성의 특
수성들을 잘 이해할 수 있게 해줄 것이다.** 즉 이런 것이다. 대상의
결정은 남성의 경우에서보다 더 '자기 중심주의'에 의해, '물질적
허영심,' '정의감의 결핍,' 그리고 심지어 무엇보다도 '성기의 결점
을 감추기 위한 조심성이란 기능'에 의해 좌우된다. 자신의 본능을
고양시키는 데 있어서 보다 취약한 여성의 기능에 관해, 그리고 사
회적·문화적 이익을 얻기 위한 참여와 관련 있는 결함에 대해, 사
람들은 이것들이 여성과 오이디푸스 콤플렉스가 맺는 관계의 특수
성에서, 그리고 여성의 초자아 형성으로 인한 결과에서 비롯된다
고 생각해 왔다. 여성성의 이 특징들, 거의 유쾌하지 못한 것이 사
실인 이 특징들이 그렇다고 해서 병적 증상들은 아니다. 이것들은,
프로이트에 따르면 여성성의 '정상' 변화에 속할 것이다.[1]

불감증

　여성에게 **성적 불감증이 흔하게 일어난다**는 사실은 훨씬 걱정스
러운 일이 될 것이다. 그러나 이때 프로이트가 아직까지 제대로 설
명되지 못한 어떤 현상이 거기에 작용함을 인정한다 해도, 그는 여
성의 몫이 될 자연적인 성적 결함을 확신하려는 것처럼 보인다. 사
실 "리비도가 여성 기능을 위해 작용하지 못하도록 방해받을 때, 그
것은 훨씬 큰 억압을 견디는 것 같고, 자연은 남성성의 경우에서
보다 여성의 요구 사항들에게 관심을 덜 갖는 것 같다. 그 이유는

생물학적 대상을 현실화시키는 일이, 즉 공격성이 남성의 몫으로 있고, 어느 지점에 이를 때까지는 여성의 동의와는 무관한 상태로 있다는 사실에서 확인될 수 있다."[1] 불감증이 이러한 성관계 개념 ——폭력적이고 위법적인——의 결과로 나타날 수 있음은 프로이트의 여러 분석에서는 나타나지 않는다. 그는 불감증을 모든 여성의 성적 열등감으로, '해부학적이기도 한 어떤 선천적 요소'로, 이러저러한 여성의 성욕을 혼란스럽게 만드는 요소로 생각한다. 무지함은 인정하지 않으면서 말이다. 그러나 바로 거기에 이 불감증을 규정할 수 있는 것이 존재한다.

매저키즘

매저키즘에 관해서 말하자면, 이것이 '정상' 여성의 요소로 고려되어야만 하는가? 프로이트의 몇 가지 주장들이 이 사실을 유포시키는 것 같다. 즉 이런 것이다. "사회 법규와 그 고유한 제도는 여성의 공격적인 본능을 억압하도록 만든다. 여기에서 매저키스트적 경향들이 강하게 형성된다. 결국 이 경향은 여성 내부로 향하는 파괴적 경향들을 성적 대상으로 만든다. 매저키즘은 그러므로 우리가 이야기해 온 것처럼 매우 특별하게 여성적이다."[1] 혹은 매저키즘이 특히 여자들에게 자주 일어나는 성적 일탈, 병적 과정을 만드는가? 아마도 프로이트는 매저키즘이 '정상' 여성성의 한 구성 요소라고 해도, 이 여성성이 쉽게 매저키즘으로 환원될 수는 없다고 대답할 것이다. '아이를 구타하는'[5] 꿈에 대한 분석은, 여성의 선천적 기관을 매우 완벽하게 해석하는 동시에 매저키즘이 어떻게 그 안에 내포되어 있는가를 나타낸다. 즉 그것은 아버지를 향한 딸의 근친 상간의 욕망, 아버지의 아이를 갖고 싶은 욕구, 그리고 이와 관련된 바람, 즉 이 남자 형제에게 페니스가 있기 때문이기보다는 그 남자 형제가 딸이 자기 아버지와의 사이에서 낳지 않은 아이인 한, 경쟁자이면서 자기가 미워하는 남자 형제를 때리는 장면을 보고 싶은 바람 같은 여자아이의 모든 욕망·욕구·바람은 가학적인, 더 일반적으로는 '능동적인' 충동에 대한 금지와 마찬가지로 근친 상간의 관계에 대한 금지로 인해 억압에 굴복한다. 거기에서 남자 형제가 아버지에게 매맞기를 바라는 것은, 여자아이 자신이 아버지에게 매맞는 꿈으로 변형된다. 이 꿈에서 여자아이는 자신의 근친 상간 욕망으로의 매저키스트적 퇴행의 만족과, 이 욕망에 대한 징벌을 동시에 발견하게 될 것이다. 이 꿈에 대한 해석은 또한 다음과 같은 것이 될 수 있을 것이다. 아버지는 내가 되고 싶은 사내아이의 모습을 하고 나를 때린다. 더 나아가 사람들은 내가 여자아이이기 때문에, 즉 성적으로 열등하기 때문에 날 때린다. 이는 이렇게 해석될 수 있다. 내 안에서 구타당하는 것, 그것은 음핵, 아주 작은, 몹시 작은 남성적 기관이다. 자라기를 거부하는 작은 사내아이이다.

히스테리

히스테리가 연극을 시작한다 해도, 더욱이 분석적 담화를 시작한다 해도——이 점에 관해 S. 프로이트와 J. 브로이어의 《히스테리에 대한 연구》를 참조해야 한다——프로이트의 초기 여자 환자들이 히스테리에 시달리는 이들이라 해도, 히스테리 안에서 일어나는 증세들을 철저하게 분석하고 그것을 여성의 성욕 발달과 연관짓는 것은 프로이트의 전체적 입장을 벗어나게 될 것이다. 게다가 히스테리에 대한 질문의 서로 다른 순간들을 체계적으로 재구성하는 것은 프로이트의 연구에서 이루어지지 않았다. 프로이트에게 있어서 히스테리는 여성만의 질병을 이루지 않는다는 것만을 떠올려 보자. 다른 곳에서, 사람들은 '도라의 분석'[6]에 관해 여성적 오이디푸스 콤플렉스의 한정된 여러 가지 양상들, 실제적이고 역전된 양상들을 발견한다. 그것은 한편으로는 아버지에 대한 욕망과 어머니에 대한 증오이고, 다른 한편으로는 어머니에 대한 욕망과 아버지에 대한 증오인 것이다. **오이디푸스 콤플렉스의 이러한 역전은** 히스테리 증세에서 뚜렷이 나타날 수 있을 것이다.

뒤늦게 여자아이의 오이디푸스 콤플렉스 이전 단계로 되돌아오는 프로이트는, 어쨌든 "어머니와의 관계와 히스테리의 병인 사이에는 매우 긴밀한 관계가 있다"[7]라고 주장할 것이다. 비록 히스테리가 무엇보다도 오이디푸스의 꿈들을 드러낸다 해도——게다가 종종 외상을 유발하는 것처럼 나타나기도 한다——이 오이디푸스 콤플렉스의 고조 뒤에 감춰져 있는 것을 조금이라도 이해하기 위해서는, **오이디푸스 콤플렉스 이전 단계로 되돌아와야만 한다.**

소녀의 오이디푸스 콤플렉스 이전 단계로

프로이트가 여자아이의 오이디푸스 콤플렉스 이전에 관한 문제로 되돌아옴으로써——그는 이 문제에 이르러서는, 여성 정신분석 학자들(뤼트 막 브룬스윅·잔 랑플 드 그루·엘렌 되슈)의 작업들을 통해 이 작업에 참여했다. 이들의 연구는 전이 상태에서의 모성적 대치물로서 프로이트보다 더 중요한 역할을 수행할 수 있었다——그는 딸이 어머니에게 집착하는 순간을 더욱 주의 깊게 연구하게 되었다.[7,1] 결국 그는 **오이디푸스 콤플렉스 이전 단계의 중요성이**

사내아이에게서보다 여자아이에게서 훨씬 클 것이라는 사실을 확신할 것이다. 그러나 여성 리비도 조직의 이 초기 단계로부터, 그는 특히 사람들이 부정적으로, 특히 **문제를 일으킬 수 있는 것으로** 규정할 수 있는 **여러 가지 양상들을** 주장할 것이다. **여자아이가 자기 어머니에 대해 갖는 많은 불만들에는** 다음과 같은 것들이 있다. 너무 빠른 젖떼기, 사랑에 대한 무한한 욕구가 채워지지 못한 것, 어머니의 사랑을 다른 형제·자매들과 공유해야만 한다는 것, 어머니가 일으킨 성감대의 흥분 이후 생기는 자위 행위 금지, 특히 여자로 태어났다는 사실, 남근이라는 성기 없이 태어났다는 사실 등이 그것이다. 딸과 어머니의 애정 관계에서 중요하게 여겨질 수 있는 양가성이 거기에서 생겨난다. 그것은 억압의 철회가 부부 관계를 이른바 해결할 수 없는 갈등으로 교란시키게 되는 양가성이다. **여성의 능동적 경향** 또한 어머니처럼 행동함으로써 어머니를 필요로 하는 상태에서 벗어나려는 여자아이의 시도로 상당 부분 이해될 수 있을 것이다. 게다가 여자아이가 남성적 성향을 갖고 있는 한, 어머니를 유혹하고 그녀에게 아이를 잉태시키고 싶은 욕망을 품었으리라는 것을 이해할 수 있을 것이다. 여성의 리비도 조직 속에 나타나는 매우 '능동적인' 경향들은 그러므로 종종 어머니와의 관계 재발, 이 관계의 불충분한 억압으로서 의문의 대상이 되어야 하고, '수동적 목적의 충동들'은 딸이 어머니와의 관계를 얼마만큼 포기하느냐에 따라서 발전될 것이다. 또한 어머니에 대한 딸의 양가성이 **공격적이고 가학적인 충동을** 이끈다는 사실도 부정되어서는 안 된다. 이러한 충동을 충분히 억압하지 못하거나 그 반대 상태가 되는 것은, 모든 것에 의문을 던지는 궁극적 **편집증의** 원인을 구성할 수 있을 것이다. 편집증의 이 원인이 어머니가 자기 딸에게 강요하는 피할 수 없는 낙담들——예를 들면 이유기에 여자아이의 '거세당했다'는 깨달음——과 동시에 여자아이의 공격적인 반응들에서 생기기 때문이다. 여기에서 어머니가 자신을 죽일지도 모른다는 두려움과 경멸이 생기고, 어머니나 그 대체물에서 오는 위협들을 영원히 통제하게 된다.

정신분석의 '암흑 지대'

이렇게 이루어진 결과물들이 어떤 것이건간에, 프로이트는 여전히 여성의 성욕을 정신분석의 '암흑 지대'로 규정할 것이다. 그는 여성의 성욕이 '여성의 선사 시대'에 머물러 있다고 말할 것이다.[1] 다른 곳에서 오이디푸스 콤플렉스 이전 시기가 "그리스 문명 뒤에 있던 소미케네 문명의 발견처럼 다른 영역을 덮친다"[7]라고 고백하면서 말이다. 그가 여성의 성욕 발달에 대해 뭐라고 말하고 썼던 간에, 그것이 그에게는 매우 난해한 수수께끼로 남아 있기 때문에, 그는 여성 성욕 발달에 관한 어떠한 질문도 다 파헤쳤다고 주장하지 않는다. 우선 이 질문에 대해, 그는 여성 성욕에 속하는 것을 부분적으로 감추는 사회적 규정과 관련된 것에 대해 특히 신중해야 한다고 주장한다. 사실 이 사회적 규정들은 종종 여성의 공격적인 본능을 억압하고, 욕망의 대상들을 선택하는 일을 방해하는 등 여성을 수동적인 상황으로 몰고 간다. 이 연구 영역과 관련된 분야에서 이러한 편견들이 연구의 객관성을 방해할 위험이 있다. 그리하여——주관적이면서 모순되는 여러 논쟁 속에서 공정성을 입증하고자 하는——프로이트는 실제로 리비도는 하나뿐이라는 사실을 주장하기 위해, 그러나 여성성의 경우 '수동적 목적들'에 도움이 될 수 있다는 사실을 주장하기 위해 리비도가 전적으로 남성적이라는 믿음으로 돌아올 것이다.[7] 이것은 리비도가 틀림없이 여성의 성 체계에서 더 많이 억압받으리라는 사실에 대해서는 어떤 의문도 제기하지 않는다. 그로부터 여성성이 가장 잘 확립되는 시기가 언제인지를 포함한 '페니스를 갖고 싶은 욕구'의 반복과 영원성이 설명된다.

신중하라는 이러한 충고, 이전 발표들의 수정 작업이 프로이트가 여성의 성적 진화를 규정하기도 하는 사회-경제적·문화적 규정의 분석을 간과하는 것을 막지는 못할 것이다. 또 '여성으로의 변화'에 관해 그의 학설과 그의 몇몇 제자들의 학설을 더욱더 요구하는 전적으로 남성적인 시각에 반기를 들면서 일어나는 분석자들의 연구에 대해 여전히 부정적으로 반응하는 것을 막지 못할 것이다. 마찬가지로 비록 그가 잔 랑플 드 그루와 뤼트 막 브룬스윅·엘렌 되슈의 연구에, 심지어 몇몇 의견을 제외하고는 카를 아브라함의 연구에 동의했다 해도, 심지어 이 문제에 관한 그의 마지막 저작들에서 그 결과들을 기록했음에도 불구하고, 그는 여전히 카렌 호니와 멜라니 클라인·에른스트 존스의 시도들, 여성의 성욕에 대해 남성적 변수를 덜 포함시키고 '페니스를 갖고 싶은 욕구'가 덜 지배적이라는 가설들을 완성시키려는 여러 시도에 대해 비호의적이었다.[7.1] 아마도 그는 거기에서 자기 제자들에게 비난받을지도 모른다는 불쾌감과 더불어 자신이 규정했던 여성의 거세 콤플렉스가 일으킬 수 있는 위험성을 보았을 것이다.

프로이트 시각에 대한 여성 분석자들의 반발

카렌 호니

여성의 성욕에 대한 프로이트의 시각에 동의하기를 거부했던, 그리고 프로이트가 여자아이의 성적 진화를 설명하기 위해 제기하였던 거세 콤플렉스-오이디푸스 콤플렉스의 배열이 '역전'되어야 한다고 최초로 주장한 사람은 카렌 호니라는 여성 학자이다. 그리하여 여성과 여성의 성기가 맺는 관계에 대한 해석은 광범위하게 수정된다.

질의 '부정'

사실 딸이 페니스를 갖고 있지 않은 어머니를 외면하게 되는 것, 페니스를 딸에게 줄 수 있는 아버지에게로 딸이 이끌리는 것은 더 이상 '페니스를 갖고 싶은 욕구'가 아니다. **여자아이가 부차적으로 아버지의 대체물인 페니스를 '갖고 싶어' 하게 되는 것은, 아버지와의 근친 상간 관계라는 매우 여성적인 욕망 속에서 여자아이가 좌절하기 때문이다.** 여자아이, 여성의 욕망은 그러므로 남자가 되고 싶은 것도, 남자가(남자처럼) 되기 위해 페니스를 갖고 싶은 것도 아니다. 만일 그녀가 오이디푸스 콤플렉스 이후, 페니스를 소유하고 싶은 '욕구'에 이른다 해도, 그것은 대상인 그것을 빼앗겼다는 낙담을 보상하기 위함이다. 또한 그녀가 그것을 갈구하는 만큼 그녀가 두려워하는 이유는 근친 상간의 욕망에 관련된 일을 저지를 가능성으로부터, 또 아버지의 우연한 가학적 침투로부터 스스로를 방어하기 위해서이기도 하다.[8] 그러므로 이것은 여자아이가 **그때 이미 질이 존재함을 깨닫고 있음**을 가정한다. 그리고 이것은 남자·여자 모두가 오래도록 질에 대해 무지하다고 주장하는 프로이트의 단언에는 위배된다.

그런데 무지하다는 말보다는 '부정한다'는 말로 여자아이와 그 아이의 질과의 관계에 관해 말해야 할 것이다. 이것은 그녀가 자기가 알고 있는 것을 일부러 모르고 있는 것처럼 보일 수 있다는 것을 설명해 줄 것이다. 어린 여자아이가 질을 '거부한다는 것'은 자기 성기에 관한 인식이 그 시기에 성립되지 않았다는 사실, 그리고 그녀 역시 그것에 의심을 품고 있었다는 사실로 입증될 것이다. 성인 남자의 페니스를 유아기의 초라한 질과 비교하는 것, 월경혈, 월경 때 질의 막이 고통스럽게 찢겨지면서 나오는 피는 결국 여자아이로 하여금 질을 갖고 있다는 것을 두려워하도록, 그리고 이미 그 질이 존재하고 있다는 사실에 대해 자신이 알고 있는 것을 부정하도록 만들 수 있었다.[9]

여성의 문화적 신경증

그후 카렌 호니는 프로이트의 주제들로부터 훨씬 더 벗어나게 된다. 그녀가 여성적인 것으로 일컬어지는 성욕의 특수성들을 이해하기 위해 거의 전적으로 사회-문화적 결정론에 호소하게 된다는 의미에서 그렇다. 카디너·마가렛 미드·루스 베니딕트와 같은 미국 사회학자와 인류학자들의 영향을 받은 그녀는 전통적인 정신분석학적 견해들로부터 점점 더 멀어졌다. 그 대신 신경증의 병인에 대해서 그런 것과 마찬가지로, '정상적' 성욕의 완성에 관한 정신분석학적 견해들을 비판하는 사회적·문화적 요소들에 대한 분석이 정신분석학적 견해들을 대치하거나 그것들과 결합한다. 이러한 전망에서, '페니스를 갖고 싶은 욕구'는 '해부학적인 결함' 같은 것과 관련된 어떤 여성적 '본성'에 의해/어떤 여성적 '본성' 안에 더 이상 규정되지도 나타나지도 않는다. 오히려 그것을 **방어적 징후, 여성을 여성의 정치적·경제적·사회적·문화적 상황으로부터 막으려는 징후**로 해석해야만 한다. 동시에 그녀에게 주어진 운명을 효과적으로 변화시키지 못하게 하려는 것으로 해석해야만 한다. '페니스를 갖고 싶은 욕구'는 오로지 남성에게만 주어진, 특히 성적으로 이익이 되는 '자발성'·'자유'·'힘' 등의 권리가 없다는 것에 대한, 더욱이 수 세기 동안 그녀가 배제된 정치적·사회적·문화적 책임에 거의 참여하지 못하고 있다는 것에 대한 여성의 억울함, 질투로 해석될 수 있다. **'뒤에 처져 있기만 했던 그녀의 위치는 사랑을 하면서부터'** 유일하고 절대적 가치의 반열에 오른다.

그리하여 이 '욕구'는 실제로 여자가 서구 문화에서 억압받는 다른 이들——아이들과 미친 사람들 같은——과 공유하게 될 '하위성' 징후가 될 것이다. 그리고 그녀가 생물학적 '운명'을, 또 그녀의 성기 조직에 대해 그녀에게 이루어지게 될 '부당성'을 수락하는 것은 '여성이 남자보다 못한 존재'라는 주장을 실제로 규명하는 요소들을 고려하기를 거부할 것이다. 다른 식으로 말해서, 카렌 호니에 따르면 여성의 신경증은 프로이트에 의한 '정상 여성으로의 변화'에 필수 불가결한 요소와 거의 같은 것이 될 터이다. 즉 서구 문명이 그녀에게 강요하는, 특히 성 역할의 포기인 것이다.[10]

멜라니 클라인

여성의 성욕에 관한 프로이트의 학설에 이의를 제기하는 두번째 여성 학자는 멜라니 클라인이다. 카렌 호니처럼, 사람들은 그녀가 프로이트가 확립한 연속적인 일련의 사건들을 전복시키고 '뒤엎는' 것을 보게 될 것이다. 또 카렌 호니처럼, '페니스를 갖고 싶은 욕구'는 여자아이, 여성이 자신의 욕망을 유지하면서 겪는 어려움을 얼버무리는 부차적이고 반사적인 산물이라고 변호하게 된다. 그러나 멜라니 클라인이 프로이트의 체계를 문제삼게 되는 것은 **유년기 꿈의 세계를 탐험하고 재구축하는 간접적인 수단을 통해서이다.**

오이디푸스 콤플렉스의 때이른 형태들

만일 이렇게 이야기해도 된다면, '처음부터' 프로이트와의 여러 불일치는 곧바로 예측된다. 멜라니 클라인이 음핵의 자위 행위와 남성적 활동을 동일시하기를 거부하기 때문이다. 음핵은 여성의 생식 기관이다. 그리하여 거기에서 '작은' 페니스만을 보는 것, 그리고 여자아이가 그 유일한 목적으로 그것을 애무하여 쾌락을 느끼고자 한다는 것은 지나친 것이다. 게다가 음핵에 특별한 성적 요소를 부여하는 것은 이 성 발달 단계에서 **더욱 위험하고, 더 많은 문제를 일으키는 질에 성적 요소를 부여하는 것에 대한 방어 과정이다.** 질의 흥분이 가장 빨리 나타나지만 아버지의 페니스를 흡수하는 꿈이나, 이와 함께 수반되는 어머니-경쟁자를 파멸시키는 꿈은 여자아이에게 어머니의 보복 조치에 대한 불안감을 불러일으킨다. 보복을 위한 어머니의 행동들이 자기 몸 안에 있는 성기들을 빼앗을지도 모르기 때문이다. 어떠한 증명도, '현실'에 대한 어떠한 증거도 앞에서 진술한 성기의 내재성을 입증할 수도, 그리하여 이러한 꿈에서 비롯되는 근심을 없애지도 않기 때문에, 여자아이는 잠정적으로 질에 성적 요소를 부여하는 것을 포기하게 된다.[11]

그것이 어떠한 것이든, 어린 소녀가 자기 아버지 쪽으로 향하기 위해 '거세 콤플렉스'를 기다려 온 것은 아니다. '오이디푸스 콤플렉스'는 그녀에게 성기가 나타나기 이전 충동의 체계에서, 특히 구강 충동 체계에서 일어날 것이다.[12] 그리하여 '따뜻한 품'에서 떨어짐으로써 어머니에 대한 어린 소녀의 적개심이 생길 뿐 아니라——이 적개심은 초기에는 어머니를 '나쁜 엄마'로 의심하면서 그 어머니를 향하게 된다——어머니와의 이 갈등 관계는 어머니가 오이디푸스적 욕망의 구강적 만족을 금지시킨다는 사실에 의해, 즉 아버지의 페니스를 흡수하는 것에 반대하는 어머니로 인해 더 악화된다. 멜라니 클라인에 따르면, 이처럼 아버지의 페니스를 끌어들이는 것이 여자아이에게는 첫번째 형태의 페니스에 대한 욕망이 될 것이다. 그리하여 이 용어의 프로이트적 의미에서 '페니스를 갖고 싶은 욕구', 즉 남자로(남자처럼) 되기 위해 남성적 힘의 속성을 소유하려는 경향이 문제가 아니라, 구강 단계에서부터 페니스 삽입에 대한 여성 욕망의 표현이 문제가 될 것이다. 여자아이의 오이디푸스 성향은 그러므로 자기에게 없는 성기를 아버지에게서 받기를 여자아이가 몹시 갈구하는 '거세 콤플렉스'와 상반되는 것이 아니라, 여자아이의 성적 욕망이 나타나는 초기 때부터 관계 있을 것이다.[13] 여자아이의 조숙한 오이디푸스 콤플렉스는 여성의 성적 충동이 구강의 충동과 마찬가지로 수동성을 특징으로 삼는다는 사실로 더욱 두드러질 것이다.

소극적 남성과의 동일시

아마도 이 조숙한 오이디푸스 콤플렉스에는 위험도 있을 것이다. 아버지의 페니스는 여자아이의 욕망을 충족시킬 수 있지만 동시에 이 욕망을 파괴할 수도 있다. 사랑/증오라는 바꿀 수 없는 양가성으로, 삶과 죽음의 이중적 충동으로 여겨지는 이것은 '좋은' 것이면서 '나쁜 것이며,' 생명을 주면서 동시에 치명적이다. 다른 곳에서, 아버지의 페니스에 대한 첫번째 호감은 이미 그것이 어머니에게 삽입된 것인 한 죽음을 겨냥한다. 그러므로 여자아이는 아버지의 페니스를, 그리고 경우에 따라서는 어머니 태내에 있는 아이들을 빼앗아야 한다. 이것은 어머니를 향한 공격 없이는 이루어지지 않는 것이고, 어머니는 딸의 육체 '내부' 와 이미 흡수된 '선의의 목적들' 을 파괴하면서 이에 맞서게 된다. **아버지의 페니스와 어머니의 복수에 대한 어린 딸의 번민으로 인해 그녀는 어쩔 수 없이 가장 흔하게는 리비도의 최초의 조직화, 여성적 조직화를 포기하고, 소극적인 태도로 아버지의 페니스 혹은 아버지와 자신을 동일시하게 된다.** 이때 그녀는 오이디푸스의 욕망이 좌절되어 버린 것에 대한 반응으로, 그리고 여러 위험들에 대한 반응으로 '남성적' 입장을 차용한다. 그리하여 이 **남성성**은 당연히 **부차적인** 것이 되어, 아버지 곁의 어머니 위치를 차지하고 아버지의 아이를 갖고 싶은 욕구인 근친 상간의 꿈을 위장하고, 더 나아가 확실하게 억제하는 작용을 한다.[14]

타협의 시도: 에른스트 존스

프로이트와 반대로 에른스트 존스는, 카렌 호니와 멜라니 클라인 같은 몇몇 여성 학자들이 여성의 성욕에 관한 초기 정신분석학 이론 작업에 가한 수정을 매우 유익한 것으로 받아들일 것이다. 그 이유는 아마도 그에게 있어서 남성의 '여성적' 욕망에 대한, 또 사내아이에게 있어서 특히 아버지와의 관계 안에서 자신과 여성을 동일시하게 되는 거세의 두려움에 대한 매우 강한 의문 때문일 것이다. 이러한 동일시에 대한 욕구와 두려움을 좀더 많이 알고 있는 에른스트 존스는 여성성이라는 '암흑 지대'를 탐험하면서 더 많은 모험을 할 수 있었고, 성 체계에 대해서 몇몇 여성학자들이 결합시키려고 애썼던 것이 무엇인가를 보다 명확하게 이해할 수 있었다. 또 그가 프로이트보다 새로운 이론 체계의 확립을 덜 지지한 것도 사실이다. 그는 항상 어떤 입장에 동의하지 않으면서——카렌 호니의 저서 2부에서 그녀가 지지한 입장들을 말한다——자기 (여)학생들 가운데 몇몇이 프로이트에게서 밝혀낸 모순들을 인정하지 않으면서, 그는 프로이트의 관점과 여성의 성 발달에 대한 새로운 정신분석학적 산물들, 자신의 노력을 덧붙인 산물들을 절충하려고 한다.

거세와 아파니지스 (Aphanisis)

그리하여 이 논쟁의 조정자로 자처하고 다양한 입장들 사이에서 일어날 수 있는 일치를 발견하려고 애쓰던 그는 여성의 오이디푸스 콤플렉스의 프로이트적 개념을 유지하지만, 여자아이의 오이디푸스 이전 시기에 대한 어린아이 분석의 결과들이 오이디푸스 콤플렉스와 여자아이의 관계 공식을 수정케 함을 입증한다. 우선 그는 거세——혹은 생식기의 성적 쾌락 능력을 잃을지 모른다는 위협——와 성적 쾌락 자체의 전체적이고 영원한 소멸로 나타나는 아파니지스를 구별한다. 이러한 용어들로 생각한다면, 우리는 쾌락을 회피하는 성기와 자신을 동일시하기 위해, 여자아이에게 자신의 여성성을 포기하라고 강요하는 것이 오이디푸스적 욕망의 극단적인 좌절의 뒤를 잇는 '아파니지스'에 대한 두려움이라는 사실을 알게 될 것이다.[15] 이처럼 여자아이는 쾌락을 영원히 빼앗길지도 모른다는 고민의 해결책을 상상 속에서 모색한다. 더군다나 이 해결책은 근친 상간의 욕망에 관계된 범죄 가능성을 진정시킬 수 있는 이점을 갖는다. 이러한 시각이 결국에는 동성애에 도달하지만, 우리는 이 시각이 여성성의 정상적 발달 속에서는 다소 느슨한 형태로 있음을 재발견한다. 이때 여자아이는 자기 욕망에 대해 아버지가 응답하지 않음으로 생기는 아파니지스에 대한 부차적이고 방어적인 반응을 드러낸다.

'페니스를 갖고 싶은 욕구'에 관한 다양한 해석들

그러므로 이 반응적 남성성을 거치기 전 여자아이는 '여성'이었다. 그리고 이 조숙한 여성성에서 우리는 소위 '생식기 이전' 단계들에서 나타나는 여러 징후들을 발견한다.[16] 페니스의 욕구는 우선 페니스와 동화되고 싶은 욕구이다. 이때 페니스는 구강기에서 이미 확인할 수 있는 관능적인 것과는 별개의 욕망일 수 있다. 페니스

를 끌어당기는 부분, 즉 구심점은 **입·항문·질의 동일한** 작용에 힘
입어 연달아 대치된다. 아버지 성기에 관한 이 조숙한 욕망에 대
한 고려로 인해 존스는 '페니스를 갖고 싶은 욕구'를 구별하게 된
다. 그에 따르면 몸 '안에' 페니스를 간직하고, 그것을 아이로 변화
시키기 위해 페니스를 흡수하고 삽입하고 싶은 여자아이의 욕망
이 중요할 수 있다. 더 나아가 **성교의 순간에** 페니스를 즐기고 싶
은 욕망이 중요해질 수 있다. 즉 구강과 항문·생식의 욕망인 것이
다. 그리고 결국에는 **남성의 성기를 음핵의 위치에, 음핵 대신 소
유하고 싶은 욕구**가 중요해질 수 있다.

  이 마지막 해석은 프로이트에 의해 특별하게 인정되는 것으로,
이 해석은 리비도 체계와 여성 성기의 특수성은 부정하면서 여자
아이의, 또 여성의 남성성에 대한 욕망을 강조한다. 그런데 음핵의
위치에 페니스를 갖고 싶은 욕구는 무엇보다도 자기 성애의 욕망
과 일치하게 된다. 즉 자위 행위에서 페니스는 가장 접근하기 쉽
고, 더 잘 눈에 띄고, 더 자기 중심적이라는 것이다. 마찬가지로 요
도의 강력함에 대한 꿈에서, 혹은 시각적인 것을 좋아하고 과시하
려는 충동에서도 페니스는 훨씬 이로울 것이다. 사람들은 여자아
이의 생식기 이전의 발달을 이러한 활동들 혹은 꿈들로 축소시킬
수 없다. 심지어 이 활동과 꿈이 아버지의 페니스에 대한 욕망들,
관능적인 것과는 거리가 먼 욕망들에서만 궁극적으로 발전된다는
것을 지지할 수 있다. 소위 오이디푸스 콤플렉스 이전의 조직화와
오이디푸스 콤플렉스 이후의 단계에서 **여자아이에게 나타나는 '페
니스를 갖고 싶은 욕구'**가 페니스를 누리려는 매우 특수한 여성적
욕망에 대해서는 부차적이고, 종종 방어적이라는 결론이 유도된다.
그러므로 어린 여자아이는 어느 순간에도 어린 사내아이가 아니
고, 성욕의 변화가 남성이 되고 싶은 욕구의 기반이 되지도 않는

다. 그렇게 되기를 바라는 것은 지나치게 여자아이——게다가 사내아이——의 성 발달을 자기 변화에 대해 매우 비판적인 단계에 남겨둘 것이다. 이는 존스가 '제2의 남근기(deutérophallique)'[17]로 명명하는 단계로, 이때 각각의 성은 상대편 성인 자기 욕망의 대상과 자신을 동일시하여 동성의 부모, 즉 오이디푸스 콤플렉스 체계에서 경쟁자에게서 비롯되는 생식기 절단의 위협으로부터, 더 나아가 근친 상간적 욕망의 유보에서 생기는 '아파니지스' 혹은 그 근심에게서 벗어나게 된다.

프로이트 이론의 보완

이미 우리는 이러한 이론적 수정에 대해 다른 여성 분석자들이 프로이트의 초기 개념들을 지지하고 발전시킨다는 것을, 그리고 프로이트가 자신의 후기 저서들에서 여성 성 발달의 초기 단계 연구에 이 여성 학자들이 기울인 노력을 되풀이하고 있음을 보아 왔다.

잔 랑플 드 그루가 **여자아이의 부정적 오이디푸스 콤플렉스**에 대해 줄기차게 의문을 던지고 있음을 상기하자. 아버지에 대한 '긍정적인' 욕망에, 수혜자의 '수동성' 복구를 함축하는 이 욕망에 이르기 전, 여자아이는 어머니를 소유하고 아버지를 쫓아내기를 바랐고, 이는 '능동적'이고/혹은 '남성적' 방식을 취한다. 이러한 욕망을 실현시킬 수 없기 때문에 페니스와의 비교를 견디지 못하는 음핵은 무가치하게 여겨진다. 오이디푸스 콤플렉스의 부정(능동적) 단계에서 긍정(수동적) 단계로의 전이는 그러므로 거세 콤플렉스

의 개입으로 효과적으로 이루어진다.[18]

　엘렌 되슈의 연구들이 지니는 특수성 가운데 하나는 **여성 생식
욕구의 구조화 안에서 매저키즘을 강조한다**는 점이다. 생식기 이전
의 모든 발달 단계들에서 음핵은 페니스와 동등하게 관심의 대상
이다. 질의 존재는 알려지지 않다가 사춘기에 이르러서야 밝혀지게
된다. 그러나 음핵(페니스)이 가슴·배설 기관과 동일시될 수 있다
면, 그 하위성은 남근기에 나타나게 된다. 음핵이 페니스보다 그
시기에 작동하는 능동적인 충동을 훨씬 덜 만족시키는 한 말이다.
가치 하락된 음핵에 집중되었던 리비도의 에너지는 어떻게 될까?
엘렌 되슈는 상당 부분 이 에너지가 퇴행하고 매저키스트의 방식
으로 조직된다고 주장한다. '거세당하고 싶다'는 꿈은 이루어질 수
없는 남근의 욕망을 대체하게 된다. 분명 이 매저키즘은 궁극적인
'정신적' 매저키즘과 혼동될 수는 없을 것이다. 그것은 **일차적이
고 관능적인 형태, 여성 성욕을 구성하는 매저키즘에게서 생물학
적으로 결정되는 형태, 거세·강간·임신이라는 세 요소에 의해
지배되는 형태**를 드러낼 것이다. 여기에 사람들은 부차적이지만
상관 관계가 있는, 여성들에 의해 이루어지는 승화의 매저키스트
적 특징을 결부시키게 된다. 여기에 그들이 아이에게 부드러운 모
성적 행동을 할 때가 포함된다.[19]

　프로이트의 뒤를 이어 성 발달이 하나씩 차례로 나타내는 세 가
지 대립 요소들의 작용에 의해 이루어진다는 것을 상기한 후, 뤼
트 막 브룬스윅은 원론적으로 여자아이의 성 발달의 오이디푸스 콤
플렉스 이전 단계에서 나타나는 능동성/수동성의 양상과 변화들을
분석한다. 그러나 이 세 대립 요소들은 결코 서로서로를 정확하게

대신하지는 못한다.[20]

　마리 보나파르트에게 있어서 여성과 리비도적 생명이 맺는 독특한 관계, 그 '불리한' 입장은 다음과 같은 사실에 의해 결정될 것이다. 즉 이것은 '부속물들'의 발달이 모성에 도움이 된다는 사실로부터 여성의 성기는 확장중에 있는 억제된 남성의 성기와 비슷할 것이라는 사실이다.[21] 그녀의 주장에 따르면, 다른 곳에서는 **세 가지 법칙이 여성의 성 발전을 주관한다.** 즉 욕망의 대상과 관련된 경우, 어머니와의 관계 안에 있던 모든 수동적이고 능동적인 관심의 집중은 아버지와의 관계로 전이될 것이다. 또 **충동적 변화**의 경우, '능동적'인 오이디푸스에서 '수동적'인 오이디푸스로 옮아갈 때 여자아이의 가학적 망상은 매저키즘적 망상으로 변형된다. 또 **우세한 성감대**의 경우, 성감대는 음핵(페니스)에서 '배설강'으로, 그 다음에는 질로 교체될 것이다. 이때 음핵의 자위 행위는 포기한다. '배설강'의 성욕은 마리 보나파르트에게는 항문의 성욕과 질의 훨씬 늦은 관능화 사이의 중간 단계를 구성할 것이다. 이때 질은 항문의 부속물에 불과하거나, 더 정확하게 말해서 항문과 거의 구별되지 않는다. 사춘기 이후 질이 성욕을 일으킬 때까지 남근기 이전보다, 남근기 이후보다 더 우세한 성감대가 되는 것은 결국 이 배설의 출구이다.[22]

상징의 질서: 자크 라캉

　여성의 성욕을 둘러싼 논쟁들이 진정되고, 그들의 움직임이 망각

된 지——새로운 억압으로 인해?——15년 내지 20년 후, 자크 라
캉은 논쟁을 다시 시작한다. 이는 특히 이러한 질문들이 종종 잘못
제기되었다는 것을 강조하기 위해, 더 나아가 그의 견해에 따르면
유예중인 질문들을 종합적으로 검토하기 위해서이다. 최근의 질문
들 속에서 그는 '남성 호르몬의 리비도 우월성'에 관한 연구들과 마
찬가지로 '염색체의 성(sexe chromosomique)'과 '호르몬의 성(sexe
hormonal)' 작용의 구분과 관련된 새로운 물리학의 산물들을 거론
한다. 이로 인해 그는 유기적인 것과 주관적인 것 사이에 '결렬'이
일어나게 되는 여러 양상들에 다시금 의문을 던지게 된다. 또 그
는 '질 오르가슴의 본질'에 대해, 그리고 성감대와 욕망의 '대상
들'에 대한 집착이 변화할 때 음핵이 어떤 역할을 하는가에 대해
사람들이 항상 무지하다는 것에 다시금 주의를 환기시킨다.[23]

욕망의 기표(signifiant)인 남근

여성의 성 발달에 대한 정신분석학자들 사이의 분분한 의견들과
연관되어 있다는 점에서, 라캉은 프로이트의 **견해와 멀어지는** 시
점들이 거세 콤플렉스가 함축하는 구조적 배치에 대한 전망을 부
정한다고 비난한다. 빼앗김과 좌절, 그리고 거세 속에서 현실과 상
상, 상징과 각각의 충격들의 영역을 충분히 구별하지 않는 것은,
예를 들면 상징적 차원, 즉 진정한 거세 작용을 구강의 좌절로 축
소시킨다.[23] 거세가 일으키는 것이 분명한 상징적 결합을 더욱 강
조하기 위해, 라캉은 거세 속에서 좌절될 수 있기 때문에 문제가
되는 것은 남근이나 욕망의 기표 같은 페니스——실제 기관——
가 아니라는 것을 밝힌다. 그리고 무엇보다도 아이는 거세를 분명

어머니에게서 확인한다. 그가 모성적 욕구라는 상상 궤도에서 나오기 위해서, 그리고 그가 마치 남근의 상징을 보유한 사람에게 보내어지듯이 아버지에게로 보내지기 위해서 말이다. 이 남근으로 말하자면 어머니는 그것을 갈망하고, 그것을 아이보다 더 좋아한다.

아버지가 책임지는 이 상징적 질서의 작동은 이런 식으로 이루어진다. 이 직함으로 그는 어머니와 아이의 욕망의 충족을 금한다. 어머니가 아이를 자신이 갖고 있지 못한 남근과 동일시하든, 아이가 근친 상간이긴 해도 어머니의 욕망을 만족시키면서 자신에게 남근이 있다는 것을 확신하든 말이다. 그들의 욕망·'충족'·쾌락을 좌절시키는 아버지는, 이들에게 언어 활동으로 욕망을 상징화하라고 반복적으로 요구한다. 즉 명령을 통해 전이의 필요성 쪽으로 이끈다. 끊임없이 발생하는 욕망의 요구와 만족 사이의 충돌은 남근의 작용을 마치 결핍의 기표인 양 유지한다. 이 결핍의 기표는 매우 성적인 애정과 만족을 추구하는 이중 층위에서 리비도의 교환 체계를 보장하고 규정한다.

남근이 되기, 혹은 그것을 소유하기

"그러나 남근의 기능에 집착하면서 사람들은 두 성의 관계들이 인정하게 되는 구조들을 지적할 수 있다. 이 관계들이 어떤 존재와 어떤 자산 주변을 돈다고 이야기해 보자. 이 공식이 매우 역설적으로 보일 수 있겠지만, 우리는 여성이 자신의 여성성의 근본적인 부분을 거부한다는 것, 특히 가려진 모든 속성을 거부한다는 것은 남근이 되기 위해, 즉 타자에 대한 욕망의 기표가 되기 위함이라고 말한다. 그녀가 사랑받으면서 동시에 욕망의 대상이 되고 싶은 것은, 그녀가 그 상태——남근의 상태——에 있지 않기 때문이다. 그러나 그녀는 자신이 사랑을 요구하는 대상인 남성의 육체에서 자기 욕망의 기표——그것을 갖고 있다고 여겨지는——를 발견한다. 아마도 중요한 작용을 띤 이 기관이 부적의 가치를 띤다는 것을 잊어서는 안 될 것이다."[3] [24]

라캉에 의한 남근 기능을 통해 성적으로 구별되는 관계들의 변증법이라는 이러한 공식은 프로이트가 규정했던 여자아이의 거세 콤플렉스——남근을 갖지 못했다는——와, 이것이 오이디푸스 콤플렉스의 구성 요소에 개입한다는 것, 혹은 남근을 가지고 있다고 여겨지는 사람, 즉 아버지의 남근을 받고 싶은 욕망 등을 유지하는 데에 전혀 모순되지 않는다. 마찬가지로 여성에게 있어서 '페니스를 갖고 싶은 욕구'에 관한 중요성은 원인으로 제기되는 것이 아니라 그 구조적인 차원에서 더욱 발전된다.

'육체의 이미지' : 프랑수아즈 돌토

여자아이의 성 발달에 대한 프랑수아즈 돌토의 연구를 다시 인용해야겠다.[25] 그녀에 따르면, 어린 딸이 여성이라는 성을 가치 있다고 느끼기 위해서는 어머니가 아버지에게 '여자'로 인정받아야만 한다는 것을 끈질기게 주장해야 한다. 그리고 여자아이의 리비도 발달 각 단계에서 **육체 이미지의 구조화**에 대한 묘사들을 추적해야 한다. 이 묘사들 속에서 그녀는 많은 **성감대**에 지대한 관심을 쏟는다. 특히 그것은 여성적인 성감대로 **여성의 성적 쾌락을 구별하는 것**과 관계가 있다.

그러나 그녀의 이 풍부한 분석과 그녀의 연구에서 부딪치게 되는 날카로운 질문들로 인해, 사람들은 여성의 성욕 논쟁에 대한 다른 대부분의 중심 인물들과 마찬가지로 그녀 역시 역사적인 결정론을 거의 제기하지 않았음을 유감스럽게 생각할 수 있다. 이 역사적인 결정론이야말로 정신분석이 직면하게 되는 '여성의 변화'를 규정하는 것이다.

정신분석학 이론의 전제에 대한 몇 가지 질문들

정신분석에 몇 가지 질문을 제기하는 것, 어떤 식으로든 그것을 문제삼는 것, 그것은 항상 오해를 일으킬 위험이 있고, 그리하여 이 분석 이론에 대해 전(前)비판적 태도를 부추길 위험이 있다. 그러나 많은 관점들이 존재하고, 그 속에서 분석 이론에 대해 사람들이 당연하게 질문을 던질 수 있고, 분석 이론 자신도 스스로에게 의문을 던져야 할 것이다. 여성의 성욕은 이러한 시점들 가운데 하나를 드러낸다. 만일 사람들이 이 용어들, 정신분석학적 영역 내부에서조차 논쟁들이 일어났던 이 용어들을 차용한다면, 그들은 이렇게 자문할 수 있을 것이다.

——음핵의 쾌락/질 쾌락의 교체가 왜 그런 식으로 정신분석학에 참여해 왔는가? 왜 여성은 이 둘 가운데 하나를 선택하는 상황에 놓여, 만일 첫번째 선택을 할 경우에는 '남성적'이라고, 그리고 그것을 포기하고 질의 성적 욕구에 틀어박힌다면 '여성적'이라고 규정되어 왔는가? 이러한 문제 제기가 여성의 성욕 발달과 그 '번

성'을 이해하기 위해 진정으로 유효한가? 아니면 여성을 **남성의 기준에 맞추기 위해**, 그리고/혹은 남성의 자기 성애와 이성에 대한 성애 가운데 무엇이 더 우월한가를 가르기 위해 중요한——어쩌면?——기준들이 요구하는 것인가? 사실 여성의 성감대는 음핵이나 질 둘 가운데 하나가 아니라 음핵과 질 모두이고, 음순과 외음부, 그리고 자궁 경부와 자궁·젖가슴 등 이 모두이다. 우리가 놀랄 수 있었던 것, 분명 놀랐을 사실, 그것은 바로 여성의 성욕에 있는 **수많은 성감대들**이다. 만일 우리가 이 사항에 집착한다면 말이다.

　　——프로이트와 그의 많은 제자들에게 있어서 '질이라는 여성 고유의 기관이 아직 발견되지 않았음'에도 불구하고, **왜 여성의 리비도 구조화는 상당 부분 사춘기 이전에 결정되었을까?**[1] 게다가 정치적·경제적·문화적으로 가치 있는 특성들은 모성성에, 그리고 모성적 보살핌과 연결되어 있음에도 말이다. 그러므로 여성에게 부여된 성 역할에 관한, 특히 사람들이 여성에게 제시하는, 혹은 여성에게 빌려 주는 모습들에 관한 거의 모든 것이 결정되었을 것이다. 성 체계에 여성이 개입하는 것을 제재하는 사회적 특수성이 일어나기 전부터, 그리고 여성이 '여성 고유의' 독특한 쾌락에 접근하기 전부터 말이다. 사람들은 그때부터 여성이 '……이 없는,' '빼앗긴,' '갈망하는' 등의 존재로만 나타남을 이해하게 된다. 말하자면 거세된 것으로 말이다.

　　——왜 모성의 기능은 여성에게 있는 아주 특별한 관능적 기능을 이기는가? 왜 아직도 사람들은 그녀를 서열화된 선택에 굴복시키는가? 그녀 스스로가 굴복하는 것인가? 성의 두 역할의 연결이 충분하게 다듬어지지 않았음에도 말이다. 분명 이러한 규정은 (재)

생산 체계와 그 이데올로기에 포함되어 있다. 그러나 그것은 또 여전히 **남성 욕망에 대한 굴복**을 표시하기도 한다. '여성이 자기 남편에게서 아이를 생산하지 못하는 한, 그녀가 아이에 대해 어머니답게 행동하지 않는 한 부부의 행복은 불확실한 상태로 남기' 때문이다.[1] 이것은 다음과 같은 질문을 예고한다.

——여성의 성 발달은 왜 남성의 그것보다 더 고통스럽고 더 복잡한가?[1] 만일 여성이 남편의 어머니 같은 존재가 되지 않는다면, 이 발달의 끝은 어떻게 되는가? '페니스의 거처로서만 가치를 얻는' 질 자체는 "어머니의 가슴을 확실한 유산으로 남긴다."[3] 달리 표현해서, 그것은 여자아이가 성적 대상에 대한 자신의 첫번째 집착을, 또 일찍 집착의 대상이 된 성감대를 포기하는 것이 당연한가? 그녀가 늘 남자 쪽에서 오는 욕망을 만족시킬 수 있게 하는 여행을 하기 위해서 말이다. 어머니와의 사랑, 혹은 적절한 대체물과 사랑을 나누도록 하기 위해서 말이다. 왜 여자는 남성이 지니는 혈통에 대한 욕망 속으로 들어가기 위해 자신의 어머니를 떠나야만 —— '증오' 해야만[1] —— 하고, 집을 버리고, 가정을 포기하고, 어머니와 아버지의 이름을 버려야만 하는가?

——왜 여성의 동성애는 아직도 항상 남성 동성애의 유형에 따라 해석되는가? 남성의 동성애는 한 여인에 대해 욕망을 품는데, 이 여인은 남근을 가진 어머니와 동등하고 / 혹은 어떤 특징들에게서는 그에게 자기 형제 같은 다른 남자를 상기시킨다.[4] 왜 동성에 대한, 같은 여자에 대한 욕망이 여자에게는 금지되고 불가능한 것이 되었을까? 더욱이 **왜 여자아이와 어머니의 관계들이 꼭 '남성적' 욕망이라는 용어로, 동성애라는 용어로 사유되는가?** 여성과 그녀의

독특한 욕망이 맺는 관계들에 대한 이 오해, 이 비난, 또 그 뿌리와의 관계를 정교하게 완성시키지 못했다는 것이 도대체 무슨 소용이 있는가? 이는 **유일한 리비도의 우월성**을 확신하기 위함으로, 여자아이 자신은 자기의 초기 충동과 초기 집착이 강제로 억압당한다고 생각한다. 이것이 그녀의 리비도인가?

———이것은 여성의 성욕과 관계 있는 여러 논쟁들 속에서 능동/수동의 대립이 여전히 끈질기게 남아 있는 **이유**를 규명하려는 문제와 이어진다. 여성 리비도는 항문기인 생식기 이전의 특징으로 규정되지만, **출산에서 남성과 여성 각각의 역할들을 규정하는 것과 마찬가지로** 이 리비도는 여전히 남성-여성의 차이———거기서 심리적 색채를 끌어내게 된다[26]———를 표시한다.[1] 어떠한 관계 때문에 계속 이 수동성이 가학적 항문의 충동들, 남자에게는 허용되고 여자에게는 금지된———억제된———이 충동들에게 유지되는가? 그때부터 남성은 아이(생산물)와 여성(재생 기계), 그리고 성기(재생의 원동력)에 대한 유일한 소유자로 확인된다. **수태**가 일어나게 되는 **강간**, 게다가 몇몇 (여성) 정신분석학자들에 의해 여성적 쾌락의 충족으로 제시된 강간[1, 19, 22]은 이러한 성관계의 유형이 된다.

———왜 여성은 승화에도 거의 적응하지 못하는가? 그녀는 아버지의 초자아에 의존하는 상태에 있는가? 왜 여성의 사회적 상태는 여전히 상당 부분 "노동이 유포하는 계약의 질서를 벗어나는가? 특히 이는 가부장제가 쇠퇴하면서 결혼 상태가 유지하는 결과 때문인가?"[23] 이 두 질문은 아마도 여성이 어떤 노동의 계약도 명시되지 않은 채, 혼인 증서가 그것을 대신하는 가사 노동에 얽매이게 된다는 사실과 결부될 것이다.

우리는 '운명'에 대해, 특히 여성에게 부여된 성적 운명, 아주 빈번하게 나타나는 여성의 불감증을 다른 어떤 것보다도 잘 규명해 줄 해부학과 생물학에 의해 흔히 설명되는 운명에 대해, 정신분석이 제기할 수 있는 여러 가지 의문점들을 끝없이 열거해 왔다.

그러나 **이 운명의 역사적 결정론은 충분히 의문의 대상이 될 가치를 지닐 것이다.** 이는 정신분석이 그 이론적·실제적 영역의 한계 자체를 재고하고 있음을, 이 정신분석이 정신분석 자신도 모르는 사이에 자신을 드러내 온 문화적 기반, 경제, 특히 정치적 기반의 '해석' 주변에 놓여 있음을 의미한다. 그리고 사람들이 서양의 일반 경제에서 여성의 위치가 어땠는가를 설정하지 않는 한, 국부적인 토론, 여성 성욕에 대한 토론이 과연 가능한가를 자문하고 있음을 의미하기도 한다. 수 세기 동안 서구 사회를 지배하고 있는 **자본주의 체제, 철학적 체계, 종교적 신화들**에서 과연 여성에게 부여된 기능은 어떤 것인가?

이러한 견지에서, 우리는 남근이 **그의 특권을 질투하는 신의 실제 모습**이 된다는 것을, 남근이 이러한 명목으로 담화 자체의 최종적 의미가 되고, 진실과 소유의 표준, 특히 성기의 표준이 된다고 주장하는 것을, 또 욕망 자체의 궁극적인 기표, (혹은) 기의라고 주장하는 것에 의혹을 품을 수 있을 것이다. 게다가 가부장제의 표시이고 원동력인 남근이 계속 아버지(하느님 아버지)라는 이름으로 신뢰감을 보장할 수 있는가를 의심해 볼 수 있을 것이다.

참고 문헌

1. S. Freud, 〈여성성〉, 《정신분석에 대한 새로운 강의들 *Nouvelles conférences sur la psychanalyse*》, Gallimard, Idées. 프로이트가 다른 저작에서 발전시킨 많은 언술들을 수정하는 한, 나는 그의 생애에서 뒤늦게 쓰여진 이 논문을 종종 참고할 것이다.

2. S. Freud, 《성 이론에 대한 세 가지 기고 *Trois essais sur la théorie de la sexualité*》(특히 1915년판과 그 이후 판의 기고들 가운데 세번째 것), Gallimard, Idées.

3. S. Freud, 〈유아기의 생식기 조직〉, 《성생활 *La vie sexuelle*》, P.U.F., Bibliothèque de psychanalyse.

4. S. Freud, 〈여성 동성애 사례의 정신발생학〉, *Revue française de psychanalyse*, t. VI, nº 2.

5. S. Freud, 〈사람들은 아이를 때린다〉, *Revue française de psychanalyse*, t. VI, nº 3-4.

6. S. Freud, 〈히스테리(도라) 분석에 대한 단편들〉, 《다섯 가지 정신분석 *Cinq psychanalyses*》, P.U.F., Bibliothèque de psychanalyse.

7. S. Freud, 〈여성 성욕에 관하여〉, 《성생활》.

8. K. Horney, 〈거세 콤플렉스의 발생에 대하여〉, 《여성에 대한 심리학 *La psychologie de la femme*》, Payot, Bibliothèque scientifique.

9. K. Horney, 〈자궁의 부정〉, 《여성에 대한 심리학》. 이 점에 관해 호니는 *Intern. J. Psychoanal*, 13권의 〈소녀들에게 있어서 생식 단계의 리비도 발달의 문제에 대한 기고〉에서 J. 밀러의 주장을 수정하고 발전시킨다.

10. K. Horney, 〈사랑의 과대 평가〉, 《여성에 대한 심리학》. 사실 〈여성에게 있어서 매저키즘의 문제〉·〈신경증적 사랑의 필요〉와 같은 논문들을 참조해야 할 것이다.

11. M. Klein, 〈오이디푸스 갈등의 때이른 단계들〉, 《정신분석에 대한 에세이 *Essais de psychanalyse*》, Payot, Bibliothèque scientifique.

12. M. Klein, 〈오이디푸스 갈등의 초기 단계들과 초자아 형성〉, 《아동의 정신분석 *Psychanalyse des enfants*》, Payot, Bibliothèque scientifique.

13. M. Klein, 〈소녀의 성 발달에 대한 초기 불안 상황의 영향들〉, 《아동의

정신분석》.

14. M. Klein, 〈때이른 근심에 의해 드러나는 오이디푸스 콤플렉스〉,《정신분석에 대한 에세이》.

15. E. Jones, 〈여성 성욕의 조숙한 발달〉,《정신분석의 이론과 실제 *Théorie et pratique de la psychanalyse*》, Payot, Bibliothèque scientifique.

16. E. Jones, 〈원시적인 여성 성욕〉,《정신분석의 이론과 실제》.

17. E. Jones, 〈남근기〉,《정신분석의 이론과 실제》.

18. J. Lampl de Groot, 〈여성의 오이디푸스 콤플렉스 변화〉,《정신분석학 독자 *The psychoanalytical Reader*》, R. Fliess ed., Hogarth Press.

19. H. Deutsch,《여성들의 심리학 *La psychologie des femmes*》, P.U.F., Bibliothèque de psychanalyse.

20. R. Mack Brunswick, 〈리비도 발달의 오이디푸스 콤플렉스 이전 단계〉,《정신분석학 독자》.

21. M. Bonaparte, 〈수동성, 매저키즘과 여성성〉,《정신분석과 생물학 *Psychanalyse et biologie*》, P.U.F., Bibliothèque de psychanalyse.

22. M. Bonaparte,《여성의 성욕 *Sexualité de la femme*》, P.U.F., Bibliothèque de psychanalyse.

23. J. Lacan, 〈여성 성욕에 대한 학회를 위한 직접적 제안들〉,《기록들 *Écrits*》, Seuil, Le Champ freudien.

24. J. Lacan, 〈남근의 의미〉,《기록들》.

25. F. Dolto, 〈생식적 리비도와 그 여성적 운명〉,《정신분석학 *La Psychanalyse*》, n° 7, P.U.F.

26. S. Freud, 〈충동들과 충동의 여러 운명〉,《메타심리학 *Métapsychologie*》, Gallimard, Idées.

담화의 권력/여성의 복종

대 담

왜 이 책은 프로이트 비판으로 시작되는가?

직접적으로 말해서, 《스페쿨룸》[4]에는 처음과 끝이 없다. 이 텍스트의, 여러 텍스트들의 구성은 단일한 한 구도를, 담화의 목적론을 해체시킨다. '여성' 개념을 위한 어떠한 공간도 그 안에서는 불가능하기 때문이다. 비록 그것이 억압이나 검열이라는 전통적인 개념이 아니라 해도 말이다.

게다가 프로이트로 '시작해서' 플라톤으로 '끝나는 것,' 그것은 이미 역사를 '거꾸로' 생각하는 것이다. 그 안에서 여성의 문제는 여전히 연결되지 못하고, 그렇기 때문에 사람들이 그 안에서 쉽게 견딜 수 없어 '그 안을' 겉으로 뒤집는 것이다. 그로부터 '계층'에 대한 이 텍스트들——다시금 《스페쿨룸》——안에서 겉으로는 전복이 일어나지 않게 하는 이 장치가 생긴다. 중요한 것은 '남성적'이기만 한 기준치에 따르는 모습들을 해체하는 것이다. 남근 위주의 질서에 따라 말한다면, 그것은 전복을 일으키는 것이 아니라——이것은 결국 같은 결과를 초래할 것이다——한편으로는 이 법칙에서 벗어나는 '외부'에서부터 혼란을 일으키고 교체하는 것이다.

그럼 당신의 질문으로 되돌아와, **프로이트에 대해 왜 이러한 비판을 하는가?**

성 이론을 완성하면서 프로이트가 그때까지 무엇이 함축적이고, 불명확하고, 잘못 알려진 상태로 작용할 수 있었는가를 알려 주기 때문이다. 즉 **학문 자체의 진실, 곧 담화 자체의 논리가 성적 무관심에 의해 유지된다는 것이다.** 이것은 프로이트가 여성의 성욕을 규정하는 방식 속에서 명백하게 드러난다. 사실 여성의 성욕은 단 한 번도 남성이 아닌 다른 성과의 관계에 의해 규정된 적이 없었다. 프로이트에게, 그 차이가 성행위 속에서, 그리고 보다 일반적으로는 사회적·문화적 작용을 규정하는 상상과 상징의 과정 속에서 서로 이어지게 될 **두 개의 성**은 존재하지 않는다. '여성'은 항상 결점으로, 위축증으로, 가치를 독점하는 유일한 성, 즉 남성의 반대면으로 묘사되어 왔다. 그리하여 그 유명한 '페니스를 갖고 싶은 욕구'가 만들어진다. 여성의 성적 변화가 남성의 성기를 갖고 있지 못하다는 것에 의해, 그리하여 그에 대한 욕구·질투·요구에 의해 명령을 받는다는 것을 어떻게 받아들일 수 있는가? 말하자면 이 성적 변화는 결코 여성 자신과 관련된 적이 없었던 것이 아닌가? 여성의 성욕을 기술하는 모든 내용들은 여성이라는 성에도 역시 '특수성'이 마땅히 있을 수 있다는 사실을 부정한다.

또다시 그것을 상기해야만 하는가? 처음에 프로이트는 어린 여자아이는 어린 사내아이에 불과하다고 기술한다. 소녀에게 있어서 거세는 남성의 성기를 갖고 있지 못하다는 것을 인정하도록 한다. 그리고 소녀는 어머니를 외면하고 '증오한다.' 어머니에게 기대했던 중요한 성기를 어머니가 갖고 있지 못하다는 것을 알게 되었기 때문이다. 어머니에 대한 이 거부는 같은 이유 때문에 자기 자신을 포함한 모든 여자에 대한 거부를 일으킨다. 그리하여 소녀는 어떠한 여자도 갖고 있지 못한 것, 즉 남근을 얻기 위해 아버지 쪽으로 향한다. 여성에게 있어서 아이를 갖고 싶은 욕망은 결국 남성의 성기와 동등한 것을 소유하고 싶은 욕망을 뜻한다. 여자들 사이의 관계는 '남자의 성기'를 소유하기 위한 경쟁 관계에 의해, 동성애의 경우 자신을 남성과 동일시하는 태도로 결정된다. 여자들이 사회에서 얻을 수 있는 이익은 당연히 남성이 얻는 것과 동등한 권리를 갖고 싶은 욕구에 의해서만 규정된다. 이러한 주장들은 결코 여성을 문제삼지 않는다. 즉 여성은 남성의 성적 기능에 필요한 보조물로 결정된다. 그리고 더 흔하게는 남근이 완벽하게 자동 출현할 것이라고 그녀에게 약속하는 사진의 음화로 결정된다.

그런데 프로이트는 사실 어떤 상태를 기술하고 있다. 그는 여성의 성욕도, 게다가 남성의 성욕도 완성하지 않는다. 그는 '과학도'로서 이해할 뿐이다. 문제는 그가 자신이 다루는 산물들이 역사적으로 어떻게 결정되었는가에 의문을 던지지 않는다는 것이다. 예를 들면 그는 자기에게 드러나는 여성의 성욕을 **규범**으로 인정한다는 것이다. 그는 그들의 '병적 상태'가 사회적·문화적 상태와 어떤 관계를 맺는가는 묻지 않은 채, 개인사에 따라 여자들의 질병과 증상·불만족을 해석한다는 것이다. 이것은 그들이 요구 사항을 말하지 못하게 하면서 가장 일반적으로 여자들을 아버지의 지배적인 담화에, 아버지의 법에 굴복하도록 만드는 것이다.

게다가 가부장 유형의 권력과 이데올로기에 프로이트가 끼어든 덕택에 그의 이론 내부에는 몇 가지 모순이 일어난다.

그것은 다음과 같다. 남성의 욕망에 일치하기 위해 여성은 남성의 어머니와 동일시되어야만 한다. 어떤 점에서 이 남자는 사랑의 대상이 동일한 자기 자식들의 형제가 된다는 것을 의미한다. 이러한 상황에서 어떻게 오이디푸스 콤플렉스 해결이란 질문이 제기될 수 있는가? 프로이트에 따르면, 성차의 질문이 오이디푸스 콤플렉스의 해결과 관련 있는가?

　프로이트의 담화가 분석되지 않은 전통에 속해 있다는 또 다른 '징후'는, 진실의 거부할 수 없는 지표로 해부학을 사용하는 방식이다. 그런데 어떠한 학문도 결코 완결되지 않는다. 또 거기에는 특수한 역사가 있다. 다른 관점으로 볼 때, 과학의 산물들은 수많은 해석이 가능하다. 프로이트가 남성의 공격적인 능동성과 여성의 수동성을 해부학적 물리학의 필요성으로, 특히 번식의 필요성으로 평가한다는 것을 부정할 수는 없다. 이제 사람들은 난자가 프로이트가 주장하는 것처럼 수동적이지 않다는 것을, 난자가 정자에 의해 선택되지 않는 만큼 오히려 난자가 스스로 정자를 선택한다는 것을 알고 있다. 심리적·사회적 기록들로 바꿔서 생각해 보라. 프로이트는 페니스가 번식 기관으로서의 가치를 지닌다고도 확신한다. 그러나 여성의 생식 기관들이 동일한 자기 중심적 혜택을 끌어내지 못하지만 그만큼 동등한 권리를 지니고, 번식에 있어서 훨씬 필수적이기도 하다. 성욕 발달을 정당화하기 위해 프로이트가 해부학을 참조하는 것은 거의 번식 작용에 관련되어 있다. 그렇다면 분명 프로이트가 거의 간과한, 성 기능이 번식 기능과 분리될 수 있다는 가설은 어떻게 될까?

　그러나 이론적 입장을 정당화하기 위해 해부학에 기대는 것이 여성의 성 발달을 기술하기 위한 프로이트에게는 특히 필수적이다. "우리가 그것에 관해 무엇을 할 수 있을까?" 그는 이 주제에 관해 나폴레옹의 말로 바꾸어 이렇게 쓴다——"해부학, 그것이 운명이다." 그때부터 이 해부학적 운명이라는 이름으로, 여자들은 리비도적 관점의 성격에 의해 받는 혜택이 덜하게 될 것이고, 빈번하게 경직된 것으로, 공격적이지 못하고, 덜 잔인하고, 소유욕이 없으며, 난소의 양성적 성향의 비율에 따라 동성애적이며, 이 여자들이 '아버지 쪽 유전'을 통해 참여하지 않는 한 문화적 가치에 대해 이방인이 된다는 등의 결과가 이루어진다. 간단히 말해, 그들의 성 가치는 상실될 것이다. 물론 중요한 것은 우리가 그 이유를, 누구에 의한 것인지를 모른다는 것이다. 이것이 '자연'의 이익을 위해 이루어진 것이라 해도 말이다.

프로이트 비판은 정신분석 이론과 그 실천을 재검토할 때까지 진행될 것인가?

이것은 분명 정신분석학에 대한 비판 이전의 태도로 되돌아오기 위해서도, 이 학문이 이미 효력을 다 상실했을지도 모른다는 것을 확신하기 위해서도 아니다. 오히려 아직껏 작동하지 않은 함축적 의미들을 펼쳐 보이는 것이 중요할 터이다. 말하자면 만일 프로이트 이론이 무엇 때문에 담화의 철학적 질서를 뒤흔드는가를 잘 규명한다면, 두 성의 차이에 대한 규정과의 관련 때문에 역설적으로 이 이론은 온건해진다.

그리하여 프로이트는 나중과 다원 결정, 반복의 자동 현상, 죽음의 충동 등을 강조하면서, 또 자신의 이론이나 실천에서 무의식으로 명명된 기제가 '주체'의 언어 활동에 가하는 충격을 지시하면서

‘현재(présent)’·‘있음(présence)’이라는 개념을 궁지로 몰고 간다. 그러나 로고스라는 체계에 갇혀 있는 그는 성적 차이를 선험적으로 동일함과 관련지어 규정한다. 자신의 주장을 입증하기 위해 항상 해부학·비교·대칭과 이분법적인 대립 같은 방법을 사용하면서 말이다. 자신은 재검토하지 않은 ‘이데올로기’를 받아들이는 그는 ‘남성’이 성의 기본 모델이고, 욕망의 모든 재현은 남성에게서만 드러나고, 남성에게 굴복한다고 확신한다. 그리하여 프로이트는 재현이 일어날 무대의 전제 사항들을 보여 준다. 즉 이 재현의 기반이 되는 **성적 무관심**이 그 긴밀성과 폐쇄성을 보장한다. 그리하여 간접적으로 그는 이에 대한 분석을 제안한다. 그러나 무의식의 체계와 두 성 차이의 관계에서 일어날 수 있는 분절은 그에 의해 실현되지 않았다. 이번에는 이론과 실천의 결함이 무의식의 무대를 제한시킬 수 있다. 아니면 오히려 그의 이론적 전개에 있어서 **해석 수단**으로 작용할 수 있는가?

그리하여 우리는 무의식에 속하는 몇 가지 속성들이 한편으로 의식이라는 논리로 검열을 받는 여성의 상황을 고려하는지 그렇지 않은지를 자문할 수 있을 것이다. 또 여성에게 무의식이 **있는지**, 혹은 여성이 무의식적**인지** 등을 생각해 볼 수 있을 것이다. 한 여성의 정신을 분석하는 것에 이르는 이 불안한 질문들은 그녀를 남성 유형의 사회에 적응하도록 한다.

그리고 더 이상 여성을 억압하지 않는 어떤 문화에서 정신분석학적 개념들에게 어떠한 일이 생기는가를 아는 것은 분명 흥미로울 것이다. 여성의 ‘특수한’ 성욕에 대한 인정은 남성에 의한 가치 독점을, 결국 아버지에 의한 이익 독점을 재검토한다. 그렇다면 가부장제와는 다른 상징 체계에서 오이디푸스 콤플렉스는 어떤 의미를 지닐 수 있을까?

　그러나 바로 오늘날 이러한 질서가 법을 만든다. 이 질서를 제대
로 알지 못하고 있다는 것은 무지한 일일 것이다. 이런 일이 일어
날 수 있는 조건들에 대해서는 의문을 던지지 않으면서 이 질서가
법을 지배하도록 방치하는 것과 마찬가지로 말이다. 그리하여 프로
이트——보다 일반적으로는 정신분석 이론——가 성욕을 자기 담
화의 주제로, 대상으로 삼았다는 것은 담화가 **담화 자체의 성적 변
화**에, 특히 자기 담화의 성적 변화에 속해 있다는 해석을 끌어내지
않았다. 이것은 여성의 성욕에 대한 전적으로 '남성적인' 그의 시
각과 다른 곳에서 여성 분석자들의 이론적 산물들을 향한 매우 부
분적인 그의 관심이 증명하는 것이다. 그는 담화 생산의 편견을 성
적 차이와 연관지어 분석하지 않았다. 다른 식으로 말해서, 프로이
트의 실천과 이론이 재현 무대에서 제기하는 문제들은 이 무대의
성 결정에 관한 문제까지 가지는 않는다. 이러한 연결의 결여로, 프
로이트의 업적은 일면——그리고 오직 두 성의 차이와 관련 있다
는 점에서——선험적 형이상학에 머무르는 셈이 된다.

　**그것 때문에 당신은 철학사를 결정하는 텍스트들을 해석하기
위한 재독서 쪽으로 나아갔는가?**

　그렇다. 어떤 지역성이나 한계 상황에 무지하게——때로는 전략
적으로——갇혀 있지 않다면, 이 담화가 타자에 대한 법을 만드는
한, 담화들 중의 담화를 구성하는 한, 의심을 품고 **혼란을 일으켜
야** 하는 것이 당연히 이 철학적 담화이기 때문이다.

그러므로 그 체계적 능력과 응집력, 그것들이 파생되는 원천, 법과 가치의 보편성을 만들어 내는 것이 무엇인가 하는 질문을 던지기 위해 그리로 되돌아가야만 했다. 이는 철학의 **주관자**라는 입장, 역사의 서로 다른 산물들을 회복할 수 있다는 입장을 말한다.

그런데 철학적 로고스의 이러한 지배력은 상당 부분 **전혀 다른 존재를 동일성의 체계로 끌어들이는** 능력에서 생긴다. 그가 귀속되는 목적론적이고 구축적인 계획은 타자를 항상 동일성 안으로 우회시키고, 이탈시키고, 환원시키는 계획이기도 하다. 그리고 가장 보편적으로 '남성 주체'의 자동 출현 체계 속에서 **성 차이는 무효화되고** 있는지도 모른다.

그리하여 여성에게 빌려 준 것들/여성으로부터 차용한 것들을 철학적 담화에 다시 부상시키기 위해, 또 이 철학적 담화의 모습들이 여성에게서 빌려 온 것을 되돌려 줄 수 있도록 하기 위해 철학적 담화의 모습들 —— 이데, 본질, 주체, 초월적 주관성, 절대적 지식 —— 을 '재개'할 필요성이 생긴다. 이것은 다양한 방식을 통해, 다양한 '길들'을 통해 이루어질 수 있다. 게다가 그러기 위해서는 적어도 여러 가지가 필요하다.

체계성 자체가 일어날 수 있는 조건들에 의문을 던져 보자. 즉 그것은 담화 속에서 무엇을 이야기하건간에 한결같은 추론적 발화가 생산 조건들로부터 은폐하는 것이다. 그리하여 말하는 주체는 스스로 생산하고 번식하기 위해 '질료(matière)'를 취한다. 그리고 **원근화법**은 철학에서 규정되는 바의 재현을 실현한다. 다시 말해 이 재현은 자기 극장에 알맞은 건축 기술, 시-공간의 영상 배치, 기하학적 체계, 거기에 필요한 가구, 배우들, 배우 각자의 위치, 대사와 그들의 극적 관계들이다. 그리고 아주 종종 가려진 거울, 로고스에 게, 주체에게 자신들을 배가시키고, 스스로의 모습을 비출 수 있게 하는 거울을 그 자신은 잊지 않는다. 이 무대에 개입하는 모든 것 들은 해석되지 않은 상태에서 그 일관성을 지킨다. 그러므로 이 개 입들이 다시 이루어지도록 해야만 한다. 담화 각각의 모습 속에서, '있음(présence)'이라는 가치에 고정된 닻으로부터 이 담화가 벗어 나도록 하기 위해서 말이다. 각각의 철학자에게 있어서——철학사 의 한 시대를 결정해 왔던 철학자들에서부터 시작하여——물질적 근접성, 시스템 장착, 반사 체계와의 단절이 어떻게 이루어지는가 를 밝혀내야 한다.

이런 해석적 재독서에서, 방법은 항상 **정신분석학적인 것**이었다. 그러므로 각 사상의 무의식적 작용에, 어쩌면 일반 철학의 무의식적 작용에 주의를 기울이는 것이다. 억압의 방식들과 자기 모습을 드 러내는 언어 활동의 구조화에 귀를 기울이는 것은 진실과 거짓, 적 합한 것과 비적합한 것 등을 구분한다. 이는 철학자의 진술들이 상 징적, 정확한 해석 같은 작용에 몰두해야 한다는 뜻은 아니다. 이 러한 작용은 다른 관점에서는 '기원'의 신비를 그대로 내버려둘 것 이다. 오히려 담화의 각 형태가 지니는 **'문법'의 기능**과 그 법칙, 통 사적 필요성, 상상의 지형들, 은유의 망들과 또한 담화의 형태가 문 장 속에서 분절시키지 않는 것, 즉 **침묵**들에게까지도 질문을 던져 야 한다.

그러나 언어 활동에 관한 학문으로부터 도움을 받는다 해도, 정 신분석은——이미 우리가 보아 왔듯이——담화 속으로 이어지는 여성이란 성에 대한 문제를 해결할 수 없다. 비록 프로이트의 이론이 장면의 일반적 반복이란 효과를 통해——어쨌든 이것은 여성과 남성 사이의 관계와 관련이 있기 때문에——그 장면 안에서 일어나는 여성의 작용을 명백하게 보여 준다 해도 말이다. **그러므로 추론적 기능을 '파괴하려는' 계획이 남는다.** 이것은 단순한 계획이 아니다. 일관적이기도 한 이 체계성 속에 어떻게 개입할 수 있단 말인가?

초기에는 **단순한 모방**이 여성의 유일한 '길,' 역사적으로 여성에게 부여된 '길'에 불과했을 것이다. 당연히 이 역할을 받아들여야 했을 것이다. 이것은 이미 굴종에 대한 확신으로 되돌아가는 것이고, 이 사실로부터 그녀를 좌절시키는 것이다. 한편 이러한 조건을 고발하는 것은, 여성으로서 '주체'(남성)와 같은 자격으로 말할 권리를 요구하는 것이다. 이는 성에 대한 무관심을 유지하는 관념 세계와의 관계를 가정하라고 요구하는 것일 수도 있다.

그러므로 이 모방을 이용하는 것, 그것은 단순히 그것에 환원되지 않으면서 여성으로서 담화를 통한 착취의 장소를 재발견하도록 시도하는 것이다. 그것은——'감각'과 '질료'에 관한 한——'이데들,' 특히 여성에 관한 것들, 남성적 논리에서/남성적 논리에 의해 만들어진 이 '이데들'에 다시 복종하는 것이다. 그러나 이는 유희적 반복의 결과를 통해 은폐된 채로 있어야 하는 것, 즉 언어 활동에서 여성이 할 수 있는 일이 가려져 있음을 '드러내기' 위함이다. 만일 여자들이 그렇게 잘 모방한다 해도 그녀들이 이러한 작용 속에 쉽게 동화되지 않는다는 사실을 '폭로하는 것'이기도 하다. **그녀들은 또한 다른 곳에 있다.** 즉 '질료'에 대한 다른 주장, '쾌락'에 대한 다른 주장인 것이다.

‘질료’의 다른 점들은 이런 것이다. 여자들이 기계적 모방을 사용할 수 있다면, 이것은 그녀들이 이 모방을 통해 자기들의 기능을 다시 북돋을 수 있기 때문이다. 이는 그녀들이 항상 모방 속에서 그 기능을 키워 왔기 때문인가? 이 모방의 ‘첫번째’ 작용은 자연을 (자연으로부터) 재생산하는 것이 아닌가? 자연을 표현하여 스스로 자연에 적응하는 것이 아닌가? ‘자연’의 수호자인 여자들은 남자들을, 즉 로고스를 모방의 원천으로 유지하고, 그리하여 인정하는 자들이 아닌가?

물론 거기에서 역전될 수 있다는 가설——남성 중심 질서 내부에서의 역전——은 항상 가능하다. 닮음은 붉은 피를 필요로 한다. 분명 어머니-질료-자연은 아직 여전히 사색을 키우고 있다. 그러나 이 원천(어머니-질료-자연)은 성찰의 잔해로 거부되기도 하고, 그것에 저항하는 것 외부에 머문다. 광기처럼 말이다. 남근을 키우는 어머니는 이처럼 양가성에 매혹당할 뿐 아니라, 이 작용은 여성의 쾌락을 부차적인 상태에 둔다.

여성적 쾌락의 이 ‘다른 장소’, 그것은 오히려 그녀가 다시 발견하게 될 초월성 속에서 그녀가 환희의 상태를 유지하게 되는 장소가 될 것이다. 그곳은 그녀가 남자들의 ‘신’ 안에 일반화된 나르시시즘을 뒷받침하는 장소이다. 이것은 그녀가 이러한 탐색에 깊이 몰두한다는 대가로만, 자기 재현에 부적합한 그녀의 ‘처녀성’의 대가로만 확신할 수 있는 기능이다. 무엇이 논리적 작용을 뒷받침하는가를 문제삼지 않는 대가로 이 쾌락은 언어 활동 속에, 자신의 언어 활동 속에 이어지지 못한 채 그대로 남게 된다. 또한 오늘날 여성들에게 가장 금기시되는 것은 그들의 쾌락을 말하려는 시도이다.

여성적 쾌락의 이 다른 부분은 사색 자체의 기초인 거울을 다시 가로지를 때에만 나타난다. 그것은 성찰의 한 과정 혹은 모방의 한 과정에도, 이쪽에도——언어 활동 자체가 뚫고 들어갈 수 없는 직관의——저쪽에도——남자들 신의 끝없는 자기 충족——단순히 머물지 않고, 이 모든 범주들과 상처들을 담화 속 남근 위주의 욕망이라는 자기 재현의 필요성으로 되돌려보낸다. 유희적이고 황당한 이 가로지름으로 인해 여성은 '자기 성애'의 공간을 재발견하게 될 것이다. 원한다면 자기 '신'의 공간을 재발견하게 될 것이다. 자신의 **분열**을 인정하지 않는 한, 그녀가 호소하는 신이 여성을 항상 남근 위주의 체계로 재구축한다는 것은 자명하다.

'여성적' 공간을 재발견하기 위해 담화를 다시 가로지르는 것은 언어 활동이 해야 할 임무를 의미하는가?

추론의 일관성을 유지하는 것과 같은 유형의 진술 안에 머물면서 담화의 기능을 해석하는 것은 사실 중요치 않다. 게다가 그것은 《스페쿨룸》에 대한 모든 제안, 모든 대담이 지니는 위험이다. 그리고 더 일반적으로 여성 문제에 대해서 그렇다. 여성에 대해, 혹은 여성을 주제로 이야기하는 것이 여성을 억압과 제재·오해 안에 있게 하는 어떤 논리 내부에 이를 수 있기 때문에, 혹은 여성이 이 논리 내부에서 회복된다고 이해될 수 있기 때문이다.

다른 식으로 표현하자면, 이러한 일은 여성이 **주체** 혹은 **객체**가 되는 새로운 이론을 고안하는 것이 아니라 이론적 기제 자체에 제동을 걸고, 매우 획일적으로 하나의 진실과 하나의 의미를 생산해야 한다는 주장을 멈추게 하는 것이다. 이것은 여자들이 단순히 지적으로 남자들과 동등해지기를 원하는 것이 아님을 가정한다. 여전히 존재론-신학을 표본으로 삼게 될 여성에 대한 논리를 구축하면서, 여자들이 남자들과 경쟁하기를 주장하는 것이 아니라 오히려 로고스 체계로부터 이 문제를 분리시키려고 한다는 것을 의미한다. 그러므로 여자들이 "여성, 그것은 무엇인가?"라는 형식으로 이 문제를 제기하지 않음을 뜻한다. 오히려 담화 내부에서 여성이 결함으로, 부족함으로, 혹은 모방으로, 또 주체가 전도된 번식 작용으로 결정되는 방식을 되풀이하고 해석하면서 여자들은 이 논리의 **남용**, **혼란스러운 남용**이 여성을 상대로 이루어진다는 것을 가정한다.

여성이 자신의 '스타일'을 포기하지 않는다는 조건에서만 이 남용은 상식을 벗어난다. 물론 그것은 전통적 개념에 따른 스타일이 아니다.

여성의 '스타일' 혹은 '문체'는 오히려 맹목적인 말들, 고유한 용어들, 견고하게 구축된 형태들에 불을 붙인다. 이 '스타일'은 시선을 특별하게 여기지 않고 **분명하게 감지되는** 각자의 출생에 형태를 부여한다. 이 형태는 결코 거기에서 무엇을 구축하지도, 어떤 단위 속으로 유입되지도 않으면서 그것을 수정한다. **동시성**이 이 형태의 '특징'이 될 것이다. 하나의 특징은 자신과 다른 형태의 있을 수 있는 일치 속에 정지하지 않는다. 그것은 항상 **유동적인** 것으로 역동성을 띠는 아주 가까운 두 이웃 사이에서 일어나는 접촉들로부터 이상화되기 힘든 성격들을 잊지 않는다. 그녀의 '스타일'은 저항하고, 견고하게 확립된 형태 자체·모습·이데·개념을 폭발시킨다. 이것은 추론성이 생각하는 것처럼 그녀의 스타일이 아무것도 아니라는 것을 뜻하지는 않는다. 그러나 그녀의 '스타일'은 주제로 스스로를 유지할 수 없고, 어떤 입장의 대상을 만들어 낼 수 없다.

그런 식으로 고립되고 혹은 진술들로 축소된, '서로 접촉하는' 원
동력, '그 가까움'의 원동력들은 심지어 실제 여성을 담화에 적응
시키려는 시도로 인정될 수 있을 것이다. '서로 접촉하는 것' ——
이 접촉——독특함보다는 오히려 가까워지고 싶은 욕망 같은 것
들이 **중심 결정, 중심주의**로 축소될 수 없는 교환 양식을 내포하는
지 그렇지 않는지를 확인해야 할 것이다. 여성의 '자기 성애'라는
'상호 접촉'이 멈추지 않고 상호간에 이루어지는 방법이기 때문에,
또 여기에서의 가까움이 일치·소유와 하나가 되기 때문이다.

그러나 언어 활동의 작용 없이 '원동력'들만 거기에 있다 해도, 이
추론 체계는 분명 존속할 수 있을 것이다. 그렇다면 여성에게 공간
을 남겨 주게 될 언어 활동의 이 작용을 어떻게 재규정해야 하는
가? 이분화시키고 동시에 배가시키는 절단——발화 작용과 발화체
사이의 경우를 포함한——이 해체되어야 한다고 말해 두자. 역전
되는 것, 또 **역전 이외의** 것이 되는 어떠한 것도 결코 **제기되지** 말
아야 한다고 말해 두자. 다른 식으로 말하면 이렇다. 상식을 뒷받
침하는 이 안팎의 구조에 저항한다는 것 또한 '받아들이기' 위해
서는 담화의 장소도, 그 이면도, 텍스트의 장소도 그 이면이 아니
라 하나에서 다른 하나로 옮아가는 두 개의 상태가 있어야 할 것이
다. 이것이 이미 제기된 모든 방향——말, 발화체, 문장과 음소와
활자까지도 물론——으로 실현되어야 한다 해도, 단선적인 독서
역시 더 이상 불가능한 것이 되도록 해야 한다. 즉 말과 발화체·
문장 등의 끝에서 처음 상태로의 소급은 목적론적 결과의 힘을 약
화시키기 위한 것으로 이해될 수 있다. 나중에 이루어지는 경우도
이에 포함된다. 이것은 언어 활동 안에 있는 작품의 수평적·수직적
구조들의 대립에 더욱 중요한 가치를 띨 것이다.

　그런 식의 작용을 허용하는 것, 그것은 각 '시기'마다 담화 속에서 주체의 자기 반추적(계획할 수 있는) 체계일 수 있는 담화의 **반사 작용**을 해석하는 것이다. 이것은 특히 감성과 지성 사이의 절단, 그리하여 '여성적인 것'의 굴복과 굴종·착취를 지탱하는 체계이다.

　언어 활동에 대한 이 작업은 담화를 그대로 내버려두게 될 모든 작용을 좌절시키려는 시도가 될 것이다. 아니, 어쩔 수 없이, 발화체 안에서, **자기 논리의 전제들** 안에서 말이다. 그리하여 그 기능은 다른 언어 활동의 가능성을 남겨두면서, 남성을 남성의 언어 활동으로 보내기 위해 **남근 중심주의, 남성 우위론을 떠나보내는 것**이 될 것이다. 이는 남성이 더 이상 '전체'가 되지 않으리라는 것을 의미한다. 그에게만 전체의 소유권(들)을 규정하고, 끌어들이고, 한정시킬 수도 없을 것이다. 또 더 나아가 일체의 가치를 규정할 권리——소유의 지나친 특권을 포함한——가 그에게 다시 주어지지도 않을 것임을 의미한다.

　철학적 질서에 대한 이러한 해석과 언어 활동의 이러한 작업이 정치적인 작용을 내포하지는 않는가?

　철학적 언어 활동에 대한/철학적 언어 활동 안에서 이루어지는 작용 자체는 이 담화의 성격과 같은 이유로——근본적으로 정치적인——여러 의미를 지니는데, 간접적이 되기 위해서 이 의미들은 정치적으로 충분히 결정되었다.

　그러므로 제기되어야 할 첫번째 질문은 이것이다. 남성에 의해 규정된 질서 속에서 여자들이 그들의 착취를 어떻게 분석하고, 그들의 요구를 어떻게 나타낼 수 있는가? 그 속에서 여자들의 정책이

가능한가? 이 정책은 그 자체가 정치적인 작용 속에서 어떠한 변화를 요구하는가?

이러한 명목하에서 여러 여성 운동들이 정치 생명의 형태와 성격을 재고할 때, 또 권력과 힘의 관계라는 실제적인 작용을 재고할 때, 이 운동들은 여성의 위상을 변화시키기 위해 효과적으로 움직인다. 반대로 같은 운동들이 권력의 구조는 그대로 둔 채 권력을 빼앗겠다는 단순 전복의 목적을 겨냥할 때, 이 운동들은 원하든 그렇지 않든 남성 우위의 질서에 다시 굴복하게 된다. 물론 훨씬 단호하게 이런 운동이 아주 교묘하게 여성을 가장한 착취를 일으킬 수 있다는 것을 고발해야만 한다. 사실 이 운동은 순진함을 가장한다. 즉 남근의 권위 외부에 있기 위해서는 여자로 태어나기만 해도 충분할 것이다.

그러나 여자들에게 있어서 동등한 사회적 권리를 포기하는 것이 분명 문제가 아닌 만큼 이 질문들은 복잡하다. 동등함과 차이라는 이 이중의 '요구'를 어떻게 연결시켜야 하는가?
분명 '계급 투쟁'이나 '성 투쟁'이라는 딜레마를 인정하는 것은 아니다. 이것은 다시금 여성들의 착취 문제를 남성적 유형의 권력이라는 결정론으로 환원시킨다. 보다 정확하게 말해서, 여성을 남자들의 투쟁에 매우 단순하게 동조시키면서 여성의 '정책'을 확정되지 않은 나중으로 미루는 것이다.

이러한 관점에서 **계급간의 경제적 억압 체계와 우리가 가부장제로 지칭할 수 있는 체계 사이의 관계**는, 변증법적으로는 거의 분석될 수 없는 것처럼 나타나 다시금 서열 구조에 도달하는 것처럼 보인다.

그런데 "역사 속에 나타난 계급의 첫번째 대립은 일부일처제 안에 있던 남자와 여자 사이의 대립의 발전과 일치하고, 최초의 계급 억압은 남성에 의한 여성의 억압과 일치한다."(엥겔스, 《가족·사유재산제, 그리고 국가의 기원 *L'origine de la famille, de la propriété privée et de l'État*》, Éd. Sociales, p.64-65) 더 나아가 "이 모든 갈등을 내포하고, 가정 내 노동의 자연적 분화에 기초하는, 그리고 서로 고립되고 대립하는 가정들 속에서 사회 분화의 기본이 되는 이 노동 분업은 동시에 노동의 분배와 그 생산물의 분배, 양적으로나 질적으로나 엄밀하게 **불평등한** 분배를 함축한다. 그러므로 이 분업은 소유권을 내포하고, 이 소유권의 최초 형태의 원인은 가정에 있다. 가정에서 여자와 아이들은 남자의 노예가 된다. 분명 아직까지 가정 내에서 보잘것 없고, 잠재적인 단계인 이 노예 제도는 최초의 소유권으로, 게다가 이것은 이미 완벽하게 현대 경제학자들의 정의와 일치한다. 이 정의에 따르면, 이 노예 제도는 타자의 노동력을 마음대로 처분할 수 있는 것이다."(마르크스-엥겔스, 《독일 이데올로기 *L'idéologie allemande*》, Éd. Sociales, p.61) 이 최초의 대립, 최초의 억압, 최초의 형태, 최초의 소유권, 이 근원으로부터 사람들은 이러한 것들이 단지 '초기' 역사만을 의미하고, '기원들'에 대한 구상, 신화적인 구상까지도 의미한다고 당연하게 말할 수 있다. 이 최초의 억압은 오늘날에도 일어나고 있고, 문제는 어떻게 이 억압 상태가 다른 것으로 이어지는가를 아는 것이다. 여전히 생소하게 이상적인 논리와 동일 체계를 이루는 과정들에 따라 그것들을 이분화하고, 대립시키고, 하나를 다른 하나에게 굴복시켜야 한다 해도 말이다.

가부장적 질서가 **가장을 위해** 사유 재산권의 조직과 독점으로 작용하는 질서이기 때문이다. 여자와 아이들이 관련된 경우를 포함하여 소유를 결정하는 것은 가장의 고유 명사, 아버지라는 이름이다. 여자와 아이들로부터 요구될 것——여자에게는 일부제를, 그리고 아이들에게는 남성 쪽 혈통의 우선권을, 그리고 오로지 명목상 장남의 우선권——은 당연히 "많은 재산을 같은 소유하에, 남성의 소유하에 집중"시키는 것을 보장하기 위한 것이고, "이 재산을 그 안에 속한 남자와 다른 어떤 남자의 자손들에게 유산으로 남겨 주기" 위함일 것이다. 물론 이것이 "남성의 공식적인 혹은 감춰진 다처제를 전혀 구속하지는 않는다."(엥겔스, 《가족·사유 재산제, 그리고 국가의 기원》, p.73) 그렇다면 우리는 여성 착취에 대한 분석과 소유 방식에 대한 분석을 어떻게 나눌 수 있는가?

이러한 질문은 오늘날 다른 필요성과 함께 제기된다. 사실 남자-여자의 관계들은 아버지-어머니의 여러 기능으로 분명해지기 시작한다. 더 정확하게 말해서, 남자-아버지/어머니의 기능에 의한다. 사실 남자는 공식적인 교환에 실제적으로 참여한다는 사실로부터 결코 단순한 번식 기능으로 축소되지 않는다. 여자는 사유 재산의 장소인 '집' 안에 은거한다는 사실로부터 어머니 이외에는 다른 것이 아니었다. 그러나 생산 회로에 들어설 뿐 아니라——더 무엇이 있는가?——피임과 낙태의 보편화로 인해 여성에게 여성이라는 역할은 불가능한 것이 된다. 피임이나 낙태를 사람들이 여전히 아주 자주 출생률을 조절하고 더 나아가 '억제'하는 수단이라고, '원하는 때에' 어머니가 되는 수단이라고만 이야기한다면, 이러한 것들이 **여성의 사회적 위상을 변화시킬** 수 있는 가능성을 끌어내는 것, 그리하여 남자와 여자의 사회적 관계의 양식을 변화시킬 수 있는 가능성을 끌어낸다는 것을 회피할 수는 없다.

　그러나 번식의 기능과는 별개로 여자의 현실은 어떠한가? 이따금씩 혹은 종종 상충되는 두 역할들이 여성에게 받아들여지는 것 같다. 여자는 **남자와 동등해질 것이다.** 다소 가까운 미래에 그녀는 남자들과 같은 경제적·사회적·정치적 권리들을 향유할 것이다. 그녀는 변해 가면서 남성이 될 것이다. 그러나 여자는 또한 교환이 일어나는 시장에서——특히 성의 교환을 예로 들자면——사람들이 **여성성**이라고 부르는 것을 지키고 유지해야만 할 것이다. 여성의 가치는 어머니의 역할, 다른 식으로 말해서 '여성성'이라는 역할에서 비롯될 것이다. 그러나 사실 이 '여성성'은 남자들의 표현 체계들을 통해 여자들에게 강요된 역할·이미지·가치이다. 여성성이라는 이 가면무도회에서, 여성은 억지로 연기하도록 강요받은 덕택에 자신을 망각하고 방향을 잃는다. 그리하여 대가도 받지 못하는 어떤 **작업**이 그녀에게 요구된다. 그녀의 기쁨이 단순하게 남성 '주체들'에 의한 소비, 혹은 충족의 대상으로 자신이 선택되었다는 것이 아니라면 말이다. 게다가 '비매품'이 되지 않고서 달리 어떻게 할 수 있는가?

　우리 사회 질서에서 여자들은 남자들에 의해 '만들어지고,' 이용되며 교환된다. 그들의 가치는 '상품'의 가치이다. 사용할 수 있고 매매할 수 있는 이 대상이 어떻게 말할 권리, 더 일반적으로는 교환에 참여하기를 요구할 수 있는가? 우리는 물건들이 혼자 시장으로 가지 않는다는 것을 알고 있다. 비록 그들이 말할 수 있다 해도. 그러므로 여자들은 우리 사회에서, 그리고 우리 문화에서 그러한 존재로 잘못 알려진 '기초 구조(infrastructure)'로 남아 있어야만 한다. 남자들과 다른 성의 육체를 이용하고, 소비하고, 유통하는 것은 사회 질서의 조직과 재생산을 보장한다. 반면에 그녀들은 단 한번 도 '주체'로서 이 사회 질서에 참여해 본 적이 없다.

그러므로 여자는 성적, 더 보편적으로는 경제적·사회적·문화적 교환이라는 기능과 관계 있는 **특수한 착취** 상황 속에 있다. 그녀가 자기의 특수한 성을 포기하지 않는 한 여성은 매매의 대상으로서 만 그 안에 '들어간다.' 게다가 성적 '정체성(identité)'은 그녀에게 생소한 유형들에 따라 강요된다. 그녀 자신과의 관계를 그녀로부터 빼앗는 '남성적' 체계들을 사용하지 않는다면, 여자가 언어 활동에, 그리고 다른 여자들 쪽에 접근하지 못한다는 사실로부터 여자들 의 사회적 하위성은 더 심해지고 복잡해진다. '여성'은 오로지 남 성에 의해, 남성들을 위해 결정된다. 상호성은 '사실'이 아니다.

그러나 특수한 억압이라는 이러한 상황은, 어쩌면 오늘날 여자들 이 '정치 체계에 대한 비판'을 완성할 수 있게 하는 것인지도 모른 다. 그녀들이 '상품'으로 포함되지만, 교환의 법칙과 관련해서는 그 외부에 있기 때문이다. 이번에는 그녀들이 그 안에서 자신을 실현 하는 담화 체계로, 특히 형이상학적인 전제 없이는 있을 수 없을 정치 체계에 대한 비판이다. 아마도 이 비판은 **생산 관계를 분석하 는 과정에 있는 담화 체계의 충격**을 다른 방식으로 해석하게 될 것이다.

여자들의 육체-질료의 착취가 없다면, 사회를 조정하는 상징적 기 능에는 어떤 일이 일어날까? 소비와 교환의 대상으로 억지로 실어 증 환자가 된 여자들이 '말할 수 있는 주체'가 된다면, 이 사회와 그것을 조정하는 상징적 기능은 어떤 변화를 맞이하게 될까? 분명 남성적인, 더 정확히 말해서 남근 중심적 '모델'에 따르지는 않는다.

이것은 다른 성, 다른 사람, 즉 여전히 상상할 수 없는 것처럼 보이는 여성이 존재한다는 견지에서 오늘날 법을 제정하고, 성의 차이를 포함한 모든 것에 대한 규칙을 제정하는 담화에 대해 틀림없이 의문을 던질 것이다.

여자는 다 그런 것

　　　"아는 것이 있다고 여겨지는 사람, 나는 그를 좋아
　　한다."

　　　"그녀들은 자기들이 무슨 말을 하는지도 모른다. 그
　　것이 그녀들과 나의 차이이다."[5]

　정신분석은 진실에 대한 담화를 여성의 성욕을 근거로 유지한다. 담화란 진실의 진정한 논리를 보여 준다. 즉 **여성적인 것은 남성 주체들에 의해 강요된 모델들과 법칙들 내부에서만 일어난다는 것**을 알기 위한 진실에 대한 것이다. 이것은 실제로 두 개의 성이 아니라 하나의 성이 존재한다는 것을 함축한다. 성의 유일한 실천과 표현이 존재한다는 것을 함축한다. 여성의 역사로 말하자면, 여성이란 성은 그 필요성, 그 이면, 그것이 결핍하고 있는 것들, 그것의 부정적인 요소/요소들을 유지하는 것이다.

　남근이란 모델은 가부장적 사회와 문화에 의해 발전된 가치들, 철학 전집 속에 새겨진 가치들, 즉 소유권·생산·질서·형태·통일성·가시성의 건립 등에 참여한다.

　한편으로는 자신도 모르는 사이에 서구의 이러한 전통과, 이 전통이 나타나는 장면을 반복하는 정신분석은 실제로 그 장면을, 이번에는 성적인 장면을 제시한다.

　그리하여 '정상 여성으로의 변화'에 관해, 프로이트는 그가 하나의 동기만 지닐 수 있음을 우리에게 알려 준다. 즉 문화적으로 가치를 독점하는 성기를 소유하고 싶은 욕구일 수 있는 '페니스를 갖고 싶은 욕구'가 그것이다. 페니스가 없는 여자들은 남자들의 그것을 시기할 수 있을 뿐이고, 그것을 가질 수 없기 때문에 그것에 버금가는 것들을 찾으려고 할 뿐이다. 게다가 여자들은 모성 안에서 '페니스의 대체물'인, 그리고 페니스를 가진 아이를 출산할 때에만 자기 성취를 경험할 것이고, 행복이 완성될 것이다. 프로이트에 따르면, 여성의 변화를 완벽하게 실현하는 것은 자신의 성기에 개의치 않고 남자의 성기를 재생산하는 것이 된다. 사실 여자는 결코 오이디푸스 콤플렉스에서 벗어나지 못한다. 그녀는 아버지의 사랑을, 그녀에게 가치를 부여할 수 있는 유일한 그 사랑[6]을 잃을지도 모른다는 두려움 때문에 항상 아버지에 대한 욕망 속에서, 아버지에게 또 그의 법에 굴복한 상태로 머물게 된다.

　그러나 정신분석이 **담화 자체**를 자신들의 연구 대상으로 삼을 때, 여성 성욕에 대한 이 참된 사실은 아직까지 매우 엄격하게 진술된다. 거기에서 더 많은 해부학이 두 성 사이의 실제적 차이를 입증하는 증거-구실로 아주 조금이라도 이용될 것이다. 이 두 성은 언어 활동 속의, 언어 활동을 통한 그들의 결정으로 명시된다. 이 언어 활동의 법칙이 수 세기 전부터 남성 주체들에 의해 미리 규정되었다는 사실을 망각해서는 안 된다.

그러므로 이 사실에서 다음과 같은 결론이 도출된다. "말의 본질인 사물의 본질에 의해 제외되는 여자만 있을 뿐이다. 그래서 여자들이 가끔씩 어떤 것에 대해 심하게 불평한다면, 당연히 그 이유 때문이라고 말할 수 있다——그녀들은 자기들이 무슨 말을 하는지도 모른다. 그것이 그녀들과 나의 차이이다."

자, 이것이 명확하게 진술된 것이다. 여자들은 추방되었다. 그것이 그녀들이 불평할 수 있는 것이다. 그러나 남성이 법을 만드는 한——"그것이 그녀들과 나의 차이이다?"——그의 담화는 그가 이 추방에 참여한다는 사실을 알 수 있다. 게다가 그의 담화는 이 추방을 계속 유지한다. 여자들에게는 거기에서 벗어나려는 대단한 야심도 없다. 이러한 추방은 어떠한 것도 거기에서 빠져 나갈 수 없는 질서에, 즉 담화의 질서에 **내재되어** 있다. 그가 꼭 그렇지는 않을지도 모른다는 반론에, 모든 여자들이 '다 그런 것'은 아니라고 응수할 수 있을 것이다.

이 투사적이고 포괄적 기제로부터 어떠한 현실도 무사히 빠져 나오지 못할 것이다. 살아서 빠져 나오지 못할 것이다. '육체' 자체는 변형될 것이다. 이것이 여성의 육체를 조각내고, 손질하고, 왜곡시키고, 변형시킨 후, 자기 환상 속에서 향유하는 '주체'의 유일한 방식이다. 위험한 것은 이 환상을 법으로 만든다는 것이다. 그리하여 이 환상을 과학과 혼동할 정도까지 된다. 즉 어떠한 현실도 이 과학에게 저항하지 않는다. 이미 모든 것은 담화 속에, 담화에 의해 포위되고 또 결정된다.

"추론 이전의 현실은 없다. 각각의 현실은 하나의 담화에 녹아들어 그 담화로 규정된다. 이 현실에서 분석적 담화가 무엇으로 이루어지는가를 우리 스스로가 파악했다는 사실, 그리고 우리가 이 담화를 잘못 알지 않았다는 사실이 중요하다. 아마도 이 담화는 한정된 공간만을 지닐 것이다. 말하자면 foutre(성교하다)라는 동사가 완벽하게 표현하는 것에 관해 사람들이 이야기하는 것이 무엇인지 우리가 알고 있다는 것이 중요하다. 사람들은 여기에서 foutre──동사, 영어로는 to fuck──에 관해 말하고, 좋은 말이 아니라고 한다."

좋지 않다. 명령의 논리에서부터 그것을 확인하자. 현실 속에서 문제를 제기하는 자는 하나의 논리 속에서 자신의 이유를 발견하는데, 이 논리는 이미 현실을 그런 식으로 명령해 왔다. 어떠한 것도 이 법칙의 고리에서 벗어나지 못한다.

그렇다면 여자들, 이 담화에 약간 저항하는 이 '현실'을 어떻게 규정해야 하는가?

"여자들의 성적 현실은 결코 육체를 통해 이루어지는 것이 아니라, 말로 이루어지는 논리적 요구에서 생기는 것에 의한다. 언어 활동이 존재한다는 사실 속에, 그리고 이 언어 활동이 그로 인해 불안정한 육체 바깥에 있다는 사실 속에 논리와 일관성은 뚜렷하게 새겨져 있다. 간단히 말해, 이렇게 말해도 된다면, 성적으로 구별된 존재로 구현되는 타자는 이 논리와 일관성을 차례로 요구한다."

그러므로 성적 존재로서의 여성은 논리적 요구의 결과, 육체를 초월하는 어떤 언어 활동이 있음으로써 생기는 결과가 될 것이다. 이 언어 활동은, '이렇게 말하여도 된다면'──그래도──스스로를 구현하기 위해 여자들을 하나씩 빼앗아야 할 것이다. 여자가 없다는 것이 아니라, 언어 활동이 존재한다는 사실을 이해하라. 언어 활동──어떤 언어 활동──이 주인으로서 지배한다는 사실로부터 여자

가 존재하지 않는다는 사실을, 그리고 여자가——'추론 이전의 현
실'로서——자칫 이 언어 활동의 질서를 어지럽힐 수 있다는 사실
을 이해하라.

　게다가 그녀가 남성이란 이름의 이 '말하는 존재들'의 욕망을 유
지한다는 것은 그녀가 존재하지 않기 때문이다. 즉 "한 남자가 한
여자를 찾는다는 것——이것이 여러분에게는 이상하게 보일 것이
다——은 담화로만 설정될 뿐인데, 왜냐하면 내가 지나친 것이 사
실이라 해도 여자는 결코 존재하지 않기 때문에, 그녀에게는 늘 담
화를 벗어나는 뭔가가 있기 때문이다."
　그러므로 남자는 담화 속에서 결핍으로, 흠으로 그녀를 새겨두려
고 한다.

　정신분석은 자신의 가장 엄격한 논리 속에서 부정적 신학이 되는
가? 아니면 오히려 신학을 거부하는가? 정신분석은 욕망의 원인을
앞에서 말한 결핍으로 삼는다.
　부정적 신학의 움직임에 대해 말하자면, 정신분석은 여러 가지 투
사에 관한 작업을 부정하기도 한다. 즉 신에 대한 속된 술어들을
중단하고, 일체의 설교를 중단한 것이다. 남근의 장애는 소유권 박
탈에 저항하고, 타자는 남근 형성이 기록되는 장소로 남게 될 것
이다.

　그러나 정신분석학자에게 있어서 육체를 제거하는 것이 항상 편

안한 방식은 아니다. 어떻게 육체를 논리의 기제로 축소시킬 수 있는가?

다행히도 거기에는 여자들이 있다. 사실 '전부가 아닌' 이 여자들의 성적 존재가 육체——적어도 그들의 육체——로 간주되지 않는다 해도, 그럼에도 불구하고 이 여자들은 'á'라는 대상의 기능, 육체의 다른 나머지 부분을 지탱해야 할 것이다. 담화 속의, 담화에 의한 여성이란 성적 존재는 또한 언어 활동의 작용을 통해 다른 생산물을 보관하는 장소가 될 것이다. 이렇게 되기 위해서, 여자는 기관(들)이 없는 육체로 있어야만 한다.

이 사실로부터, 여성의 성감대와 관련된 모든 것이 정신분석학자에게는 아주 작은 흥미도 제공하지는 않는다. "그리하여 겨우 사람들은 이 쾌락을 질의 쾌락이라고 부르고, 자궁 경부의 끝부분에 관해 말하고, 다른 어리석은 말들을 한다. 이는 시의 적절한 이야기이다."

여성의 쾌락에 대한 이런 사정은 사람들이 귀를 기울일 만한 가치를 갖고 있지 않다. 여자들에게는 사람들이 귀 기울일 만한 가치가 없다. 특히 그녀들이 자신들의 쾌락에 관해 말할 경우에 그렇다. "그녀들은 자기들이 무슨 말을 하는지도 모른다." "이 쾌락에 대해 여자는 아무것도 모른다." "그것은 내가 앞서갈 수 있는 기회를 준다. 이것은 우리가 그녀들에게 그것을 우리에게 말해 달라고 사정한 이후, 무릎 꿇고 사정한 이후이다——나는 마지막으로 여성 분석가들에 관해 말하곤 했다——쉿! 우리는 거기에서 결코 아무것도 끌어내지 못했다." "우리의 동료 여자 분석가들은, 특히 여성의 성욕에 관해 우리에게 아무것도 말하지 않는다. 전혀 아무것도! 이것은 아주 충격적이다. 그녀들은 여성의 성욕에 관한 문제를 끝까지 진척시키지 못했다. 거기에는 쾌락을 느끼는 장치의 구조와 관련된 내재적인 이유가 있는 것이 분명하다."

남성적 논리에서 여자들이 어떤 것이라도 연결시킬 수 있는지, 혹은 그들이 이해될 수 있는지 알아야 한다는 문제는 제기조차 되지 않는다. 이는 거기에 다른 논리가, 남성의 논리를 혼란시키는, 즉 남성의 통제를 문제삼는 다른 논리가 있을지도 모른다는 것을 인정하는 것이 될 터이다.

그것이 아무것도 아니기 위해, 쾌락의 권리는 어떤 상(像)에 일치된다. "여러분들은 성녀 테레사가 쾌락을 누린다는 사실을 즉각 이해하기 위해서 로마의 베르니니 동상을 보러 가기만 해도 된다. 이것은 확실하다."

로마에? 그렇게 멀리까지? 본다고? 동상을? 성녀의? 남자가 조각한? 어떤 쾌락이 있는가? 누구의 쾌락인가? 문제의 테레사의 쾌락과 관련이 있기 때문에, 그녀의 저작들이 어쩌면 더 많은 것들을 말해 줄지도 모른다.

그러나 우리가 '남자'라면 그것들을 어떻게 '해석'하는가? 종종, 아주 섣불리 이루어지는 모든 종류의 열렬한 기도는 이 수녀에게서 확인되는 욕망에 비추어 볼 때 그녀가 자신의 쾌락에 이르지 못하게 한다.

그렇다면 남성의 쾌락이 되는 걸까?

그러나 성관계가 분절될 수 없다는 것, 그것은 다음과 같은 것을 제기한다. "말하는 존재에게 있어서 두 성 사이의 관계는 저절로 이루어지지 않는다. 거기에서는 오로지 이 관계를 대신하는 것이 무엇인지 발설될 수 있을 뿐이다."

그리하여 이 관계가 이루어진다면, 지금까지 밝혀진 모든 것은 도피 반응이라는 결과-징후로서 가치를 지니는 걸까? 우리가 아무리 그것을 안다고 해도, 말을 알아듣는다는 것은 다르다. 여기에서 자기 욕망이라는 논리 안에서 유일하게 수락될 수 있는 이들, 이 여자들-동상들의 쾌락에 대해 침묵해야 할 필요성이 생긴다.

"뭐라고 말할 수 있을까?──그래도 아무것도 아닌 것이 아닌 어느 영역이 이처럼 드러나지 않은 채 있는 것이 아니라면 말이다. 이 영역은 여성의 위상을 인정하는 모든 존재들의 영역이다──그녀의 운명이 어떠하든 이 존재가 인정한다고 가정한다면 말이다."

'근본적으로' 이 존재가 드러날 수 있는 경우를 배제하는 담화 속에 부여된 이상, 그──이 '존재'──는 어떻게 될까?

그러므로 '육체'와의 관계에 대해, 그리고 주체들이 향유할 수 있는 방법에 대해 판단을 내려야 할 것이다. 이것은 미묘한 체계의 문제이다. 넌센스가 숨어 있기 때문이다. "다르게 말해서 중요한 것, 그것은 사랑이 불가능하다는 것, 그리고 성관계는 넌센스 속에 빠져 있다는 것이다. 그렇다, 우리가 타자에 대해 지녀야 하는 관심은 전혀 줄어들지 않는다."

그러므로 신중하게 그리로──침대로──가야 한다. "우리는 쉽게 가벼운 포옹에 처한다. 그러니까 팔목이나 다른 아무 데를 잡게 된다──아야!"

아무리 하찮더라도? 고통은? 놀라움은? 찢어지는 고통? 혹시 이 부분이 아직도 '중요하게 구체화되지' 않았는가? '쾌락을 누리는 실체'로 충분하게 변화되지 않았는가?

"그것을 정신분석학적 경험만이 가정하는 것은 아닐까?——육체의 실체가 스스로 쾌락을 누리는 존재로만 규정되는 조건에서 말이다. 아마도 살아 있는 육체를 소유한다 해도, 육체가 이 살아 있음을 누린다는 것만을 제외한다면 우리는 살아 있다는 것이 무엇인지 모를 것이다. 소유는 의미 심장하게 이 육체를 구체화하는 것만을 누린다. 이것은 넓은 실체의 여분의 몫(partes extra partes)과는 다른 어떤 것을 내포한다. 칸트학파의 사드가 감탄하며 강조한 것처럼, 우리는 타자의 육체 일부만을 누릴 수 있다. 이는 타자의 육체 주변에서 그것을 포함시키고 흡수하여 파괴할 정도로 육체가 완벽하게 자기 몸을 웅크리는 것을 결코 보지 못했다는 단순한 이유 때문이다." 여기에서 문제가 되는 것, 그것은 "**어떤 육체를 누리는 것**이다. 이 육체는 타자를 상징하고, 어쩌면 자연의 어떤 부분이 다른 형태의 실체, 즉 쾌락을 누리는 실체를 조정하도록 이끌기도 한다."

다른 쪽에서는 "아야…!" 한다. 이 변형을 견고하게 하기 위해서 어디로 나아가야만 하는가? 아주 중요해지기 위해서 어떠한 방식으로 얼마나 여러 번 '부분들'로 쪼개지고, '단련되고,' '다듬어져야' 하는가…? 아주 본질적이 되기 위해서 말이다. 이에 관해서는 아무것도 알지 못한다. 겨우 한 가지 사실을 터득할 뿐이다.

그러나 "누린다는 것에는 요컨대 어떤 자의 육체가 타자의 육체 일부를 누린다는 근본적인 속성이 있다. 그러나 타자의 육체 역시 쾌락을 누린다——이 사실이 타자에게도 다소 마음에 든다. 그러나 사실 그는 이 사실에 무관심하게 있을 수 없다."

이것은 사실이다. 우리는 이 사실을 어느 정도 인정한다. 그러나 거기에——그에게——문제가 있는 것 같지는 않다. 오히려 문제는 육체를 더 많이 누리는 방식 속에 있다.

더 많은 쾌락을 누리는가? 더 많은 가치를? 이러한 인식 과정 속에서 쾌락의 중요성 때문에 이해의 시기가 망각되어서는 안 될 것이다——가능하다면. 당신들이 이 시기를 뛰어넘는다면, 당신들의 무지함은 이 논리에/그의 논리에 더 많은 쾌락을 주게 된다. 그러므로 그의 지식을 누리는 것이 아니라면 쾌락은 최소가 된다. 그래도 당신들이 누리는 것보다 더 많은 것을 그는 누린다. 재빨리 유혹하고, 더 빨리 만족하는(?) 당신들은 최고 가치의 공범자이고, 이 최고 가치에 대한 그의 말은 당신들의 육체를 수동적으로 만들라고 부추긴다.

이때 쾌락을 더 많이 누린다는 것은 육체——타자의——와 관련 있다. 말하는 존재인 주체에게 있어서, 그것은 쾌락을 일으키는 자를 더 많이 누리는 것이 된다.

그러므로 중요한 것은 '사랑스런 여인'의 육체가 아니라, 그녀가 알지 못하는 언어 활동의 기능을 사람들이 그녀로 하여금 견디게 한다는 사실이다. 그녀를 위해 그녀에게 일어나는 일에 무지한 그녀를 이해하라.

게다가 그는 다음과 같은 사실을 설명한다. "내가 무의식에 대한 비난이 굉장한 자선이라고 말하는 것은 거기에서부터이다. 그들은, 주체들은 알고 있다. 그럼에도 불구하고 결국 그들은 전부 다 알지 못한다. 이 전부 다가 아니라는(미진한) 상태에서, 알 수 없는 타자 이외에는 아무것도 없다. 이 미진함을 만드는 것은 타자이다. 정확하게 말해, 이 미진함 속에서 모든 것을 다 알 수 없는 부분이 타자라는 점에서 그렇다. 그리하여 일시적으로는 타자에게 이에 대한 책임을 전가시키는 것이 적절할 수 있다. 아무도 그것을 알아채지

못한다는 점을 제외하고는 가장 분명하게 분석이 도달하는 곳이
어디일지라도 말이다——만일 리비도가 남성적이기만 하다면, 오
로지 그 이유 때문에 사랑스런 여인은 전부가 된다. 다시 말해, 남
자가 여자를 바라보는 곳에서 사랑스런 여인이 무의식을 지닐 수
있다는 것은 그 이유에서 비롯될 뿐이다."

이는 여자는 남자가 주는 무의식만을 갖는다는 뜻이다. 아무도
알아채지 못한다는 점을 제외한다면, 통제는 아주 명확하게 드러
난다. 한 여성으로부터 쾌락을 누리는 것, 한 여성의 정신을 분석
한다는 것은, 그러므로 남성에게는 그가 그녀에게 빌려 준 무의식
을 다시 소유하는 것이 된다. 그럼에도 불구하고 그녀는 계속 대가
를 치른다. 아직까지, 육체로.

그는 자신의 육체에서 가장 중요하게 여기는 부분을 그녀가 빼
앗고 싶어한다는 상상 속에서 견딜 수 없는 빚을 갚는다. 그의 차
례가 되면, 그는 논리적인 시간을 뛰어넘는다. 만일 그녀가 뭔가를
바란다면, 그것은 그가 그녀의 '탓으로 돌렸던' 무의식의 작용 때
문이다. 그녀는 그가 그녀에게 가치 있는 것으로 부여하는 것 이외
의 다른 어느것도 바라지 않는다. 만일 그가 이 술어——그의 술
어들——가 구축되는 순간을 망각한다면, 그는 자칫 술어 구축의
쾌락을 상실할 수도 있다. 그렇다면 그의 욕망이 확실하게 재발되
는 것은 이런 식이 아닌가?

"그렇다면 이것은 그에게 무슨 소용이 있는가?" 누구를 위한 것
인가? "모든 사람들이 알고 있는 바처럼, 이것은 여기에서 남자인
말하는 자가 말하도록 작용한다. 다시 말해 이것은——나는 당신
들이 분석론에서 그것을 잘 구별했는지 그러지 못했는지 모른다

──어머니로서만 존재하도록 작용한다.”

　여성에 대해 말하자면 남성 언어 활동의 자궁, 무의식적인 자궁인 그녀는 거역할 수 없는 소유권 포기라는 표시로서만 ‘자신의’ 무의식과 관계할 것이다. 부재 속에서, 환희 속에서, 침묵 속에서. 주체 자체의 어느곳에든 존재하면서.

　이러한 매혹으로부터 그녀가 어떻게 남자들의 사회로 되돌아가는가? “그녀가 전부가 아닌 이 쾌락의 상태에서, 말하자면 그녀를 주체로서는 어딘가 부족한 것으로 만드는 이 쾌락에서, 그녀는 자신의 아이가 될 ‘a’라는 마개를 발견하게 될 것이다.”

　아, 그렇지. 아직 아이가 없다면, 아버지가 아니라면? 법적으로, 여성의 욕망에 해결책이 없는가? 성관계의 부재라는 틈을 견고하게 메우는 육체들-마개들을 재생산한다는 모성의 기능 속에 이 문제를 가둘(덮을) 수는 없다. 그리고 그녀는 이 심연으로 상징적인, 혹은 상상계의 사회 구조 자체를 영원히 위협한다. 그렇다면 이 ‘a’라는 마개들은 무엇 때문에, 누구에게 이용되는가?

　어쨌든 그녀는 ‘주체’가 되지 못한다. 다시 말해 그녀는 자신의 말과 욕망, 자신의 쾌락으로 법을 만드는 남성 언어 활동의 작용에 혼란을 일으킬 수 없다. 정비된 권력 체계에 혼란을 일으킬 수 없다.

　그녀가 침묵한다면 ‘신’과의 특수한 관계가 그녀에게도 인정될 수도 있을 것이다. 남근 위주의 순환을 생각해 보라. ‘주체’로서 부재의 상태에 있는 그녀는 그들이 이러한 순환을 유지하도록 내버려두고, 심지어는 그것을 보장하며 주관한다. 그러나 이것은 약간 위험한 활동이다. 만일 그녀가 남자들의 근본적인 입장을 발견하게 된다면? ‘존재하지 않고 아무 중요성도 띠지 않는 이 **여자**’로부터 쾌락을 누리는 그들의 입장을 발견하게 된다면? 어느 날 여자들은 그녀와 니힐리즘의 관계로부터 유아기의 이 '존재'에게 예상되는——그녀들이 그를 위해 드러내는——그 '여자'의 모습을 잘 이해할 수 있을 것이다.

그들이 모든 주체들을 알지 못하기 때문이다. 그리고 이런 이유와 더불어 그들은 타인에게 이러한 것들을 지나치게 부담시키는 상태를 쉽게 넘어설 수 있을 것이다. 권태, 그것은 그들이 아직도 자신들을 위한 법을 소유하고 있다는 것, 그리고 필요에 따라서 그들이 강력한 방법을 주저 없이 사용한다는 것이다.

그러므로 **여자들에게는** 그들의 쾌락에 대한 법이 있을 수 없을 것이다. 쾌락에 대한 담화 이외에는 말이다. 원인과 결과, 목적, 법과 담화가 동일 체계를 이룬다. 만일——남성의 견해대로——자신들의 쾌락에 대해 여자들이 아무것도 말할 수 없고, 아무것도 알지 못한다면, 그것은 그녀들이 어떤 명칭으로든 자신들의, 혹은 자신의 것이 될 어떤 언어 활동 속에서, 그리고 그 언어 활동으로는 전혀 아무것도 조직할 수 없기 때문이다.

여자들의 쾌락은——그녀들을 위한 것이지만 항상 남성의 견해를 따른다——어쩔 수 없이 무정부적이고 무목적적이다. 그들에게 가해질 명령——오로지 외부로부터의 명령이면서 비폭력적이지도 않다——은 '법칙 없이 누려진다.' 즉 정신분석학에 따르면 욕망이 없다는 것이다. 남자들이 자신들의 쾌락이라고 부르는 '육체'의 이 이상한 상태는 우연적이고, 우발적이며, 갑작스럽게 ——근본적인 것을 '보충하는' 것으로—— 생긴다. 그녀들은 이 상태에 대해 아무것도 알지 못하고, 그렇기 때문에 진정으로 누리지도 못한다. 그러나 이 상태는 남근 위주의 체계 속에 있는 이들을 지치게 만든다. 일종의 '시련이 되는 것,' 고난 같은 것이라고 할까? 그녀들에게 이 상태가 일어나면 이것은 그녀들을 '뒤흔들고,' 게다가 '구원하게 된다.'

그래도 완전한 우연은 아니다. 즉 남자들은 육체와 영혼 사이에 어떤 상관 관계가 있다는 확실성 때문에 여성 없이 지낼 수는 없을 것이다. '실질적인 요소,' '영혼과 육체 사이의 본질적인 결합'이 있다는 징후로서, 이 '쾌락의 본질'이 육체와 영혼의 결합 작용을 보장하게 되는가?

어떠한 관념도 혼자서는 이 작용을 현실화시킬 수 없기 때문에, 이 증거(시련)는 감각, 여성 쾌락의 몫으로 남게 될 것이다. 굶주린 사람(l'afemme; l'affamé의 변형)의 몫으로 남게 될 것이다. 남자들의 기표로 표시되고, 남자들의 영혼-환상의 버팀목인 육체-질료의 몫이 될 것이다. 그것은 남자들을 말하는 주체로서 부호화하여 기입하는 장소이고, 남자들이 욕망을 품는 '대상들'이 투사되는 장소이다. 여자의 육체로 전달되는 이 둘 사이의 구분과 결렬로 인해 그녀는 쾌락을 누릴 수 있지만, 그럼에도 불구하고 여전히 그녀가 '경직' 되는 것을, 혹은 자신이 경직되어 있다는 믿음에서 벗어나지는 못할 것이다. 이것은 기쁨 없는 쾌락이다. '침묵하는' 나머지 육체-질료의 혼란이 이따금씩, 짬짬이 그녀를 뒤흔들 것이지만, 그녀는 이것에 대해 아무것도 알지 못할 것이다. 심지어 이 쾌락에 대해 아무 말 하지 않고, 그리하여 아무런 쾌락도 누리지 못한다. 이것이 그녀가 남자들을 위해 불가능과 금지라는 이중의 기능을 유지하는 이유이다.

　그러므로 여전히 여성적 쾌락이 있다면, 그것은 남자들이 자신들의 존재를 위해 그것을 필요로 하기 때문이다. 말하는 자로서 자기들 세계의 참을 수 없는 것을 견디기 위해 이 세계에 낯선, 즉 환상적인 영혼을 가지는 것이 그들에게는 **유용**하다. 그럼에도 불구하고 이 영혼——이것은 그가 이 환상에 들어가기 위한 몇 가지의 기분 좋은 자질들이다——은 끈질기고 용기 있다. 우리는 이 환상의 파수꾼이 누구에게 되돌아오는지를 재빨리 알게 된다. 여자들에게는 영혼이 없다. 그녀들은 남자들의 영혼을 입증하는 보증인이다.

　물론 이 영혼이 단지 그들 우주 바깥에 머물기만 해서는 안 된다. 그것은 또 말하는 주체의 '육체'와 다시 연결되어야만 한다. 영혼——환상적인——과 육체——언어 활동이 기록된——의 결합은 남자들의 '도구들'을 이용하여 여성적 쾌락 속에서 이루어져야 한다.

　약간 유심론적 측면에서 사랑스러운 이 작용의 수수께끼는 여성이 타락하는 경우에만 여성이 남자에 의해/남자에게 이르게 된다는 것이다. 적어도 겉으로 보기에, 이 사실은 최고 존재에 대한 명상보다 훨씬 무서운 것이 된다. 어떤 점에서 이 사실이 철저하게 그것을 해결하는가를 알아야 한다. 고작해야, 그가 이 사실에 무관심한 척하는 것이 아닐까? 여기에 비뚤어진 예절이 중첩된다.

　그러나 남자들은 여자들이 자신들의 쾌락에 대해 아무것도 말할 수 없다고 확신한다. 이것은 그들만의 지식이 한계를 지닌다는 것을 고백하는 것이다. "남자의 경우, 사람들은 자기 자신이 견디는 것을, 그들이 자기 중심적으로 견디는 그것을 파트너에게서도 발견한다.”

　그때부터 남자들에게 있어서 이 별난 쾌락, 절정의 쾌락은 최고 존재의 자리를 차지하지 못하는가? 남자들에게는 자기 중심적으로 최고 존재가 필요하지만 이 존재는 결국 남자들의 지식에서 벗어난다. 이 쾌락——남자들에게 있어서——이 신의 역할을 하지 않는가? 그들의 욕망 논리 속에 있는 남자들을 혼란으로 몰고 가지 않으려면 매우 신중해야 한다는 임무가 그녀들에게 주어진다. 왜냐하면 신이라면 당연히 여러 주체들이 말하도록, 더군다나 자신에 대해 말할 수 있는 것이어야 하기 때문이다. 그러나 ‘신은,’ ‘신에 대해’ 말하자면, 이 (여러) 주체(들)에게 할 말이 아무것도 없다. 그가 자신의 규칙을 남자들에게 공포한다는 사실에 대해, 특히 그들의 윤리에 그가 굴복한다는 사실에 대해 말이다.

　그러므로 성적 쾌락은 타자의 육체 안에서 심연을 이룬다. 한편으로 이 쾌락은 타자가 담화로부터 벗어난다는 사실에서 ‘생겨’난다.

　남근 중심 사상이 이 추론의 위기를 대신한다. 그것은 스스로가 타자를 유지하고, 타자를 양육하며, 타자에 대해 욕망을 품는다. 결코 이러한 사실을 드러내지는 않으면서 말이다. 하나의 장애물, 하나의 상처, 한 조각의 잘려진 환상적 그림, 의미 있는 하나의 체계, 하나의 질서·법칙 등이 타자의 육체를 향유하는 것을 합법화한다. 그때부터 사람들은 하나씩이라는 열거에 굴복한다.

　넌센스를 피하기 위해 여자들은 한 사람씩 잡히고, 시련을 겪게 된다. 말로 표현되는 이 담화 속에서 여성이 전부가 아니라는 것과, 적어도 잠재적으로, 그들을 모두 소유해야 할 필요성이 일치한

다. 드러날 수 없는 그 결점을 여자들이 견딜 수 있도록 하기 위해
서 말이다. 그러면서도 이 실체, 쾌락이란 이름의 이 실체——마지
막으로 생겨난——를 마음대로 하면서 말이다. 타자의 육체에 대
한 담화가 갖는 결점은 이따금씩 이 모든 여자들 속에서 변형된다.
발설될 수 있는 언어 활동과 관계 있는 타자의 환희——물론 이것
은 여전히 쾌락 향유의 원인으로 존속해야만 한다——는 절제되
고, 측정되고, 수많은 여자들 사이에서 통제된다.

　　그러나 이 결점, 이 벌어짐, 이 구멍, 이 심연——담화 기능 안에
서의——은 또한 다른 실체로, 즉 방대한 규모의 실체로 뒤덮이게
된다. 이는 현대 과학의 전망에 굴복하는 실체이다. "광범위한 그
유명한 실체로부터, 타자(생각하는)의 이 보조물로부터, 사람들은 그
리 편안하게 해방되지도 못한다. 그것이 현대적 공간, 순수 공간이
라는 실체, 사람들이 말하는 순수 영혼이라는 실체이기 때문에 사
람들은 이 해방이 가능하다고 말할 수는 없다."
　　그러자 타자의 공간, 타자의 육체는 위상기하학 속에 쓰여지게
된다. 공간 입면도의 본질상 성관계의 가능성은 기껏해야 담화와
환상의 합체 곁에도 이르지 못한다.
　　공간을 강조한다는 것, 어쩌면 이것은 타자——여성——의 쾌락
에 다시 기회를 주는 것이었다. 그러나 여전히 이것을 학문화하려
는 것은 다시금 여성을 주체의 논리 속으로 데려오는 것이 된다.
같은 대상에게 더 많은 것을 부여하게 된다. 타자를 동일 존재의
타자로 축소시키게 된다. 또한 이것은 현실이 말하는 주체의 상상
에 굴복하는 것으로 해석될 수도 있을 것이다.

그러나 가장 확실한 쾌락은 사랑에 관해 말하는 것이 아닌가? 더구나 이 쾌락은 사랑에 관한 진실을 말하기 위한 것이 아닌가?

"사실 사람들은 정신분석학적 담화에서 사랑에 관해 말할 뿐이다. 과학적 담론의 발견 이후, 분절될 수 있는 모든 시각에서 이것이 오직 단순한 시간 낭비임을 어떻게 느끼지 않을 수 있는가? 분석적 담화가 가져오는 것——그리고 과학적 담론의 어떤 점에서 볼 때, 그것은 어쩌면 다른 무엇보다도 분석적 담화가 발생하게 된 이유인지도 모른다——그것은 사랑에 관해 말하는 것이 그 자체로 하나의 쾌락이라는 사실이다."

이것이 정신분석학자들이 매달리는 쾌락인가? 이들——적어도 어떠한 것을 알아낼 수 있는 능력이 있는 사람들이다——은 거기에 성관계가 없다는 것을, 수 세기 이래 그것을 대신하고 있는 것——우리는 철학사 전체와 연관되어 있다——그것이 사랑임을 알고 있다. 이것이 언어 활동의 결과라는 것을 알고 있는 사람들은 직접 원인에 매달릴 수 있다. 그러므로 원인은 항상…….

동성애의 쾌락은 금방 다 고갈되지 않는다. '거기에는 성관계가 없기' 때문에, "성관계를 제기할 수 없기 때문이다. 정신분석학적 담화의 끝부분이 매달리는 것이 이것이다. 그리하여 정신분석학적인 담화는 다른 모든 담화들의 위상에 자신이 속해 있다는 결정을 내린다."

이러한 성관계가 없기 때문에, 그것을 **제기할 수** 없기 때문에 사람들은 그러한 단언에 동의할 수밖에 없다. 진실에 대한 담화, '입증하는' 담화가 성관계를 자기의 논리적 체계 속에 포함시킬 수 없다는 뜻이다. 그러나 성관계가 불가능하다고 말하는 것은 이 로고스에서 사람들이 빠져 나오지 못한다는 것을, 이 로고스가 인식의 유일한 담화와 동일시됨을 주장하는 것은 아닐까?

　그때부터 이것은 제시(혹은 증명)할 수 있는 것, 주제가 될 수 있는 것, 형식화할 수 있는 것의 역사적 특권을 비역사적인 것으로 간주하는 것이 아닌가? 정신분석은 진실에 관한 담화 속에 갇혀 있게 될까? 항상 그래 왔던 것처럼 사랑에 관해 말하면서 말이다. 더 많은 학문을 지니면서, 쾌락을 누리기 위한 도구를 더 많이 지니면서, 그리하여 말이라는 유일한 행위에 다시 구속되는 쾌락인가? 이것은 남근 위주의 체계를 영속시키기 위한 가장 확실한 방법이다. 물론 그것은 진실의 체계와 연관을 맺으면서 출발했다.

　이것이 여자들에게 문제가 되었을 것이다. 그녀들은 이 사실을 거의 알지 못한다. 특히 자기들 성에 관련된 것에 있어서 그렇다. 여성이란 성은 그녀들에게 아무것도 말해 주지 않았을 것이다. 그녀들이 거기에 어떠한 것을 연결시켰다면, 그것은 '육체적' 쾌락——타인의?——에 의한 것에 불과하다. 그러나 남자들은 전혀 그것을 이해하지 못할 것이다. 그들이 누리는 것, 그것은 남근의 장애물인 성기를 누리는 것이다.

　여자들에게 이것은 육체적 쾌락이다. 남자들에게는 '성기'의 쾌락이다. 이 두 성 사이의 관계는 동일한 것 안에서 일어날 것이다. 그러나 하나——혹은 두 개인가?——의 장애물이 이 동일함을 둘——혹은 셋——로 베어낼 것이다. 이 조각들은 담화의 작용 속에서만 모이게 될 것이다. 의식이란 실체, 무의식의 '주체'라는 실체, 침묵을 지키는 타자의 육체라는 실체로 말이다.

　무의식으로 일컬어질 수 있는, 혹은 일컬어질 수 없는 것 사이의 성행위——언어 활동 속에 있는, 혹은 언어 활동에 의한 두 성의 정착과 관련된 성 구분——는 기껏해야 분석이 이루어지는 동안 실현될 것이다. 이것은 다른 도처에서는 실패할 것이다. 관계를 맺는 두 성들의 이러한 배치 때문에, 즉 경계에 배치된다는 사실 때문에 말이다.

물론 이 경계는 타자가 있는 듯한 꾸밈을 유지한다. 이 타자는 동일한 존재가 될 수 없는 듯이 계속 위장한다. 주체가 그런 식으로 타자를 누릴 수 있기 때문이다. 타자가 항상 결핍되어 있기 때문이다. 타자가 존재한다는 것에 대한 가장 확실한 보장이 있을 수 있는가? 같은 부류에 속하는 타자 말이다.

성을 이런 식으로 규정할 때, 사람들이 관념 세계와 감각 세계 사이의 전통적인 구분에 또다시 도달하지 않을까? 우연하게도 감각 세계가 대문자를 지니고 있다는 사실은 감각 세계가 관념 세계의 질서에 복종함을 의미한다. 게다가 감각 세계가 형태의 기록 장소이기 때문이다. 이것은 결코 쉽게 파악되어지지 않는다.

타자는 이에 대해 아무것도 모르는 채 이 기록에 굴복하게 된다. 이미 플라톤의 작품에서처럼 말인가? '집합소'는 모든 표시들을 받아들이고, 모든 것——자기 자신을 제외한——을 아우른다. 사실 관념 세계와 이 집합소와의 관계는 영원히 확립되지 못한 채로 있다. 이 집합소는 모방의 모태 하나만을 제외한 모든 것을 재생산하고, 모든 것을 '모방' 할 수 있다. 이 집합소는 그러므로 어떤 사물에 대한 지식 없이, 특히 자기 자신에 대한 지식 없이도 어떤 식으로든 모든 것을 알게 될 것이다——모든 것을 받아들이기 때문에. 그리고 언어 활동에 대한, 일반적 기표에 대한 이 집합소의 기능은 언어 활동이 이 집합소의 버팀목(아직은 감각적인)이 되어야 할 것이라는 사실 때문에 접근할 수 없는 것이 될 것이다. 이것이 이 집합소와 실존과의 관계를 낯선 것으로 만든다. '주체'(의) 형태 자체와 관련을 맺으며 존재하지만, 그의 내면에는 아무것도 없을 것이다.

타자의, 타자에 의한, 타자 안에서의, 타자를 통한 타자와의 관계는 불가능하다. 즉 "타자의 타자는 없다." 이것은 이렇게 이해될 수 있다. 타자가 어디에나 존재하는 가운데 어떤 타자의 가능성을 멈추면서 **이미 자리를 차지하는** 경우를 제외한다면 메타언어 활동은 없다. 왜냐하면 만일 그러한 타자가 있다면——대문자의 매우 황홀한 비약 없이——주체의 자기 색정, 자기 설정, 자기 반추적 체계 자체, 혹은 '주체'라는 체계 자체는 혼란의 상태로 얼빠진 채로 있게 될 것이다. 자신(남성)에 의한 타자(여성)의 '자기 성애'가 불가능하다는 것——자신(여성)에 의한 타자(남성)의 '자기 성애'가 불가능하다는 것?——은 주체 자신이 욕망을 형성할 수 있는 조건이 될 것이다. 타자는 그의 기표들을 위한 모태로 이용되고, 그 욕망의 원인이 될 것이다. 또한 타자를 이렇게 결정짓는 것이 무엇인가를 다시 포착하기 위해 그의/이런 도구들이 중요해지는 원인이 될 것이다. 그러나 이러한 성기의 쾌락은 결국 그가 지향하는 것과 그를 단절시킬 것이다. 명백하고 능동적인 성기 자신은 자기 스스로를 목적으로 간주하고, 그리하여 '감각의 질료'와의 결합에 이르지 못한다. 기술력의 우월성은 남근을 성관계의 장애물로 만든다.

게다가 갈구되는 유일한 관계는 어머니와의 관계, 즉 기표들의 모체-양분인 '육체'와의 관계가 될 것이다. 적어도 해부학은 성 역할의 분배를 더 이상 복잡하게 만들지는 않는다. 다음과 같은 점을 제외한다면 말이다. 즉 남성에 대한 욕망을 여성이 품을 수 없기 때문에, 남성이 여성으로 하여금 담화를, 특히 자신의 균열을 견디도록 한다는 사실로서만 여성이 규정되기 때문에, "그녀가 전체가 되지 못하는 이 쾌락에서, 즉 그녀를 멍하게 만드는 주체가 되기에는 부족한 존재로 만드는 이 쾌락에서, 그녀는 자신의 아이가 될 'a'라는 마개를 발견하게 될 것이다."

이 문구는 여러 차례 들어 볼 만한 가치가 있다. 즉 이때 해부학은 아이를 필요로 하는 생산 양식으로 다시 개입한다. 이것은 프로이트의 이론에서보다는 덜 과학적이지만 훨씬 명백한 형이상학적인 가설이다.

당신들에게 여성이 존재하지 않는다는 사실을 입증하는 담화가 있다면, "이를 일으키는 것은 여성이 어머니로서만 여겨진다는 매우 분석적인 담화이다. 여성은 어머니로서만 성관계 속에서 작용한다."

여성이 '어머니로서만 여겨진다'는 사실은 철학적 전통 전체에 기록되어 있다. 그러나 이것은 어떤 가능성의 한 가지 조건이기도 하다. 또 여성적 토대의 필요성 가운데 하나이기도 한다. **로고스**의 생산이 자신의 힘을 다시 얻으려고 하는 곳은 (재)생산할 수 있는 대지-어머니-자연이다. 기원을 독점하여 강력한 시작(들)을 일으키면서 말이다.

정신분석학 이론은 그러므로 여성의 성욕과 성관계의 위상에 대해 진실을 말한다. 그러나 이 이론은 거기에 그칠 뿐이다. 정신분석학적 담화의 역사적 결정 과정들에 대한 해석을 거부하면서——"……내가 가장 타당한 이유들로 증오하는 것, 그것은 역사이다"——특히 자기들의 법칙을 적용함에 있어서 지금까지의 남성 위주의 성 변화가 함축하고 있는 바에 대한 해석을 거부하면서, 이 이론은 남근 중심 사상에 사로잡혀 있으며, 이 사상에서 보편적이고 영원한 가치가 만들어진다고 주장한다.

☆

    그리하여 사랑에 관해 이야기하는 쾌락이 남게 될 것이다. 이것은 이미, 그리고 여전히 고전적인 영혼의 쾌락이다. 정신분석학적 이론은 이 영혼에 대한 학문을 완성하려고 노력할 것이다. 더 많은 쾌락을 위해서? 그런데 어떠한 쾌락인가? 누구의 쾌락인가? 누구와 누구 사이의 쾌락인가?

    이것은 말도 안 되는 질문이다. 쾌락은 결코 관계 속에 있지 않을 것이기 때문이다. 그것이 같은 부류에 속하지 않는다면 말이다. 스스로 유일하다고 믿기 때문에 주인은 자기 중심적 쾌락을 절대자의 쾌락과 혼동한다.

    그렇다면 어떻게 사랑이 있게 되고, 타자의 쾌락이 있을 수 있는가? 이러한 것들에 대해 말하지 않으면서 말이다. 부정적 목적론의 심연을 한정시키면서 하나의 스타일——궁정 연애——로 스스로를 의식화하기 위함인가? 한계인 타자를 스치면서, 그러나 연애 편지들의 여러 문체들 속에, 수많은 손질들과 기표들 속에 이 타자를 다시 적응시키면서 말이다. 타자를 독점하고, 타자를 과시하고, 타자로 인해 고통에 휩싸이고, 열렬히 애원하면서 타자는 화제에 오른다. 즉 사랑을 화제로 삼는다. 담화 속에서 타자에 관해 말할 때. 사랑을 화제로 삼는다.

    그런데 그에 따르면 "궁정 연애는 동성애적 쾌락이 가장 지독한 퇴폐성 속으로, 봉건제라고 일컬어지는 이루어질 수 없는 일종의 악몽으로 타락하는 지점에서 출현한다. 이 정치적인 타락 단계에서. 여성에 관해서는 더 이상 진행시킬 수 없는 어떤 것이 있었다는 사실을 그는 간파하여야 했다."

　이제 봉토가 담화이다. '봉건제라고 일컬어지는 이루어질 수 없는 악몽'은 거기에서 자신의 명령을 멈추지 않고 강요해 왔다. 이 악몽은 소유하려는 대상과 소유의 방식 속에서 더욱 심해지게 된다. 이 영역들을 (재)규정하는 방법들 속에서, 이미 영토를 차지하고 있을 영주들과 가신들을 속이는 방법들 속에서 그것은 더욱 심해진다.
　이러한 관점에서 정신분석학적 담화는 봉건제를 제국으로 이끌게 된다. "정신분석학적 담화가 실제로 다른 모든 담화들의 위치에 있다고 스스로 규정하기 때문이다." 울타리를 다시 지나가면서, 밭을 손질하면서, 다른 질서——무의식적 질서——에 대한 자신들의 코드에 다시 변화를 주면서, 이 정신분석학적 담화는 모든 타인들에 대한 지배력을 확장시키게 된다.

　이토록 강력한 힘은 그에게 때때로 다음과 같은 사실을 망각케 한다. 즉 여성이 어떤 통제와 굴종의 모델을 포기하는 대가로만 그에게 돌아온다는 사실이 그것이다. 그런데 다른 모든 담화들처럼, 다른 모든 담화들 이상으로 그가 그들의 논리를 성관계에 적용하면서 재생산하는 이 담화는 여성의 노예 상태를 계속 반복시킨다. 대치할 수 없는 현실의 냉혹한 침묵에 굴복하는 무의식처럼, 여성에게는 추론적 기능의 동일한 내부가 아니라면 더 이상 설 자리도 없다.

　그때부터 그의 환심을 사려고 애쓰기 위해 그녀가 거기에 있다는 것 이외에는 더 이상 다른 것이 필요치 않다. 궁정 연애의 의식은 단일한 언어 활동으로 행해질 수 있다. 하나의 스타일로도 충분하다. 이것은 말의 단점들, 담화에서 전부가 아니라는 것, 타자의 개방 상태, 불완전한 담화, 게다가 진실 등을 고려하고 주목한다. 애교와 유혹, 술책과 수수께끼들, 그리고 더 나아가 열렬한 기도——이것들의 조숙함은 이것들이 언어 활동을 통과하기 때문에 다소 늦게 나타난다——가 여성의 쾌락을 확인할 수 있는 시기들을 안 드러내는 것도 아니다. "이것은 거기에 장애물을 놓는 자가 우리들인 척하면서 성관계의 부재를 대신하는 아주 정교한 방식인 것이다."

"궁정 연애, 그것은 남성에게는 자신의 여자가 가장 비참한 의미에서 완전한 하녀가 되는 것으로, 이것은 성관계의 부재에서 품위 있게 벗어나는 유일한 방식이다."

이 정신분석학자의 주장에 따르면, 이 관계는 늘 불가능하기 때문에 그것을 대신하기 위해 점점 더 '고상한' 방식들이 고안되어야만 한다. 문제는 이들이 이 무능력 자체로부터 법을 만들기를, 그리고 여자들을 계속해서 거기에 복종시키기를 주장하는 것이다.

액체의 '작동'

법을 만드는 상징의 틀과 거의 양립할 수 없는 양식에 따르면, 이 양식들이 확산되리라는 것은 사실 이미 널리 알려져 있다——어떤 속도로? 어떤 곳에서? 어떠한 저항에도 불구하고?——이것은 혼란을, 게다가 소용돌이를 일으키게 될 것이고, 이 혼란과 소용돌이가 무한하게 퍼지지 않도록 하기 위해서 원칙들-견고한 칸막이들로 다시 한계를 지어야 할 것이다. 이 혼란과 소용돌이가 현실로 지칭되는 세번째 단계를 어지럽힐 정도에 이르기 때문이다. 경계의 위반과 혼돈을 다시 정돈하는 것이 중요할 것이다.

그러므로 그에게 몇 가지 질문을 제기하기 위해서는 '과학'으로 되돌아가야 한다.[7] 액체 '이론' 창설에 그가 연대기상으로 늦게 도달한 점, 또 수학적 형식화에서 논리적 난점으로 뒤따르는 것이 무엇인가 하는 질문이 이에 속한다. 그것은 그때그때 현실의 탓으로 여겨질 것이다.[8]

그런데 사람들이 액체의 속성에 관해 의문을 던진다면, 그들은 이 '현실'이 **물리적 현실**을 상당 부분 잘 가릴 수 있을 것이라고 생각한다. 그러나 이 물리적 현실은 아직까지 적절한 상징 작용에 저항하고 / 혹은 자신의 문체 속에 자연의 모든 특성들을 재포착하기에는 논리가 무력하다는 것을 의미한다. 그리고 종종 이 자연의 특성들 가운데 몇 가지를 축소시키고, 이상적인 시선으로만 그 특징들을/자연을 직시해야만 할 것이다. 그 특성들/자연이 이론적인 장치 활동을 방해하지 않도록 하기 위해서 말이다.

하지만 이상이라는 가설에 항상 복종하는 언어 활동과 상징 작용 자체를 상실한 경험 사이에 어떠한 구분이 지속되는가? 그리고 중도 멈춤이라는 견지에서, 논리의 궁핍함을 뚜렷하게 드러내는 이 분열의 견지에서, 언어 활동이 억지로 초 '사물'의 상태로 남아 있다는 사실을 어떻게 등한시할 수 있는가? 지금 여기에서 주체에 의한 언어 활동의 분절과 발화에서 뿐 아니라 그 구조적 사실로부터, 자신도 모르게 '주체'가 이 모방에 저항하는 자연에게 규범적 '판단들'을 이미 반복하기 때문이다.

'주체'라는(혹은 주체의) 동일한 무의식이 그렇게 연기될 수 있음을, 게다가 해석 과정에서 이 무의식이 '부주의'를 드러내는 역사적 체계 때문에 액체로 변질될 수 있음을 어떻게 피할 수 있는가? 다르게 표현하자면 언어 활동의/언어 활동이라는 구조화는 **합리성과 순수 고체**라는 역학 구조 사이에서 오랜 기간의 공모를 유지하지 않는가?

아마도 용어들의 규정으로부터 이들의 관계분석(프레게의 이론[9]이 그 중의 한 예이다) 쪽으로 중요성이 점점 전이되고 있는지도 모른다. 이것은 불완전한 존재들의 의미론, 즉 **기능적인 상징들**을 인정하는 쪽으로도 나아간다.

그러나 전제에서부터 그런 식으로 인정된 미결정은 **형식적 유형**의 일반적 의미에 굴복할 뿐 아니라——변수는 통사론의 형태(들) 일치라는 한계에서만 있다——지배적인 역할은 **보편성이라는 상징**——보편적이라는 기호——에게 남겨진다. 그러므로 이 보편성의 기하학 사용 방식에 의문을 던져야만 할 것이다.

그리하여 이미 '전체'——X라는, 또한 그 체계——는 특수한 관계 속에 놓여 있는 각자의 '비전체'를 규정할 것이고, 이 '전체'는 어떤 공간-'주어진' 차원에 대한 예측 없이는 불가능한 확장적 정의에 의거할 뿐이다. 그리고 그 간격은 그때그때마다 드러나는 유형에 의해 변할 것이다.

그리하여 이 '장소'는 각각의 '전체'를, 더 나아가 이 체계 '전체'를 가늠하기 위해 어떤 식으로든 계획되고 강조될 것이다. 이 전체가 무한히 확장되도록 방치하지 않는 한, 이것은 가치와 변수들, 그들간의 관계에 대한 평가 자체를 미리부터 불가능하게 하는 것이다.

그러나 이 장소——담화라는——에서 그가 그런 식으로 스스로 형태를 갖출(형식화될) 수 있기 위해 자신이 **'전체보다 훨씬 크다는 것'**을 발견하게 되는가? 체계화되기 위해서? '전체'보다도 더 크다는 것은 여전히 목적론이라는 양식하에서 자기 자신에 대한 부정——자기 배제?——을 반복하지 않는가? 거기에서 '비전체'와의 관계, 즉 **신 혹은 여성적 쾌락**과의 관계를 분절시키는 일이 남는가.

이 성스러운 관계 회복을 기다리면서, 여성(굶주린 자)은 이 체계의 총체성을 입증하기 위해——그가 '전체보다 더 크다는 것'에 짜증을 내면서——**예측되는 계획**으로서(만), 그리고 여전히 미확정된 것을 포함한 그의 '개념들' 각각의 확장으로 '전체'를 변화시키기 위한 **기하학적 기반**으로(만), 언어 활동으로 이루어진 그들의 규정들 사이에서 고정된-굳어진 **간격들**로(만), 그리고 그들 사이에 특수한 관계를 만들 수 있는 **가능성**으로(만) 작용할 것이다.

이것은 그녀의 '액체'적 특징에 의해 실현될 수 있는 것으로, 이 작용은 논리에서는 자신과 일치될 수 있는 일체의 가능성을 그녀에게서 빼앗았다. 그래서 역설적으로(?) 여성(굶주린 자)은 이 전제 속에서 **계사적 관계**로 작용할 것이다. 그러나 이 계사는 이미 철저한 형식화라는 계획에 속하게 될 것이고, 전체적으로는 이미 '주체'의 담화 구성에 복종하게 될 것이다. 그리고 (주체의) 진실의 순서를 조절하는 여러 체계들이 있을 수 있다는 것은, 이 상이한 체계들 사이에 통사적 동등성이 있다는 가설에 위배되지 않는다. 이 체계들 모두는 그들의 상징 양식에서 **실제 액체의 몇 가지 속성**을 배제할 것이다.

액체의 체계로 해석될 수 없는 것——예를 들면 고체를 상대로 이루어지는 저항들——은 결국 신에게로 돌아갈 것이다. 실제 액체의 속성들——내재적 접촉, 압력, 움직임 등, 다시 말해 **특수한 역동성**——을 고려하지 않는다는 것은 현실을 신에게로 가져가는 결과에 이를 것이다. 액체를 수학적으로 처리하는 과정에서 그 이상적인 특징만을 계승하면서 말이다.

더 나아가 순수 수학에 대한 생각들은 박층 구조라는 층위에 따라서만, (한 축과의 관계를 특수하게 만드는 흐름의) 솔레노이드의 움직임들에 따라서만, 원천의 지점들, 우물이 될 지점들, 소용돌이가 일어나는 지점들에 따라서만 액체의 분석을 허용할 것이다. 현실에서 이 지점들은 막연한 관계만 지닌다. **다른 나머지는 한없이** 내버려둔 채로 말이다. 제로와 마찬가지인 이 '움직임'의 중심은 거기에서 무한한 속도, **물리적으로 파악할 수 없는** 속도를 가정한다. 이 '이론상의' 액체는 분명 분석의 기술, 수학적 분석의 기술을 진척시킬 수 있을 것이다. **구체적 현실과의** 관계는 상실하면서 말이다.

'과학'과 정신분석학적 실천으로 인해 어떤 일이 일어나는가?

이처럼 제기된 질문이 지나치게 여러 가지 은유적 표현에 근거한다는 사실에 사람들이 반기를 든다면, 이 질문이 환유(액체와 관련될 부분이 더 많은)보다 은유(이른바 고체의 성격인)의 우월성을 거부한다고 대답하기 쉬울 것이다. 혹은——메타언어학적 성격의 이 '범주들'과 '이분법적 대립'의 진정한 구분을 유보하면서—— 어떤 식으로든 언어 활동 자체 (역시) '은유적'이고,[10] 스스로를 방어하기 위해 언어 활동이 무의식의 '주체'를 제대로 파악하지 못하고 아직까지 이루어지는 복종, 무의식의 상징 작용에 굴복하는 것에 질문하기를 거부한다고 대답하기는 쉬울 것이다. 이때 이 상징 작용은 **고체에 우선권을** 둔다.

이처럼 정신적 체계 자체가 남근(혹은 고대의 남근상)에 따라 조직된다 해도, 우리는 이 우월성이 액체를 견고한 형태 속에 흡수하려는 목적론에 의거하고 있다는 사실에 의문을 품을 수 있을 것이다. 페니스의 여러 장애들이 있다 해도 이 사실에 위배되지는 않는다. 페니스는 이상적 유형의 작용을 나타내는, 욕망 자체가 지향하는 페니스라는 존재 혹은 그것을 소유하는 상태로 나아가기 위한, 경험적 표본에 불과할 것이다. 이것은 남근이 초월적 '대상'이라는 단순한 지위를 지닌다는 것을 의미하는 것이 아니라, 그것이 궁륭의 열쇠로서 이상주의로 표현되는 욕망 체계를 지배함을 의미한다.

분명 이 '주체'는 단 한번의 무력으로 무너지지는 않는다. 유물론——또 언어 활동——으로의 개종(종교적인?)에 대한 몇 가지 순진함이 그 증거-징후들이다.

그리하여 성욕을 형태라는 절대적 권력에 복종시키는 법칙들에 따라 정신 현상의 규범을 만들게 된다.

여전히 이러한 사실이 중요하지 않기 때문일까? 이 특권이 지속되는 한, 어떻게 성적 차이의 분절이 일어날 것인가? **형태와의 관계에서 여분으로 남는 것——여성이라는 성처럼——은 반드시 시행 중인 체계 아래에서, 혹은 그 위에서 거부되게 마련이다.**

"여성은 존재하지 않는가?" 추론성의 측면에서 말이다. 이 추론의 다음과 같은 찌꺼기, '예를 들면' 신과 여성이 남는다. 여기에서 침묵이 뚜렷한 상태, 그러나 그 침묵 속에서 의미 심장한 상태, 즉 현실이 생긴다.

그러나 여자는 말을 한다. 그러나 그녀는 어떤 X라는 남성과 '비슷하지'도, '동일하지'도, '자신과 일치하지'도 않는다. 남근 중심주의에 의해 변화되지 않는 한 그녀는 '주체'가 되지 못한다. 그녀는 이 체계의 마비적 이면에 포함된 '액체'로 말한다. 그 징후들은 이렇다. 더 이상 흐를 수도, 만져지지도 않는다. 그로부터 사람들은 그녀가 그것을 아버지 탓으로, 아버지의 형태 탓으로 돌리고 있음을 이해할 수 있을 것이다.

　이것이 무엇을 의미하는가를 이해하기 위해서는 타당한 형식과는 다르게 귀를 기울일 줄 알아야 한다. 이것이 지속되고, 억제될 수 있으며, 팽창적이고, 점액질이고, 전도성이 있고, 확산된다는 것을 이해하기 위해서 말이다. 이것이 끝나지 않는다는 것, 다수에 대한 이러한 저항으로 인해 강력하기도 하고 무기력하다는 것을 이해하기 위해서 말이다. 또 이것이 억압에 매우 민감하다는 것을 즐기면서도 이것을 괴롭게 여긴다는 것을 이해하기 위해서 말이다. 뜨거운 정도에 따라 변화시킨다는 것——예를 들면 부피나 힘 같은 것——을 말이다. 물리적 현실에서, 이것은 끊임없이 두 이웃들 사이의 접촉——자신만의 역동성이 아니라 가까움의 역동성, 그렇게 거의 규정되지 않는 두 단위들 사이의 이른바 접촉에서 오는 움직임들(점착성의 비율은 푸아죄유의 포아즈[poises; 점성률의 단위]로 나타난다, 원문 그대로), 완성된 체계의 비에너지 같은 것들을 말한다——에 의해 결정된다는 사실을 이해하기 위해서 말이다. 이것이 다른 액체에서 생기는 흐름들로, 혹은 고체의 칸막이들을 통과하여 작용하는 흐름들로 역전될 수 있다는 것과 관련하여 여러 유출들이 이것을 쉽게 가로지를 수 있다는 것을 이해하기 위함이다. 이것이 비슷한 상태의 여러 육체들과 혼합된다는 것을, 말하자면 때로는 단일한 방식으로 그 속에 녹아든다는 것을, 그리고 이것은 하나와 다른 하나의 구분을 문제삼는다는 것을 이해하기 위함이다. 게다가 이것이 이미 '자기 자신 속으로' 확산되어 있다는 것을,

정체된 동일화의 시도 자체를 해체한다는 것을 이해하기 위함이다.

그러므로 여성은 이해될 수 없다. 그리고 그녀가 말하는 모든 것이 어떤 식으로든 언어 활동에 속한다 해도, 그것은 그만큼의 중요성을 띠지 않는다. 이 언어 활동이 중요성을 띨 수 있는 조건을 거기에서 끌어낸다는 것은 또 다른 문제이다.

그녀 안에서는 **소리**가 놀라운 속도로 퍼져 간다는 것을 덧붙여야만 한다. 게다가 다소 완벽에 가까운 그 무절제한 성격에 맞게 말이다. 어떤 것이 되었든 의미 작용의 여파에 이르는 일은 결코 일어나지 않는다. 이 의미 작용이 뒤바뀐 형태로만 도달한다 해도 말이다.

담화가 일어나는 장소로 규정된 곳 외부에서는 침묵 지대를 평가할 수도 없다. 모든 형태의 덮개들——어떤 것, 혹은 다른 것이 잘 들리지 않는 공간들——이 '메시지들'이 유포되는 가운데 탈락막이 되기 위해서, 의미는 소리의 속도와 같은 속도로 확산되어야 할 것이다. 그러나 소리 전파의 작은 변수들은 이때 매순간 이 언어 활동을 변질시키고 속일 수 있다. 사람들이 우리가 그 동등성 혹은 차이점을 평가하고 비교하며, 반복할 수 있게 될 조각들로 언어 활동을 잘라내면서 유사 법칙에 이 언어 활동을 적응시킨다면, 이 소리는 이미 자기 속성들 가운데 몇 가지를 상실하게 될 것이다.

이 액체——철학적 담화 안/밖에서 이렇게 다른 존재이다——는 본디 불안정한 것이다. 그것을 기하학에 복종시키지 않는 한, 혹은 (?) 그것을 이상화하지 않는 한 말이다.

여성은 결코 비슷하게 말하지 않는다. 그녀가 내뱉는 말은 물처럼 흘러내리고 변화한다. 또 **속인다**. 거기에서 독특한 (자신만의) 의미를 상실하는 경우가 아니라면, 사람들은 그녀에게 귀 기울이지 않는다. '주체'를 침범하는 이 목소리에 대한 저항들이 거기에서 생긴다. 그러므로 이 주체는 쏟아져 내리는 목소리를 마비시킬 때까지 자신의 범주 안에 꼼짝 않고 굳어 있을 것이다.

"자 남성 여러분, 당신의 딸들이 벙어리가 되는 이유가 바로 이것이다." 비록 딸들이 오로지 그들의 실어증이나 여러분의 욕망을 모방하는 그 내면만을 의미하는 단어들을 암시적으로, 그것도 많이 쏟아낸다고 해도 말이다. 이 딸들이 자신들의 침묵만을 보여 주는 곳에서 그들을 해석한다는 것은 이들을 또다시 어떤 언어 활동에 굴복시키는 것이 되고 만다. 그리고 이 언어 활동은 항상 딸들을 그녀들이 여러분에게 이야기했을지도 모르는 것, 이미 여러분에게 털어놓았던 것으로부터 더 먼 곳으로 추방한다. 단지 여러분의 귀가 그렇게 많은 것을 아는 상태가 아니라면, 수많은 의미로 꽉 차 있지 않다면, 당신들의 귀가 어떤 식으로든 전에 들었던 것을 따라 하지 않는 자가 누구인가를 이해하지 않는다면 말이다.

이 (아버지의) 담화 안에서 분절된 의미 작용에 의해 이미 그 경계가 그어진 장소 바깥에서 여자, **굶주린 자**는 아무것도 아니다. 그것은 **침묵 지대**이다.

그렇다면 'a'라는 대상은 어떤가? 속성의 관점에서, 또 액체의 관점에서 이것을 어떻게 규정해야 하는가? 이 '대상'이 가장 빈번하게 액체 상태로 달려가는 한 말이다. 우유, 반짝이는 물결, 찰랑거리는 파도, 호흡되고 방출되며, 독특한 향기를 내는 기체에 관해,

오줌과 땀·피, 심지어 혈장 같은 것에 관해 굳이 말하지 않더라도 말이다.

그러나 이러한 것들이 이론적으로 ‘α’라고 열거된 것들은 아니다. 그들은 그것들을 잘 알고 있다고 말할 것이다. 대답은 이렇다. 침전물들——다른 식으로 위장된——에 ‘α’라는 대상을 위한 패러다임으로 작용할 특권이 있을까? 그렇다면 액체 상태에서 고체로의 성공적 전이로 생기는 성취된 욕망의 대상이라는 유형의 이 작용 ——분명 위장된——을 이해해야만 하는가? 정신분석학자들에게 **욕망의 동일한 목적은 액체가 고체로 변형되는 것인가?** 이것은 ——당연히 반복될 가치가 있다——**이성의 승리**를 의미한다. 고체의 운동은 이 합리성과 오랜 관계를 유지하고 있다. 그리고 이 관계들에 대해 액체는 끊임없이 이의를 제기해 왔다.

같은 맥락의 질문들 속에서, 사람들은 “왜 정자가 단 한번도 ‘α’와의 관련하에 있지 않았는가”라는 질문을 (스스로에게) 제기할 수 있을 것이다. ‘α’가 번식이라는 유일한 명령에 굴복하는 것은 역사적으로 고체(생산물)에 할당된 우월함의 징후가 아닐까? 만일 욕망의 역동성 속에 거세——절단이라는 환상/현실, 페니스로 나타나는 이 고체의 ‘풍화 작용’이라는 환상/현실——의 문제가 끼어든다면, **액체-정자**의 작용은 오로지 고체 체계의 일반화에 장애가 되어 불안한 상태에 있게 된다.

그러나 쾌락을 기술하는 용어들은 중요한 연결고리의 체계를 해체시키는 억압이 되돌아온다는 생각을 떠올리게 한다. 그러나 **이 쾌락——의미의 침묵——은 여성, 혹은 주린 자에게 포기될 것이다.**

그렇다, 굶주린 자인 것이다. 액체의 특수 체계──고체에 대한 그들의 저항과 그들의 '독특한' 역동성──에 대한 잘못된 인식이 정신분석학에 의해 영원히 존속되는 한 말이다. 그리고 그로부터 **굶주린 자의 원인**이 다시 나타날 수 있는 한 말이다. 이 원인은 사유 자체의 추락이 예상되는 역사 속에 자리잡고 있다. 이 **잉여물**이 어디까지 축소되는가를 살펴야만 한다.

상당수의 여성 속성이 욕망 혹은 리비도에 의해 다시 다듬어졌다는 것은 사실이다──이번에는 무엇보다도 남성 속성에 일치되는 욕망과 리비도이다. 이 욕망과 리비도는 **유동적인 것**으로 결정된다.
그러나 고체 성질의 도구와 몇 가지 액체적 특징을 **동시에** 가졌다는 사실──여전히 그들의 실제적인 움직임으로는 알 수 없는 나머지만을, 보다 미묘한 에너지로도 여전히 설명되지 못하는 원리들만을 타자에게 남겨 주면서──은 중요한 경제적 문제들을 제기한다. 에너지 생성의 교환 혹은 서로간의 상호 저항의 관계들이 결합을 이루는 가운데, 이것이냐 저것이냐, 혹은 **욕망이냐 성이냐** 하는 불가능한 선택들이 제기된다. 이것은 아버지라는 이름의 버팀목에 힘입어, '부서지기 쉬운' 성과 '형태를 잘 갖춘' 욕망을 부여하게 된다.
이 타협은 각각을 반고체의 상태로 둔다. 성의 완벽한 농도는 각자에게 속해 있지는 않지만, 언어 활동을 통해 배운 의미와 결합하면서 각자는 욕망의 이른바 고체성을 재발견한다. 이 작용은 **고체에 가까운 역학으로의 전이**로 지칭될 수 있을 것이다.

정신적 기제가 도움이 될 것이다. 이것은 규칙적으로 소리낼 것이다. 물론 에너지의 원천에 관해서는 몇몇 엔트로피의 문제들, 몇몇 불안들이 존속한다. 그러나 과학과 기술을 신뢰해야 한다. 이 과학과 기술이 보다 어려운 문제들로부터 '리비도'를 벗어나게 하는 투자 가능성을 제공하기 때문이다. 아직도, 그리고 앞으로도 똑같은 역사를 반복하는 '주체'에게 있어서 이것은 권태의 가능성에 불과할 것이다.

한편으로 이것은 **죽음의 충동**으로 일컬어질 것이다. 만일 우리가 정신분석에 대한 너무나 놀라운 이 발견에 관해——또 왜 그렇지 않겠는가?——의문을 품는다면, 우리는 또다시 **이중적 움직임**, 이를테면 액체의 몇 가지 특징이 합리성에 적응한다는 것과, 이 액체들만의 역동성이 구축하는 장애물에 대해 무지하다는 것에 이를 것이다.

믿을 수 없는가? 그렇다면 그 이유는 당신들에게 이미 견고하게 결정된 '대상들'을 믿고 싶은 욕구-욕망이 있기 때문이다. 다시 말해, 여전히 당신(들) 자신이 죽음의 고요한 작업을 시종 일관 '주체'로 남을 수 있는 조건으로 인정하고 있는 것이다.

그러나 당신이 그토록 집착하는 이 **한결같은 원칙**은 "무엇을 의미하는가?" 과도한 흥분-쇄도를 피한다는 것인가? 이것은 타자에게서 비롯되는가? 반드시 해야 하는 항상성(homéostasie)의 추구인가? 자동 제어의 추구인가? 그러므로 자기 외부의/자기 외부를 향한 움직임의 결과들을 이 기제 안으로 축소시키는 것인가? 이것은 **폐쇄 회로** 안에서 역전될 수 있는 변형들을 함축하는데, 이때 **균형 상태를 반복하는** 양식을 근거로 삼지 않는다면 다양한 시간을 추상화한다.

그러나 '바깥'에서, 이 기계는 어떤 식으로든 에너지를 빌리게 될 것이다. (그 원천이 되는 힘의 시작은 부분적으로 설명되지 못한 채 은폐된다.) 그리고 어떤 식으로든 그 유형의 작용을 빌릴 것이다. 그리하여 '생기(vital)'의 몇 가지 속성들은 그에게 형태를 부여하기 위해 요구되는 '불변성(constance)' 속에서 고통스러워할 것이다. 그러나 추론 체계 자체를 전복시킨다는 대가로 이 작용이 혼자 모습을 드러낼 수도, 그래야 하는 것도 아니다——무의식 자체에서 이 작용은 **어떠한** 기호 혹은 기표로도 표시되지 않을 것이다. 이 추론 체계는 살아 있는 자가 자기 파멸을 지향한다는 것을 확신할 때에만, 그리고 그의 에너지를 이른바 고체 성분의 움직임과 연결시키면서 자기 공격으로부터 그를 지켜야 함을 확신할 때에만 구출될 것이다.

역사적으로 액체의 속성들을 여성들이 포기했다면, **성적 차이와 충동적 이원성**은 어떻게 연결되는가? 이 체계가 두 성 모두를 설명할 수 있는 동일한 가치를 지녔다는 것을 어떻게 '상상만 할' 수 있었는가? '두 성'을 '동일함' 속에 뒤섞을 필요를 제기하지 않으면서 말이다.

당연히 주체의 구조를 지지하는 사유(작용)의 양식으로 (되)돌아가야만 할 것이다. "운동할 수 없는 상태에, 또 어린 남자가 유아기에, 상징적 자궁 속에서 처하는 영양 공급의 의존성 속에 아직 갇혀 있는 존재를 통한 그의 반사 이미지의 환희에 찬 승천"으로 되돌아가야 할 것이다. "이 상징적 자궁에서 **나**라는 존재는 성급하게 원초적 형태, 오히려 **이상적인 나**로 지칭될 형태, 허구적 맥락에서 한 사람의 개인으로 절대 돌이킬 수 없는 사회적 결정 직전에, **나의** 태도를 결정하는 형태 속으로 들어가게 된다. 즉 주체가 환상 속에서 자기 힘의 성숙을 앞지를 때 거치는 육체의 총체적 형태는 마치 **게슈탈트**로서만 그에게 부여된다. 다시 말해, 외재성 속에서 이 형태는 분명 구축된 것이기보다는 뭔가를 구성하는 요소이고, 특히 이 형태는 주체에게 이 형태를 고정시킨다는 뚜렷한 중요성 속에서, 그리고 주체가 이 형태에게 생기를 불어넣음으로써 경험하는 혼란스런 움직임들과는 반대로 이 형태를 역전시키는 균형하에서 나타난다. 형태의 주된 스타일이 여전히 제대로 알려지지 않았기 때문에 이 **게슈탈트**의 의미는 종과 연관된 것처럼 여겨질 것이다——형태 출현의 이 두 양상을 통해 **나**(je)의 정신적 영원성이 나타난다. 동시에 이 영원성은 형태의 소외된 운명을 규정한다."[11]

　존경이란 주인을 통한 반사되는 이익과 '소외'를 깨달음으로써 생긴다. 그러나 지극히 평범한 칭찬은 오히려 그 당장의 효과를 멈추게 할 수 있다.

　그러므로 주체는 '(구축되기보다는) 구성하는' 형태의 '외재성'의 상태에 대해, 이 형태가 바깥 다른 존재('총체적인 형태'와는 다른 실체)를 감추는 이유에 대해, 경멸을 일으키는 뚜렷함 속에서 이 형태가 이끄는 죽음에 대해, 이 형태가 (구성 요소로서) 몰입하는 '균형,' 어떤 주체에게 '자기 힘이 성숙되리라는 환상'이 항상 '역전될 수 있음'을 피할 수 없게 하는 균형에 대해, 이 형태가 마비시키는 운동성에 대해, 이 형태가 배치시키는 투사의 과정 —— '한 사람의 개인에게는 절대 돌이킬 수 없는 허구?' ——에 대해, 그리고 이 형태가 여분으로 남기는 여러 망상들에 대해 의심을 품어야 한다. 자동 인형(들)의 세계에 대해 의심을 품어야 한다. 이 세계는 신이 작용한다는 것을 뒷받침하기 위해서 아직도 신의 이름으로 기원하고, 게다가 은총을 기원한다. 또 자연 상태로는 불가능함에도 불구하고 보다 완벽하게 그를 모방하기 위해 살아 있는 존재에게 신의 존재를 기원한다.

자연에는 분명 에너지가 부족하지 않지만, 이 자연은 '자기 안에' 원동력을 소유할 수가, 자신의 전체적 형태 안에 이 원동력을 가둘 수가 없기 때문이다. 그리하여 액체는 단위와의 관계에서 항상 넘쳐나거나 모자란다. 이것은 '너는 저것이다'는 것에서 벗어난다.[12] 말하자면 완전히 정지된 동일시에서 벗어나는 것이다.

액체가 유기체에 속하기 때문에, 거울에 아무것도 보이지 않는다면 어떤 일이 일어날까? 이를테면 성에 대해서 말이다. 여자아이의 경우도 마찬가지이다. 거울 속 이미지를 구성하는 여러 결과들 속에서 여자아이의 성(이런 종류의)이 거의 중요하지 않다고,[13] 또한 "거울에 비친 이미지가 눈에 보이는 이 세계의 문턱처럼 나타난다"라고 말하는 것이 여성이라는 성이 이 세계에서 제외되리라는 것을 강조하는 것은 아닌가? 그리고 남성이란 성을 가진 육체 혹은 중성적인 육체가 사회 질서 내 주체의 개입으로/개입이란 축소할 수 없는 자궁, 즉 **게슈탈트**의 특징들을 결정하게 될 것이라는 바를 강조하는 것은 아닌가? 여성에게 그토록 낯선 법에 따르면, 여성의 기능은 어디에서 비롯되는가? "반사적인 **나**를 사회적인 **나**로 변화시키는 편집증적 소외"가 거기에서 비롯된다.[14] 그러나 피할 수 없는 이 변화는 이미 '거울의 단계'에 새겨져 있다. 거기에서 이 동쪽은 같은 **부류**의 다른 존재로 이미 규정되어 있고, 같은 부류라는 망상은 한 고유한 자아와, 그것이 어떤 것이든 받아들일 수 없는 구성 기관 사이의 반복적인 소송으로 주체를 영원히 괴롭힐 것이다. 자기 자아에 대한 끝없는 이 소송 속에서 진정하게 주체가 될 자와 타자가 될 자, 모방하는 자와 모방당하는 자 사이의 구분은 점점 더 어려워질 것이다.

그러나 이러한——주체간의, 그리고 사회적인——대립들은 이미 오래 전에 **히스테리적 억압들**을 남겨두게 된다. 그리고 이 억압의 중요한 결과, 즉 마비라는 결과들을 남겨두게 된다. 몹시 즐겁건 그렇지 않건간에, 여성 육체에 의해 나타나는 이미지를 상정하는 문제가 무익한 것일까? 욕망은 이미 고정되어 있고, '거울의 단계'를 통해 나타난 중성화는 '훨씬 고풍스러운' 고정화에 대한 확신이 될 것이다.[15]

갑자기 당신에게 이미 모든 것을 다 이해하지 못했다는 느낌을 갖는다 해도, 어쩌면 당신은 너무 가까이 있어서 당신의 신중함에 녹아 있는 그것에 귀를 반쯤 열어두었을 것이다.

질문들

《스페쿨룸》을 쓴 이후, 그리고 그 책이 출판된 후 많은 질문들이 제기되어 왔다. 어떤 점에서 이 책은 그 질문들을 모아 놓은 것이다. 모든 질문을 여기서 다 다루지는 않는다. '진정한' 대답은 없다. 이 책은 질문의 과정을 추적한다. 이 책은 여전히 계속 질문을 던진다. 서로 다른 사선(斜線)들을 통해 강요된 혹은 주어진 질문들에게 접근한다. 남근 위주의 사상 속에서, 또 이 사상에 의해 규정된 것과는 '다른' 여성의 성욕에 관해 뭐라고 말해야 할까? 어떻게 여성적 언어 활동을 재발견하고 창조해야 하는가? 여자들은 성적 착취의 문제를 여성의 사회적 착취라는 문제와 어떻게 연결시켜야 하는가? 오늘날 정치계 여성들의 입장은 어떠한가? 여자들이 여러 제도들에 혹은 이 제도들에 관해 개입해야 하는가, 아니면 개입하지 말아야 하는가? 가부장적 문화 속에서 어떻게 여자들이 가부장적 세력으로부터 벗어날 수 있는가? 여자들은 가부장적 담화에 대해, 그 이론들에 대해, 그들의 학문들에 대해 어떤 질문들을 제기해야 하는가? 여자들이 또다시 억압받고, 규제받지 않으려면 이러한 것들을 어떻게 '표현해야' 하는가? 그러나 어떻게 여자를 논할 수 있는가? 지배적인 담화를 거스르면서 말이다. 남자들의 '지배'에 의혹을 던지면서, 여자들에게 말하면서, 그것도 여자들끼리 말이다. 여자를 논한다는 것이 글로 표현될 수 있을까? 그렇다면 그 방법은…?

다음과 같은 질문들이 ——많은 질문들 가운데—— 이 책에서 제기되고 대답된다.

왜 몇몇 질문들을 직접적인 진술 속에 남겨두지 않는가? 그들의 직접적인 표현 속에, 그들의 구어적 언어 활동 속에 남겨두지 않는가? 때로 몇 가지 서투름을 알려 주기 위한 대가인가? 그 결과 1975년 3월 툴루즈에서 개최되었던 철학 분과의 교육 연구부 세미나에 대한 다음과 같은 기록이 작성된다. 이 세미나에 참여한 사람들은 내게 서면으로 수많은 문제들을 제기했었다. 이 책에서는 의문이 제기될 만한 것들을 인용한다. 전체적으로 상세한 기록은 엘리안 에스쿠바스의 제안에 따라 로네오식 등사기로 표현되었다.
추가로 다른 질문들도 있다. 말과 글로 표현되었다는 것일 뿐 같은 질문들인가?

——내가 어떻게 대답할 수 있을지 도무지 알 수 없는 질문들이 있다. 어쨌든 '단순하게' 말이다. 달리 표현하자면, 여기에서 나는 강의 내용을 뒤엎을 수 없을 것이다. 여성에 대한 진실을, 여성에 관한 이론을 갖고 있는 나는 이 강의 내용에서 당신들의 질문에 대답할 수 있을 것이다. 즉 당신들 앞에서 여성에 대해 대답할 것이다. 그러므로 나는 여러 정의들을 불확실한 담화 속으로 끌고 가지는 않을 것이다.

그럼에도 불구하고 우선 내가 던지게 되는 하나의 질문이 있다. 게다가 이 질문은 **가장 중요하고**, 다른 모든 질문들은 이 질문에 수

반된다.

그것은 "당신은 **여자인가?**"이다.

이런 유형의 질문이다.

남자의 질문인가? 나는 여자——남성적 유형, 더 정확하게 말해서 남성 중심적 유형에 동화된 여자가 아니라면——가 내게 이런 질문을 던지리라고 생각지 않는다.

'**나**'는 '**내**'가 아니고, 나는 **있지** 않으며, 나는 여럿 중의 **하나**가 아니기 때문이다. **여자**에 대해서 알아보라. 어쨌든 이런 식의 개념과 호칭으로는 분명 아니다. (질문 I과 II를 보라.[16])

다르게 말하자면, 질문을 던진 그 사람에게 나는 "이것이 당신의 질문이군요"라고 말하면서 이 질문을 되돌릴 수밖에 없다.

그래도 이런 질문이 내게 제기될 수 있다는 사실은 내가 좀 '다른' 곳에 있다면 하는 바람을 품게 한다——그리고 이런 의혹이 생긴다. 당신은 여자인가?

한 **남자**가 어느 **세미나**에서 **이야기하려고 할 때**, 사람들이 그에게 첫 질문으로 "**당신은 남자입니까?**"라고 묻는가? 어떤 식으로든 이것은 분명한 사실이다. 사람들은 우연하게, 또 간접적으로 그에게 물을 수 있거나, 그보다는 속으로 이렇게 생각할 수 있다. 그가 '남자다운가,' 아니면 그렇지 않은가? 그러나 그에게 "당신은 남자입니까?"라고 묻는다고는 생각지 않는다.

그러므로 "**당신은 여자입니까?**"라는 질문은 어쩌면 '다른 것'이 있다는 것을 말하고 싶은 것이다. 그러나 이 질문은 아마도 '남성 쪽에서'만 제기될 수 있을 것이다. 그리고 만일 담화 자체가 남성적이라면 이 질문은 의심의 형식으로만 제기될 수 있을 것이다. 이 의심이 담화의 현재 기능과는 다른 영역을 열 수 있는 한, 나는 이 의심을 축소시키려고 하지 않을 것이다.

이 질문을 제기한 사람이 이것을 다시 시작하고 싶은지, 그렇지 않은지를 내가 모르는 걸까?

A.[17]　——나는 질문을 제기하기만 했다. 내가 그 질문을 떠올렸던 것은 아니다. 그 질문을 떠올렸던 사람, 그 질문을 처음에 제기한 사람은 여자이다.

——이제 안심하라. 내가 이 질문 앞에서 멈추기로 마음먹었다 해도, 이것이 내 입장에 대한 어떠한 의심을 품는 것은 아니다. 나는 이 질문에 몰두했다. **차이**를 보여 주기 시작하려고.

분명, 내가 "선생님, 어떻게 그런 의심을 품을 수 있죠? 내가 여자라는 건 너무나 당연합니다"라고 대답했다면, 나는 어떤 '진실'에 대한 담화, 막강한 힘을 지닌 담화 속으로 다시 추락하는 셈이 될 것이다. 그리고 내가 연결시키고, 말하거나 쓰려고 하는 것이 내가 여자라는 **확실한** 부분이라고 주장했다면, 나는 다시금 '남성 중심적' 담화에 속하게 될 것이다. 어쩌면 나는 이 담화를 전복시키려고 할 것이다. 그러나 나는 이 담화 속에 남을 것이다.

오히려 나는——사람들이 이 담화 밖을 쉽게 뛰어넘을 수 없기 때문에——그 경계선상에 위치하려고, 그리고 멈추지 않고 안에서 밖으로 넘어가려고 애쓸 것이다.

"여자란 무엇인가?"

이 질문에, 나는 '대답하는 것이' 문제가 아니라는 것으로 이미 대답했다고 생각한다. "……은 무엇입니까?"라는 질문, 그것은 여성이 순순히 굴복하지 않는——형이상학적——질문이다. (질문 I과 II를 보라.)

"여성성에 대한 프로이트 이론의 해체를 넘어서, 사람들은(당신은) 여성성의 또 다른 개념을 완성할 수 있(었)다. 즉 다른 상징, '여성에게서 비롯'될 다른 무의식을 이용해서 말이다. (즉 완전히 다른 것이지 그 이면, 부정, 남성 무의식의 보충적 요소가 아니다.) 당신은 그 내용을 대충이라도 그려낼 수 있는가?"

사람들이, 내가 여성성의 다른 개념을 완성할 수 있을까? 문제는 여성성의 또 다른 **개념**이 아니다.

여성이 어떤 형태의 개념으로 이야기될 수 있다고 주장하는 것, 그것은 '남성 중심의' 표현 체계 안에 다시 갇히는 것으로, 이 체계에서 여자들은 어떤 의미 체계 속에 사로잡힌다. 그리고 이 표현 체계는 주체(남성)의 자기 성애로 이용된다. '여성성'을 문제삼는 것이 당연하다 해도, 또 다른 '개념'을 만들어 내는 것은 중요하지 않다——자기의 성을 포기하고 남자들처럼 말하기를 바라는 여성의 경우가 아니라면 말이다. 여성에 관한 이론을 완성하기 위해서는 남자들만으로 충분하다고 나는 생각한다. 여자(들)의 언어 활동 속에서는 그러한 개념이 성립될 수 없기 때문이다. (질문 II를 보라.)

"또 다른 상징…?" 지금 나는 이 상징을 다른 쪽에 둔다. 사람들은 다른 식으로 그리로 되돌아갈 것이기 때문이다.

"여성에게서 비롯될 다른 무의식?" 제기되어야 할 첫번째 질문, 나에게 그것은 현재 우리가 무의식이라고 말하는 것 안에서 억압된 여성에게서 비롯될 것이 무엇인가를 아는 것 같다. 다른 식으로 말하자면, 실제로 규정된 무의식과 관계 있는 **다른** 무의식을 고안하려는 문제가 제기되기 전에, 아마도 여성이 상당 부분 그 다른 무의식에 속해 있지 않은가를 자문해야 할 것이다.

더 나아가 **다른** 무의식을 여성에게 부여하기를 바라기 전에, 여성이 어떤 무의식을 지니는지, 그렇다면 그것이 어떤 것인지를 알아야만 할 것이다. 한편으로 무의식이라는 이름으로 작용하는 것이 여성에게 돌아오지 않는다면? 여성의 어떤 '특수성'이 무의식으로 지칭되는 것 아래에서 억압되고-규제되지 않는다면? 그리하여 무의식이라고 일컬어지는 많은 특징들이 '여성적'인 것이 될지도 모르는 욕망 체계를 환기시킬 수 있다. 그러므로 여성적 무의식에 관한 문제에 이르기 전에 이 무의식이 여성에게서 무엇을 차용하는가에 관한 문제를 거쳐야 할 것이다.

게다가 무의식에 대한 이러한 해석이 이루어진다고 가정할 때, 그리고 무의식의 정의가 감추고 있는 것, 그리고 여성의 욕망에 대해 잘못 알고 있는 것에서부터 시작하여 무의식의 실제 정의가 다시 문제된다고 가정할 때, 이 무의식은 어떤 양식으로 존속하게 될 것인가? 계속 있을 수 있을까? 누구를 위해서? 혹시 여전히 남성을 위해서인 걸까? 그러나 여성을 위해서라면? 달리 말해, '**여성적 상징**'의 작용이란 억압의 장소가 **구축된다**는 그런 의미일까?

또 다른 문제가 있다. 만일 이 무의식이 실제 한편으로는 역사로부터 억압받고-규제받고, 의식의 논리로부터 억압받고-규제받는 여성의 것이라면, 이 무의식은 결국 여전히 **담화의 속성**이 아닌가? 프로이트가 추론적 논리에 가한 공격들이 어떤 것이건, 무의식은 여전히 이 추론적 논리와 동일 체계를 이루지 않는가? 그리고 어떤 방식으로 스스로를 소모하기 시작하는 이 논리가 '타자'라는 형식 안에서와 같이 무의식 안에서 야만인·아이·광인·여성과 같은 **비축물**로 있는 것은 아닐까? 무의식의 발견과 정의, 그리고 철학적 담화를 통해 알려진-잘못 알려진 이 '타자들' 사이에 어떤 관계가 있는가? 담화에 있어서, 그것은 이 담화가 여전히 '대상'으로 여기게 될 외부로서, 진실을 말하자면 억압 속에 그것과는 다른 어떤 것을 철저히 고수하면서 '주제'로서 이 타자를 지칭하는 방식이 아닌가?

"내가 **이 다른 무의식의 내용을, 여성의 내용을 대충이라도 그려낼 수 있는가?**" 아니, 분명 그렇지 않다. 이는 여성을 무의식의 실제 체계로부터 분리시킨다고 가정하기 때문이다. 이것은 어떤 역사적 소송을 예측하는 일이 될 것이고, 지금부터 여성 무의식에 대한 주제들과 내용들을 미리 규정하면서 그 해석과 움직임에 제동을 거는 일이 될 것이다.

그렇다 해도 나는 한 가지 사실이 무의식에 관한 이론 속에서 매우 잘못 알려져 왔다고, 거의 그 모습이 드러나지도 못했다고 말할 수 있을 것이다. 즉 **여성과 어머니의 관계와 여자들끼리의 관계**가 그것이다. 그러나 이것이 '여성' 무의식의 '내용'의 초안이 될 것인가? 아니다. 그것은 사람들이 무의식의 기능을 해석하는 방식에 대한 의문에 불과하다. 왜 정신분석학적 이론과 실천이 이 질문들에 관해서는 이제껏 빈약하고 축소적이었는가? 이 질문들이 가부장적 체계와 논리 안에서 가장 좋은 해석을 발견할 수 있는가? 이 질문들이 가정하는 오이디푸스적 체계 안에서 말인가?

“이러한 작업은 어떤 조건에서 가능한가? 이 조건들은 무의식과/혹은 정신분석의 역사, 그리고 ‘정치적’·‘물질적’ 역사 같은 역사적 조건처럼 확장된 것이다. (이 ‘두’ 역사는 아마도 욕망과 효용의 역사로 지칭될 수 있다.)”

나는 이미 대답을 시작했다고 생각한다. ‘정신분석을 기반으로, 그리고/혹은 정신분석으로부터’ 나는 여전히 정확한 규정을 내릴 수 있을 것이다. 정신분석이 그 영역 내부에 남아 있는 한, 내게 이러한 작업은 분명 가능하지 않은 것처럼 보인다. 다르게 말하자면, 이 작업은 오로지 내부 분석적일 수만은 없다. 문제는 정신분석이 자신의 역사적 결정에 대해 의문을 던지지 않는다는 것, 던진다 해도 거의 미진하다는 것이다. 그런데 이 작업이 그것에 의문을 던지지 않는 한, 이 작업은 여성 성욕에 관한 질문에 항상 동일한 방식으로 대답할 수 있을 뿐이다.

역사적 결정에 대한 불충분한 의문 제기는 분명 정치와 물질의 역사와 같은 체계를 이룬다. 정신분석이 소유 체제의 어떤 유형, 담화의 유형——서둘러 말해서, 형이상학의 유형——종교적 신화의 어떤 유형 안에 자신이 포섭되어 있음을 인정하지 않는 한, 그 자신은 여성의 성욕에 관한 문제를 제기할 수 없다. 사실 여성의 성욕은 정신분석 이론과 실천 내부에 자리잡고 있는 국부적인 문제로 축소될 수 있는 것이 아니라, 이 영역에 감춰진 문화적 토대와 일반적 체계의 해석을 요구한다.

“마르크스가 말한 것처럼 ‘인류가 자신이 해결할 수 있는 임무들만 설정한다면,’ 여성들을 위한 실제적 ‘이익’이란 사실로부터, 사름들은 이 작업이 이미 실제로(혹은 이론적으로?) 진행중이라고 말할 수 있다. 어디에서 말인가?”

만일 내가 잘못 알고 있는 것이 아니라면, 마르크스는 역사가 남성 자신에 의한 남성의 번식 과정이라고도 말한다.

만일 역사가 남성에 의한 남성의 번식 과정, 남성의 자기 번식 과정이라면——이 말은 형이상학적 전제에서 벗어난 것처럼 보이지 않는다——“인류가 자신이 해결할 수 있는 임무들만을 설정한다”라고 말하는 것은 여전히, 그리고 앞으로도 오직 남자들에 대해서만 말하는 것은 아닌가? 마르크스에 의하면, 역사 속에서 과연 남성이 다르게 존재할 수 있었을까?[18]

“이 작업이 이미 실제로(혹은 이론적으로?) 진행되고 있다고 말할 수 있는가?” 이러한 형식에서, 또 마르크스를 끌어들이면서 처음에 나는 이렇게 대답할 수밖에 없다. 남자들로서는 어쩌면 실제적으로나 이론적으로나 그들은 여자들이 그들에게 드러내는 임무를 해결하고 있는 중인지도 모른다. 우리는 어떤 정치적 전략——좌파 혹은 우파——속에서, 어떤 ‘동기들’ 속에서, 혹은 문화 시장에서 오늘날 ‘명예로운’ 게다가 ‘유행하는’ 문제들 속에서, 이에 대한 표시-징후를 읽을 수 있을 것이다.

이것이 ‘여자들에 대한’ 문제가 해결되기 시작하였음을 의미하는가? 나는 이것이 전혀 다른 문제라고 생각한다. 이 단 한 가지 사실로부터 이 문제가 여자들에 대한 해결책을 발견하기 시작했다 해도, 이는 ‘**다른**’ 여자는 결코 없을 것이라는 것을 뜻하고자 하기 때문이다. 여성의 이타성은 한 번 더 남성적 담화와 실천 속으로 이끌리고, 축소될 것이다. 그리하여 남자들이 여자들에 대해 갖는

실제적 불안은 여자들에게는 꼭 필요한 것이면서도 동시에 소외를
증가시킬 수 있는 위험이다. 좁은 의미에서, 그리고 넓은 의미에서
볼 때, 이것은 남자들의 언어 활동과 그들의 정책, 그들의 경제 속
에서 일어나는 소외이다.

복잡한 것, 그것은 여성이 만들어 내는 '여성의 담화'가 있을 수
없다는 것, 그리고 다른 관점에서, 직접적으로 말해서 어쨌든 실제
적으로 정치적 실천은 처음부터 끝까지 남성에 의해 실현된다는 사
실이다. 여자들이 이러한 사실을 인정하려면, 사고 방식과 정치 태
도의 '극단적인' 혁신이 필요하다. 물론 이것은 '단번에' 이루어질
수는 없다.

그렇다면 오늘날 여자들이 할 수 있는 행동 양식이란 어떤 것인
가? 여자들은 전체 사회 기능과의 관계에 부차적인 방식으로만 개
입해야 할까?

B. —— '부차적인'이라는 말은 당신에게 무슨 뜻인가?

—— 나는 특히 **여성 해방 운동들**에 관해 생각한다. 여기에서 '여
성'에 관한, 그리고 여자들 속에서 여자들이 의미하는 바, '여자들
의 집단'이 의미할 수 있는 바에 관한 무언가가 만들어진다. 만일
내가 부차성에 관해 말한다면, 이것은 우선 한편으로는 이 운동들
이 여러 제도들로부터, 그리고 권력 작용 등과 같은 것들로부터
일부러 거리를 두기 때문이다. 이미 존재하는 권력의 영향 '밖에
서' 말이다. 때때로 이 운동들은 제도 자체에 —— '외부로부터의'
개입을 포함해 ——개입하기를 거부하기도 한다.

이러한 '상황'은 여자들이 한 사회 속에서, 그리고 이 사회에 의

해 이미 결정된 장소 안에서 스스로를 알리기 위해서 부딪치는 난
점들로 규명된다. 사회는 이들을 이용하면서 동시에 배제시켜 왔고,
그들의 몇 가지 주제들, 게다가 구호들을 비난하면서 특히 여전히
그들의 특수한 '요구 사항들'에 대해 무지하다. 이 상황은 또 여자
들이 매우 즉각적인 압박과 부담에서 벗어나 그들의 욕망을 공식화
할 수 있기 위한 그들 사이의 공간을 구축하라는 요구로도 이해될
수 있다.

　물론 여자들은 상당 부분 여성 해방 운동에 힘입어 피임과 낙태
의 자유 등과 같은 것들을 획득해 왔다. 그리하여 여성의 사회적
지위란 무엇인가에 대한 질문은 다른 식으로 제기된다——특히 여
성의 기능을 모성적-재생산자라는 단순한 기능과 분리시키면서 말
이다. 그러나 이러한 산물들은 또한 항상 여자들에게 등을 돌릴 수
도 있다. 다르게 말하자면, 이 주제에 관해서 우리는 아직도 구체
적인 여성 정책이 아니라 단지 이를 위한 가능성 있는 몇 가지 조
건들에 관해서만 말할 수 있다. 첫번째 조건은 여자들이 당하는 착
취에 대한 침묵을 깨는 것이었다. '침묵'에 대한 거부는 여성 해방
운동에 의해 체계적으로 실천되었다. (질문 II와 III을 보라.)

　"또 다른 상징, 또 다른 무의식에 관해 말해야 한다면(그래야만
하는가?) 그것은 (동일한) 균형에 대한 다른 꿈이 아닌가?"

　이것은 '다른 것'이 있다는 것을 절대로 생각할 수 없음을 뜻하
는 것처럼 보이는 질문이다. 만일 '여성의' 상징, 무의식이 생긴다
해도, 그것은 남성 '주체들'이 역사적으로 배열해 온 같은 모델에
따라 어쩔 수 없이 구축될 것이다. 이 모델은 타자에 대한 오해 속

에서 지배 가능성의 조건인 균형에 특권을 부여한다. 이는 남성 중심적 방식이다. 사실 '남성의' 언어 활동을 우리는 정확하게 알지 못하기 때문이다. 남자들이 모든 것을 말하고, 모든 것을 규정한다고 주장하는 한 남성의 언어 활동이 어떤 것인지 어떻게 우리가 알 수 있단 말인가? 남성 담화의 논리가 성적 차이 위에서, 다른 성에 복종하는 어떤 성에게서 드러나는 한, 어떻게 우리가 '남성적' 담화를 알 수 있는가? 그럼에도 불구하고 우리는 역사적으로 지배 유형을 결정해 온 이들이 남자들이라는 사실을 확인할 수 있고, 그들의 성욕과 이 지배 유형의 관계를 해석해 볼 수 있다.

이 균형의 특권에 관해 말하자면, 여기에 **거울 차원**의 특권이 관련되어 있다. 이는 언어 활동 속에서 남성 주체의 자기 투사에, 담화의 주체로 자신을 구축하는 데 이용될 수 있다. 그런데 이 유일한 거울의 차원을 시작으로, 여성은 남성 주체가 역전된 타자(남성의 분신)로서만, 혹은 남성 욕망(남근적)의 원인이 출현하고 제 모습을 드러내는 장소가 될 뿐이다. 혹은 결핍의 존재로서만 나타난다. 왜냐하면 여성의 성기는 대부분, 그리고 역사적으로 유일하게 가치 있는 것이 될 만큼 특별하지 않기 때문이다. 그러므로 '여성' 욕망의 출현에 있어서, 이 거울의 차원은 특별한 것이 될 수 없고, 균형은 남성 주체의 논리와 담화에서처럼 작용할 수 없다. (질문 I, 3을 보라.)

　《리베라시옹》과의 회담에서, 당신은 동등성이란 개념을 비난한다. 우리도 동의한다. 당신은 '여성들의 권리'에서 무엇을 생각하는가? 만일 여성이 (역사와 무의식 속으로, 사실 '오로지' (남성적) 동성애인 무의식 속으로) 들어선다면, '여성 권리'가 순수하고도 단순하게 남성 권리를 대신하게 될까? 아니면 '평화적으로 공존하게' 될까? 그것도 아니라면 어떻게 될까?"

여기에서 정확히 해둬야 할 것이 있다. 무의식이 오로지 (남성적) 동성애라고 너무 성급하게 말해서는 안 된다고 생각한다. 만일 무의식이 의식의 논리와 역사의 논리로부터 억압받고, 규제당하는 여성을 지속시키고 유지한다 해도(어떤 방법으로든 이것은 결국 같은 지점으로 되돌아온다), 무의식이 한결같이 (남성적) 동성애는 아니다. 사람들이 여기에서 끌어내는 것은 이러한 축소 해석으로, (남성적) 동성애라는 것은 이 해석이 규제와 억압으로 유지하는 것이다.

분명 남성의 권리를 대치하는 여성의 권리가 문제될 수는 없다. 이 역전이 유사성의 체계에서, 동일한 체계에서 항상 포착되기 때문이다. 물론 이 체계에서 내가 '여성적'이라고 지칭하려는 것이 일어나지는 않을 것이다. 거기에서는 남근적 '권리 획득'이 일어날 것이다. 게다가 여자들이 그에 대해 '꿈꿀' 수 있다는 것은 불가능한 것처럼 보인다. 이것은 종종 한정된 집단들 안에서 부차적으로 실현될 수 있지만, 그러나 사회 전체로 보아 권리의 이 교체, 권리의 이러한 전복은 불가능하다.

평화적인 공존? 나는 이 말이 무슨 뜻인지 잘 모른다. 나는 평화적 공존이란 없다고 생각한다. 이것은 권력과 전쟁이란 체계의 함정이다. 우리가 오히려 문제로 제기할 수 있는 것, 그것은 마치 '동류'의 욕망만이 있을 수 있는 것처럼 모든 것이 배치되고 작용한다 해도, 왜 '타자'의 욕망은 생기지 않는가? 항상, 그리고 아직도 '동류'라는 체계 내부에 도달하지 않을지도, 그 속에 갇혀 있지 않을지도 모르는 차이에 대한 욕망이 말이다. 그것은 내 꿈이라거나, 그것은 다른 꿈이라고 사람들은 당연히 말할 수 있다. 그런데 왜 그런가? 다시 한 번, 권력의 전복, 권력의 양도는 타자——'여성' ——의 출현을 의미하지 않을 것이다. 그러나 다른 욕망, 타자의 욕망은 왜 있을 수 없는 것일까? 게다가 동류의 담화 속에 이타성을 완전히 흡수하는 것이 다른 욕망, 항상 '두려움을 일으키게' 될 욕망——부끄럽게도 심리학적 언어로 말하자면——을 의미하지 않는가? 이러한 사실로부터 이 욕망은 두 성의 차이와 성관계에 대한 문제를——공포감 속에서——항상 '베일에 감추고' 있었을 것이다.

☆

나는 '여성적 말투'와 관련 있는 당신들의 두번째 질문에 이른다.

"또 다른 성 = 또 다른 문체
또 다른 성 = 또 다른 의미라고 말해야 하는가? 왜 그런가?"

사람들은 문체와 의미를 단순히 교체하여 대립시키거나 제시할 수 있는가?

B.——이것은 교체라기보다는 보충적이다. 문체와 의미, 이 두 가지는 서로 동일한 것도 아니면서 일치한다. 문체는 결과의 차원에 있다. 여성적으로 말하는 것이 가능하다면, 문체는 그것의 한 결과이다. 의미는 오히려 무의식, 즉 여성 무의식의 문제를 지칭한다.

──이러한 교체에 대해, 나는 어떻게 대답해야 할지를 몰랐다.

B.──문제는 오히려 동등성(‘등호’라는 기호) 속에 있지, 두 공식 사이에 있는 것이 아니다.

──문체가 ‘결과’ 쪽에 있는지, ‘원인’ 쪽에 있는지 나는 모른다. 이는 사람들이 이 개념을 부여하는 해석에 달려 있다. 나에게는 또 다른 문제가 어쩔 수 없이 다른 의미 체계를 이끄는 것처럼 생각된다. 이 사실로부터, 우리는 성차의 서열 관계에 의문을 품지 않는 문체가 고유한 의미 체계 안에서 여전히, 그리고 “앞으로도 뭔가를 생산하는 동시에 이미 만들어진 것은 아닌가”라고 자문할 수 있다. 단 하나의 성에 의해 그것이 ‘결정’되고 ‘실행’되며 ‘독점’되는 한, 문체는 항상 교환되지 못하는 소유 체계 안에서 생산 도구로 남지 않을까?

하지만 우리는 플라톤 쪽으로 우회하면서 다른 식으로 대답할 수 있을 것이다── ‘진정한’ 대답은 아니지만. 플라톤에게는 두 가지 모방이 있다. 성급히 말해서, 생산으로서의 모방은 음악 쪽에 가까운 것으로, 이 모방은 이미 모방과 이론화·적응·재생산이라는 과정으로 이미 간주되었을 것이다. 두번째 모방은 철학사 자체에서 우월해지는 것으로, 사람들은 히스테리 안에 있는 욕망의 잠재성, 고통과 마비인 그 결과들-징후들을 발견한다. 전자는 항상 비난받는 것처럼 보이는데, 오로지 그것이 ‘지배적인’ 담화 안에서 노예처럼 형성되기 때문이다. 그런데 여성 문체의 가능성이 생기는 것은 아마도 이 첫번째 모방 쪽에서, 이 첫번째 모방에서부터 비롯되는 것인지도 모른다. 우리는 히스테리에 대한 여러 문제들에서 이것을 다시 다룰 것이다.

"이 이중적(남성-여성) 총체란 무엇인가?"

이것은 프로이트가——위-아래를 정돈하면서——의식과 무의식의 통사론적 서열을 나누고 종속시키는 대신, 아마 서로 다른 두 개의 통사론처럼 이들을 분절시키고 작용하도록 만들 수 있었으리라는 사실을 드러낸다.

또 다른 사선을 통해 대답하자면, 사람들이 남성이 담화를 통제하는 통사론을 만들어 냈고, '유지하기' 때문이라고 말할 수 없는가? 이 통사론에서, 담화의 질서 속에서 완벽하게 은폐된 여성, 아주 자주 그런 식으로 은폐되고 주체로서 부재하는 여성은 '의미'——피?——를 띠고, '내용'을 만들었다. 담화의, 추론적 논리의 이 통사론, 보다 일반적으로 말해서 사회 조직의 이 통사론, '정치적' 통사론은 항상 남성을 위한 자기 성애의 방식, 자기 생산 혹은 재생산의 방식, 자기 번식 혹은 자기 표현——그에게 동일하게 드러나는, 동일함의 유일한 척도로서 드러나는——의 하나의 방식이 아닌가? (타자의 욕망이 없는 한 어떻게 다른 것이 될 수 있는가?) 그리고 남성의 자기 성애에 도구가 필요하기 때문에——여자와 다르기 때문에 수음 행위를 하기 위한 남자에게는 손과 성기, 여자의 몸, 언어 같은 도구가 필요하다——이 통사론은 경제적 논리에 따라 어쩔 수 없이 자기 성애를 위한 전부로 이용되지 않았는가? 반면에 '다른' 통사론, 결핍의 존재인 여성의 '자기 성애'를 가능케 하는 통사론은 억압받고 규제를 받는다. 즉 여성은 남성에 의한, 남성을 위한 경우가 아니라면 결코 관심을 끌지 못한다. 그러므로 작동시켜야 할 것은 여성의 '자기 성애'를 가능케 하는 통사론이 될 것이다. '자기 성애'는 분명 하나의 동일한 체계로 축소될 수 없을 것이다. 통사론과 의미는 이 체계를 발견하게 된다. (〈하나이지 않은 성〉·〈액체의 '작동'〉·〈우리의 입술이 저절로 말할 때〉를 참조하라.)

이 점에서 우리는 정신분석에서 제기되는 모든 것이——그리고 특히 어린 소녀들의 자위 행위를 '소년과 같은' 행동 유형에 맞추어 생각할 때——여성의 '자기 성애'가 될 수 있는 실체를 완전히 비켜 간다고 말할 수 있다. 여성은 남성적 '모델'에 따라 영향을 받지도 않고, '자기 성애'를 하지도 않기 때문이다. '믿을 수 없는 것'——그러나 이것은 어쩌면 타자로서의 여성에 대한 확신이 아주 뒤늦게 생길 때에만, 그리고 언어 활동과 여성과의 관계가 심각한 문제가 될 경우에만 설명될 것이다——그것은 여성이 아무런 '도구' 없이도 이미 영향을 받을 수 있다는 것, 여성이 도구에 의존하기 전에 그녀 스스로 '혼자서' 수음 행위를 할 수 있다는 사실이다. 이러한 관점에서 여성에게 자위 행위를 금지하는 것은 매우 흥미롭다. 어떻게 여성에게 수음 행위를 금할 수 있단 말인가? 여성의 성기는 '그 자체'가 항상 접촉된다. 반대로 이 접촉을 피하기 위해, 여성의 수음 행위를 막기 위해 모든 것이 작동하게 된다. 남성의 성기에만 가치를 부여한다는 것, 남근의 제국, 의미와 표현의 남성 체계적 논리는 그만큼 여성의 성기를 스스로 멀어지게 하고, 여성으로부터 '자기 성애'를 금지시키는 방식들이다.

게다가 이것은 여자들에게 욕망이 없는 이유, 여자들이 자신들이 원하는 것이 무엇인지 모르는 이유를 설명해 준다. 여자들은 자신들이 속해 있는 이 '자기 성애'로부터 아주 철저하게 단절되어 있고, 특히 오이디푸스 콤플렉스에 의해 그녀들 자신으로부터 추방당한다. 그리고 다른 체계 속으로 유입된 그들의 초기 욕망들-쾌락들과의 연결도, 일치도 불가능하다. 이 다른 체계에서 여자들은 결코 갈피를 잡지 못한다.

속담을 빌려 말하자면, 여자들은 **가면무도회에서** 제 정신을 차린다. 정신분석학자들은 가면무도회가 여성의 욕망과 일치한다고 말한다. 나는 이런 말이 옳다고 생각지 않는다. 나는 가면무도회를 여자들이 어떤 욕망을 되찾기 위해, 남성의 욕망에 참여하기 위해, 그러나 자신들의 욕망을 포기하면서 행하는 것으로 이해해야 한다고 생각한다. 가면무도회에서 여자들은 욕망의 지배 체계에 스스로 복종하여, 그러면서까지 '시장'에 남으려고 애쓴다. 그러나 이것은 사람들이 누리는 대상의 측면이지 누리는 주체의 측면은 아니다.

이 가면무도회로 내가 무엇을 이해하는가? 그것은 특히 프로이트가 '여성성'이라고 부른 것이다. 예를 들어 그것은 한 여성이, 게다가 '정상' 여성으로 **되어가야만** 한다는 믿음임에 반해, 남자는 처음부터 남자가 된다는 믿음이다. 남성은 자신의 남성이라는 존재를 성취할 뿐이지만, 여성은 정상 여성으로 변해야 한다. 다시 말해, **여성성이라는 가면무도회에** 들어설 뿐이다. 여성의 오이디푸스 콤플렉스, 궁극적으로 그것은 여성이 자기 것이 아닌 가치 체계들 속으로 들어서는 것이고, 이 체계에서 여성은 다른 사람들-남자들의 필요-욕망-환상으로 가려진 채로만 '모습을 드러낼 수 있고' 통행할 수 있다.

이것은 여성의 통사론이 될 수 있는 것, 그것은 단순하지 않고, 말하기도 쉽지 않다는 것을 의미한다. 이 '통사론' 안에는 주체도, 대상도 없을 것이고, '하나'가 더 이상 특수한 존재가 되지 못할 것이며, 고유한 의미도, 고유 명사도, '고유한' 속성도 없을 것이기 때문이다. 이 '통사론'은 오히려 유사성을 작동시킬 것이다. 그러나 너무나 유사해서 정체성에 대한 구분 자체, 소속 성분 자체, 그러므로 소유라는 형태 자체를 불가능한 것으로 만들 것이다.

"당신은 이 통사론의 예들을 제시할 수 있는가?"

이 통사론이 가장 해독하기 어려운 것이 되는 지점, 그것은 여자들의 육체적 몸짓에 있다고 생각한다. 그러나 이 몸짓이 종종 마비되기 때문에, 혹은 가면무도회로 들어서기 때문에, 그게 아니라면 저항하거나 '그 너머'에 남아 있는 것들 속으로 들어서기 때문에 사실 때때로 그것은 '파악하기' 어렵다. 고통 속에, 그러나 여자들의 웃음 속으로도 들어서기 때문이다. 더 나아가 자기들끼리 있을 때. 여자들이 '감히' ——행동이나 발설을——시도하는 상태로 들어서기 때문이다.

관일 사람들이 그 의미를 들으려고 한다면, 이 통사론은 정신분석학에서 여자들이 유지하는 언어 활동으로도 이해될 수 있다.

여자들이 쓴 글들은 점점 많아지고 있다. 그 속에서 새로운 문체가 자리를 굳히기 시작한다. 비록 이 문체가 지배적인 담화로부터 아직 종종 비난을 받기는 해도 말이다. 나로 말하자면 내가 《스페쿨룸》에서 이 통사론을 작동시키려고 했지만, 동일한 몸짓이 나에게 남성적 상상계를 다시 가로지르도록 강요했기 때문에 쉽지는 않았다. 그러므로 나는 이 다른 기능의 통사론 속에 차분하게, 그리고 단숨에 고정될 수 없었고, 지금도 마찬가지이다——그리고 나는 평범한 여자가 그것을 해낼 수 있는 방법도 모른다.

'여성적 말투'와 '여자들 사이의 말투'에는 어떤 관계가 있는가,

아니면 아무 관계도 없는가?"

여자들 사이에는 아직 남성적 말투가 있을 수 있다. 그러나 그곳은 또한 여성적 말투가 감히 발설되는 곳이 되기도 한다. 여자들끼리, 여자들만 있는 장소들에서 뭔가 여성적 말투로 발설된다는 것은 확실하다. (그리고 이것은 여성 해방 운동들의 쟁점 가운데 하나이고, 이때 이 운동들은 남성 권력의 양식에 따라 조직되지 않고, 또 '권력'의 획득이나 전복을 요구하는 것도 아니다.) 이것은 비혼합성의 욕망, 혹은 그 필요가 설명하는 바이다. 즉 지배적인 언어 활동이 너무나 강력해서 여자들은 비혼합성(여자들만 있는 상태)을 넘어설 경우 감히 여성적 말투로 말하지 못한다.

"여성적 말투와 여성에 관해 말하는 것에는 어떤 관계가 있는가?"

여성적 말투, 그것은 여성에 관해 말하는 것이 아니다. 여성이 대상이 되거나 주체가 되는 담화를 만들어 내는 것은 중요치 않다.
여성으로 말하기, 그것은 사람들이 하나의 공간을 여성인 '타자'에게 부여하는 일을 시도할 수 있다는 뜻이다.

C.——당신의 담화에서 여성의 이타성은 남성의 이타성을 포함한다는 것이 함축되어 있는가?

——내가 당신의 질문을 잘 이해한다면, 그렇다. 그렇다면 내가 '다른' 남자에 관해 말하는 걸까? 이상하다. 이것이 사람들이 끊임

없이 내게 제기하는 같은 질문이기 때문이다. 나는 이 질문을 아주 흥미롭게 여긴다. 사람들은 이 '다른' 남자란 무엇이냐고 내게 계속 묻는다. 이 '다른' 남자가 의미하는 바를 나는 왜 가로채게 되는가? 내가 갈구하는 것, 내가 기대하는 것, 그것은 남자들의 성욕이 남근 우월주의라는 제국에서 벗어날 경우 그들이 하게 될 행동, 그들이 하게 될 말이다. 그러나 그것을 예상하고, 예측하고, 미리 규정하는 일이 일개 여자에게 맡겨져 있지는 않다.

이것은 '여성적 말투와 남자들에 대한 여성적 말투'라는 질문에 대한 약간의 대답이다. 나는 여성적 말투란 여성에 대해서보다는 남자들에 대해서 더 많이 말하는 것은 아니라고 생각한다. 이것은 남성의 욕망과 언어 활동, 그리고 여성의 욕망과 언어 활동 사이의 또 다른 분절 양식을 함축한다. 그렇다고 해서, 남자들에 **대해** 말하는 것을 뜻하지는 않는다. 이것은 다시 한 번 담화 체계의 전복 같은 것이 될 것이다. 특히 여성적 말투는 여자들로 하여금 남자들 **에게** 말을 걸 수 있게 할 것이다.

"여성적 말투와 히스테릭한 말투?"

나는 히스테릭한 말투가 무엇을 의미하는지 묻고 싶다. 히스테릭 증세의 여자가 말하는 것을 뜻하는가? 히스테리는 말하지 않는 자를, 특히 (프로이트에 의하더라도) 여성과 자기 어머니와의 관계, 자기 자신과의 관계, 다른 여자들과의 관계에 대해 스스로 말하지 않는 자, 그들의 초기 욕망들에 관해 말하는 것을 허락하지 않는 문화 때문에 여자로서 자신들의 초기 욕망들에 관해 침묵하는 자를 보호하는, 그러나 '잠재성 속에' '고통 속에' 보호하는 특수한

장소가 아닌가? 오이디푸스 콤플렉스는 '말할' 수 없음에 침묵하
라는 명령까지 추가하게 된다.

히스테리 증세, **이것은** 마비된 몸짓, 불가능하고도 금지된 말의 형
태로 **말한다.** 이 **증세**는 어떠한 증세, 즉 '혼잣말을 할 수도, 생각
할 수도 없는 것의 증세'처럼 나타난다. 그리고 히스테리의 비극,
그것은 그녀가 이 몸짓, 마비된 욕망, 자기 육체 안에 갇힌 욕망과,
그녀가 집에서, 학교에서, 사회에서 습득해 온 언어, 자기 욕망의
'움직임들'을 완벽하게 이어 가지도, 물론 은유를 형성하지도 않
는 언어 사이에서 분열된다는 사실이다. 그러므로 그녀에게 남는
것은 훼손과 동시에 모방이다. 그녀는 아무 말도 안하면서, 동시에
모방한다. 그리고——어떻게 다른 일이 일어날 수 있단 말인가?
——자기 것이 아닌 언어 활동, 남성 언어를 모방하고-재생하면서,
여성은 이 언어를 희화화하고 왜곡시킨다. 즉 그녀는 '거짓말하고'
'속인다.' 이것은 항상 여자들의 속성이다.
'여성적 말투'의 문제는 욕망의 제스처, 혹은 욕망의 개인 언어
——실제로 이것들은 여러 가지 병적 증세들과 병리학의 형태로만
파악될 수 있다——와 구어 체계를 포함한 언어 활동 사이에 일어
날 수 있는 지속성을 발견하는 것에 불과할 터이다. 여기에서 여전
히 우리는 정신분석이 히스테리 증상에 하나의 코드를, 육체로 표
출되는 현상 속에, 또 침묵 속에 고정된 욕망과 일치하지 않는 하
나의 해석 체계를 지나치게 강요해 온 것은 아닌가를 알아내야 하
는 문제를 제기할 수 있다. 달리 표현하자면, 정신분석학은 남성 사
회에 더 잘 적응시키게 하는 암시들을 늘리는 것과는 다른 방식으
로 "히스테리 환자들을 치유하는가?"

☆

히스테리를 환기시키기 시작한 이상, 나는 이 문제 주변에 제기된 일련의 질문들에 대해 간략하게 대답하고자 한다.

"히스테리는 여성의 신경증세인가?"

이것이 —— 오늘날, 그 특성상 —— '여성'의 '질병'이 아닌가? 특히 이것은 어머니의 욕망, 어머니로서 여성의 욕망으로 이어질 수 없는 관계 속에 있는가? 이것은 이 증세가 단순히 여자들에게만 나타난다는 것을 의미하지 않는다.

"그것은 (여성) '신경증' 인가?"

이 질문은 정신병과는 대조적으로 신경증에 대한 것인가? 혹은 "병적 증세인가"라는 질문에 대한 것인가?

히스테리에 대한 모든 질문에는 적어도 이중적인 대답을 하게 된다.

그것은 신경증인가? 신경증에 더 가까운가? 대답은 쉽지 않다. 이러한 범주들을 차용해야 한다면, 나는 히스테리가 정신병에 더 가깝다고 말할 것이지만, 언어 활동을 갖고 있지 못한 여자는 남자와 동일한 정신질환 체계를 만들어 낼 수 없다고 말할 것이다. **이것이 병적 증세인가?** 나는 그렇기도 하고, 그렇지 않다고도 대답해야 한다고 생각한다. 서구 사회에서 문화는 히스테리를 병적 증상 속에 넣는다. 히스테리가 사회적·문화적 기능을 벗어나서 유지될 수 없기 때문이다. 그러나 이 '병적 증세'는 모호하다. 그것이 **다른 것을 비축하는 장소**를 의미하기 때문이다. 달리 말해서, 히스테리에는 비축된 힘과 마비된 힘이 항상 동시에 있다. 그것은 여성의 욕망을 남성 우월주의에 **종속시키기** 위해 이미 늘 비난받아 온 힘이다. 또 그것은 '감각'과 '질료'가 지성과 담화에 굴복한다는 사실로 인해 침묵과 모방으로부터 자유롭지 못한 힘이다. 이것은 '병적 증상'이라는 결과들을 가져온다. 그리고 동시에 히스테리에는 '생산'의 또 다른 양식, 특히 행동적 양식과 언어의 또 다른 양식의 가능성이 있다. 그러나 이 양식은 잠재성 속에 가두어진 채 유지된다. 다시 돌아가야 할 곳이 이러한 문화적 저장소인가…?

  "프로이트의 해석 이면에서 다시 발견해야 할 것이 그리스인들의 해석 이면의 소미케네 문명처럼 '여성적 말투', 여자라는 타자의 말투인가?"(《스페쿨룸》, p.75를 보라.)

  예를 들자면, 프로이트 자신이 딸과 어머니의 오이디푸스 콤플렉스 이전 관계가 히스테리와 관계 있는 것으로 오해했다는 것을 깨달았을 때 그렇게 말한다. 그러나 그는 딸과 어머니의 관계가 세월이 흐를수록 너무 희미해지고, 너무 규제당하고-억압받음을, 또 다른 문명의 흔적을 발견하기 위해서는 그리스 문명 이면으로 되돌아가야만 한다고 주장한다. 그 관계가 여성과 어머니 사이의 욕망의 원형에 속한다는 사실을 풀어낼 수 있게 하는 또 다른 문명의 흔적들을 발견하기 위해서이다.
  우리는 또 이렇게 자문할 수도 있다. 두 성에게 동일한 말투가 샌긴다면, 히스테리는 '여성' 쪽에 더 가까운 것이 되는가? 여성적 말투가 여전히 히스테리에 가까울까? 대답하기는 매우 어렵다.

다른 곳에서, 나는 남자들이 히스테리에 대해 약간 덜 억압적인 태도를 취할 때 더 많은 것을 얻으리라고 생각한다. 사실 히스테리를 억압하고 규제하면서 그들은 더 많은 힘을 획득해 왔고, 더 정확히 말해 더 많은 권력을 획득해 왔기 때문이다. 그러나 그들은 그들의 육체와의 관계에서는 더 많은 것을 상실해 왔다.

☆

A. ── '성적 다양성,' 생산적이고 순수한 무의식의 발견, 간단히 말해 익숙한 일체의 틀을 벗어나는 다양한 형태의 성적 도착, 이 모든 것이 균형에 대한 오래 된 꿈 그리고/혹은 남성적 상상계의 오래 된 꿈을 보다 확실하게 포기시키지 않는가?

──우선 내가 제기하고 싶은 질문은 성의 이러한 다양성이 프로이트가 말하는 아이의 다양한 형태의 성도착과 유사한가, 아니면 그렇지 않은가이다. 그는 남성 모델에 따라 다양한 형태의 성적 도착을 분석하고, 다양성을 동일성, 하나, 하나의 동일성이라는 체계로 인도한다.

프로이트가 "처음에 어린 소녀는 어린 소년이다"라고 기술한 것을 잊지 말아야 한다. '처음부터' 남성은 여자아이의 욕망을 기술하고 규정하는 전형으로 이용된다. 오이디푸스 콤플렉스 이전부터 말이다. 프로이트가 여자아이의 거세 콤플렉스에 관해 말하는 것은 오로지 이 여자아이에게 남성적 욕망만 있는 경우에 성립된다.

당신은 이런 주장에 동의하는가? 프로이트에 의해 분석된 다양한 형태의 성도착이 여자아이의 욕망-쾌락과 일치하는가?

예를 들어 다양한 형태의 성도착에 대한 기술에서, 그가 '액체'와의 관계 속에서 지닐 수 있었을 쾌락은 당연히 문제가 되지 않는다. 항문기는 이미 '고체'의 쾌락 속에 있다. 그런데 내가 보기에 액체의 쾌락이 소위 구강기를 지난 여자들에게도 남아 있는 것 같다. '액체'의 쾌락은 여성 안으로, 여성을 넘어서, 더욱이 여성들 사이로 '흐른다.' 이것은 다양한 형태의 성도착이 여전히 남성적 모델에 의해 규정되고 '규격화된다'는 것을 의미하게 될 사례들 가운데 하나에 불과하다. 다양한 형태의 성도착은 그 체계를 다시 들여다본다는 조건에서도 마찬가지이다. 게다가 사회 전체는 여자들이 항문기의 쾌락과 맺는 관계에 대해 억압적이다. 물론 여자들이 받아 온 억압은 아주 종종 그들의 이익을 위해 인정된다. 이것은 또 욕망의 담화, 혹은 욕망에 대한 담화에서 뿐만 아니라 사회-문화적 기능 자체의 해석에서도 재고되어야 할 것이다.

A. ——다시 말해서, 어느 순간에서부턴가 나는 남성-여성의 대립을 전혀 이해할 수 없게 되었다. 나는 남성적 담화가 무엇을 의미하는지 모른다.

——물론 그렇다. 다른 것이 없기 때문에!
문제는 남성 담화를 대신할 수 있는, 혹은 남성 담화와 관계를 맺는 이타성의 문제이다.

이 점에 관해, 나는 다른 ——그리고 동일한 ——문제를 제기할 것이다. 여자들이 다양성 '체계'에서 자신들의 쾌락을 발견하는가? 여성들에게 무슨 일이 일어날 수 있는가 물을 때, 이것이 다양성을 소멸시키기 위함은 전혀 아니다. 여자들의 쾌락은 다양성 없이는 일어나지 않기 때문이다. 그러나 두 성 차이의 재결합이 없다면, 이 다양성은 여성의 어떤 쾌락을 막고, 또 없애는 것이 아닌가? 달리 말하자면 특히 성적 차이라는 견지에서 볼 때, 오늘날 여성이 이 **중성적인** 욕망에 도달할 수 있는가? 다시 남성적 욕망을 모방하는 것을 제외하고 말이다. '욕망을 느끼 기제'는 한편으로 여전히 여성 쪽에, 혹은 여성적인 것에 위치하지 않는가? 이것이 남자들이 이용할 수 있는 은유 같은 것은 아닌가? 특히 기술 우월주의와 그들의 관계를 위해서가 아닐까?

아니, 이 '정신질환'이 '여자들의' 질환일 수 있는가? 만일 그렇다면, 이것은 여자들이 쾌락에 접근하지 못하게 하는 정신질환이 아닌가? 적어도 **여자들의** 쾌락에 접근하지 못하게 하는 것은 아닌가? 다시 말해, 성적으로 구분된 질료의 추상적 쾌락——중성적인?——과는 다른 쾌락에 말이다. 이 추상적 쾌락은 환상적인 '여성으로의 변화' 속에서 남성들을 위한 어떤 발견, 쾌락의 향유 그 이상의 것을 이룰 수 있고, 오래 전부터 여자들은 이 쾌락에 익숙해 왔다. 여자들에게 남성 생식기가 없는 육체는 역사적 조건이 아닌가? 다시 한번 사람들은 여전히 한정지을 수 없는 이/그녀의 부위들, 그녀의 욕망이 일어날 수 있는 영역들에 대해 자칫 여성을 비난하지는 않을까? 여자들은 '육체-질료'와 '남성 생식기가 없는' 상태를 동시에 유지하도록 명령받았고, '남성 생식기가 없는 육체'는 여자들에게 있는 분열의 장소를 메우러 오지 않을까? 그들의 육체 안에 있는 욕망의 흠을 메우러 오지는 않을까? 그들 욕망의 여일한

'처녀성'을 메우러 오지는 않을까? '남성 생식기가 없는 육체'를 쾌락의 '원인'으로 만들기 위해서, 지금까지 그래 왔던 것처럼 여자들은 언어 활동과의, 그리고 성——성적 기관들?——과의 어떠한 관계도 맺지 말아야 하는가?

A. ——당신이 규명하는 여성으로의 변화와 여성의 여성 발생 사이에는 어떤 차이가 있는가? 차이를 다시 만드는 것은 중요치 않는가? 이 차이는 어떻게 위계 질서를 벗어날 수 있는가? 사람들은 이 차이를 통해서 위계 질서에 남게 되지 않는가?

——그렇지 않다. 꼭 그런 것은 아니다. 우리가 동일성이라는 '제국'에 머무르는 경우가 아니라면 말이다.

B. ——위계 질서는 같음(même)을 가정한다. 차이는 이 같음으로 위장되거나, 이 같음에 의해 소멸되어야 한다. 위계 질서는 동일성(identité)을 가정한다.

A. ——어쨌든 나에게는 프로이트의 다양한 형태의 성도착이 오이디푸스 콤플렉스 이전 단계에 있는 것처럼 보인다. 이때 두 성의 차이는 제기되지 않는다.

——이에 대해 당신은 의문을 품지 않는가? 혹시 당신에게 성의 차이는 생식 능력과 상관되는가? 이것으로 우리들 사이의 오해가

설명될 것이다. '생식 능력' 훨씬 이전에 소녀가 소년과는 성적으로 다른 신체를 지닌다는 사실을 상기해야만 한다. '생식 능력'은 분명 정상적이고 규범적 성욕의 한 유형일 뿐이다. 내가 두 성의 차이에 관한 문제로 되돌아가야 한다고 말한다면, 이것이 '생식 능력'에 대한 언급은 분명 아니다. 그러나 생식 능력 이전에 성적 차이가 없다는 주장, 이것은 '여성'을 가장 낡고, 가장 힘센 '유형' 속에 가두는 것이다.

A. ——당신은 가족주의라는 질문을 어떻게 변화시키는가? 당신은 프로이트가 딸과 어머니의 관계를 망각한다고 말한다. 사실 여성과 관계를 맺는 어머니란 무엇인가?

——가족과 관계된 것에 대한 내 대답은 단순하고 명백할 것이다. 가정은 항상 여성을 착취하는 특별한 장소였다. 그러므로 가족주의와 관계하는 것에 모호성은 없다!

E. ——마찬가지로 가정은 왜 남성 소외의 특수한 장소가 될 수 없는가?

——분명 소외는 늘 상호적이다. 그러나 역사적으로 소유는 아무 방향으로나 결정되지는 않는다. 가부장적 가정과 사회에서 남성은 여자와 아이들의 소유자이다. 이를 인정하지 않는 것, 그것은 모든 역사적 결정을 거부하는 것이다. 마찬가지로 이는 '어머니의 권위'를 구실로 삼는다. 그러나 이 권위는 남자들이 만든 체제 '안

에서'만 일어난다. 이 '남성 중심적' 권위에서, 남성의 실패가 없는 것은 아니다. 특히 자기 육체에 대한 쾌락에서 그렇다. 그러나 역사적으로 볼 때, 가정에서 자신의 재산처럼 여자와 아이들의 육체와 욕망·노동을 양도할 수 있는 자는 남자-아버지이다.

　다른 한편 내가 **어머니와의 관계**에 대해 말할 때, 내가 말하고 싶은 것은 우리의 가부장적 문화권에서 딸이 자기 어머니와 자신의 관계를 결코 규정할 수 없다는 것이다. 스스로를 모성으로 축소시키지 않는 한, 여성은 모성과 자신의 관계를 규정할 수도 없다. 당신의 질문은 마치 당신에게 어머니로 존재한다는 것과 여성으로 존재한다는 것 사이에는 아무런 차이가 없다는 것을 나타내는 것 같다. 이/여성의 두 욕망들 사이에 여성에 의해 이루어져야 할 분절이 없다는 것을 뜻하는 것 같다. 그렇다면 여자들에게 그녀들이 이에 관해 어떻게 생각하느냐고 물어봐야 할 것이다. 혹은 그녀들이 무엇을 '경험하는지'를…….

　더 이상 가정이 존재하지 않는다는 것이, 여자들이 여자아이들을 낳는 것을 막지는 못할 것이다. 그런데 사회-문화적 기능의 현재 논리에서 여자아이가 자기 어머니와의 관계를 맺을 수 있는 가능성은 전혀 없다. 이들이 철저하게 하나도 둘도 이루지 않기 때문에, 그들에게는 이름도 감정도 그들만의 성도 없기 때문에, 이들이 서로의 관계를 통해 '동일시될 수' 없기 때문이다. 이것은 프로이트가 딸이 분명 어머니로부터 외면당하고, 어머니를 '미워하며' 오이디푸스 콤플렉스로 들어간다고 이야기하면서 '냉정하게' 벗어나는 문제이다. 이것이 한 소녀가──우리들의 가치 체계들 속에서──자신을 낳아 준 여인과의 관계를 해결하는 것이 불가능하다는 것을 의미하는가? 어머니는 반드시 가정의 어머니일 필요는 없다. 딸을 낳고, 그녀를 먹이고, 키우는 사람은 여자이다. 이 두 여자들 사이의 관계를 어떻게 분절시켜야 하는가? 또 다른 '통사론,' 문화의 다른 '문법' 같은 것의 필요성이 제기되는 지점이 여기이다.

☆

E. ——분석자인 당신의 실천 방법에서 여성적 말투로 말하기 위해 당신은 어떻게 하는가?

——내가 여기에서 말할 때, 이 상황과 내가 처한 입장에서 그 차이를 드러내기는 어려울 것이다. 무엇보다도 여러 난처함과 불확실성·의문들 중에서 이미 분명해진 어떤 체계의 결핍을 의미하고, 또 미리 내 언어 활동을 명령한다는 것을 제외한다면? 그러나 '여성적 말투'를 당신에게 쉽게 설명할 수는 없다. 그것은 스스로 말하지만, 스스로 말하는 행위를 넘어서지는 않는다.

E. ——사람들은 어떻게 여성으로, 분석자로, 교수 같은 존재로 있을 수 있는가? 말하는 사람들, 듣는 사람들에게 '여성적 말투'는 어떻게 나타나는가? 여기에 말하는 사람이 하나 있고, 듣는 사람들이 여럿 있다.

——내가 오늘 당신에게 말한다면, 우선 당신이 내게 한 질문들을 들었기 때문이다. 그러나 이것은 원근화법의 전경에 불과했다. 확실히 여기에서 움직이는 배열에 나는 아주 많이 거북하다. 내가 그런 식으로 말할 때——어느 세미나·회담·회의에서——사람들

이 가장 흔하게 말하는 담화로 다시 말하도록 종용받고, 그래서 거북하다는 것은 분명한 사실이다. 나는 이 담화를 속이고, 거기에 피할 수 없는 외부가 있을지도 모른다는 것을 입증하려고 애쓴다. 그러나 그렇게 하기 위해 사실 나는 현재의 언어 활동을, 지배적인 언어 활동을 스스로 이용하기 시작해야 한다.

이는 당신의 질문과 같은 형식이 흥미롭다는 뜻이다. 그것이 의미하는 바는 우리가 어떻게 '여자'로 있을 수 있고, '거리에' 있을 수 있는가이다. 사람들 앞에서 공개적으로 있다는 것은 개인적인 언어의 양식에 더욱 기초한다. 그로부터 사람들은 가정의 문제로 되돌아온다. 사적 기반에 속해 있는 여자라면 왜 늘 집안에 갇혀 있지 않는가? 여자가 집을 나서자마자 사람들은 스스로에게, 또 그녀에게 여자이면서 어떻게 거기에 있느냐고 묻는다. 만일 여자로서, 사람들 앞에서 당신이 뻔뻔스럽게 **당신의** 욕망 속에 있는 어떤 것을 말한다면, 그것은 추문이고 탄압이다. 당신은 질서——특히 담화의——를 어지럽힌다. 거기에서 사람들이 당신을 보편성과 더 나아가 모든 제도로부터 추방한다는 것은 명백하다. (질문 IV와 그 대답을 보라.)

D. ——제도에 대한 책임은 예상할 수 있고 정상적이다. 그러나 내가 놀라게 되는 것은 분석자가 되려는 당신의 욕망이다. 당신에게는 여성 분석자가 되고 싶다는 욕망이 있는가? 권력에 대한 욕망과 다른 욕망의 이름으로 분석자가 된다는 것은 내게 불가능해 보인다.

B. ——무의식에는 여성적인 것과 관련 있는 것이 있다고, 그리고 그에 대한 전통적인 해석이 여성을 축소시켰다고 당신은 늘 말해 왔다. 여성에 대한 분석자가 되기 위해서는, 그러므로 반분석자가 되어야 한다. 분석자의 용어가 여기에서는 제도와의 관련, 무의식에 대한 해석과의 관련을 지칭한다는 점을 알아야 한다.

——반분석자가 된다는 것, 이것은 아마도 전통적 의미의 분석자와 동일한 문제를 구성할 것이다. '반'은 항상 같은 체계 안에 있지 않은가? 그리고 아직도 그 속에 갇혀 있지 않은가? 나는 '반분석자'가 아니다. 나는 분석의 체제가 여성의 성욕을 잘못 알고 있다는 사실에서부터, 그리고 이 체제의 기반인 남성 동성애라는 이테올로기에서부터 분석 체제의 전통적인 기능을 해석하려고 한다. 특히 이 분석 체제와 권력의 관계에서부터 시작할 것이다.

B. ——그런 의미에서, 전통적인 기능은 결코 아무런 분석을 하지 않았다. 무의식에 여성과 관계 있는 어떤 것이 있는 이상, 무의식의 해석이 무의식을 남성적인 것으로 축소하면서 은폐하기 때문이다. 어떤 방식으로든 이 제도가 행하는 분석은 하나가 아니다.

——나는 그것을 간단하게 말할 수 없다. 어떤 관점들에서—— 그것들을 부정할 수는 없다——분석이 축소적이라고 나는 말할 것이다. 분석에 있어서, 여성이라는 성이 항상 남성 모델로 결정되는 한, 이 분석이 역설적으로 성적 무관심 속에 있다고 말할 것이다. 아니 정신분석은 '페스트'를 일으키지 않지만, 더 이상 일으키지 않지만, 불행히도 정신분석은 사회 질서와 뿌리 깊게 일치된다고

말할 것이다.

D. ——당신은 남근 중심적 정신분석학이라는 틀——프로이트나 라캉의 어느것이든——에서, 또 다른 분석 혹은 내가 '여성분석'이라고 부르게 될 또 다른 양식의 분석 기능을 만들어 내려는 의도 하에서 연구하는가? 아니면 분석이라는 이름이 필요치 않게 될 청취 유형을 만들기 위한 방법의 틀 속에서 연구하는가? 즉 분석적 기능을 파괴하기 위한 틀 속에서 말이다.

——제도와의 관련을 통해, 내가 '그 안에' 혹은 '그 밖에' 있는가를 아는 질문은 나와 상관 없다고 대답할 수 있을 것이다.

나는 '여성분석을 만들어 내고'자 하는가? 그렇기도 하고, 아니기도 하다. 오히려 성차의 견지에서 더 이상 서열을 이루지 않도록 무의식에 대한 청취와 해석을 실천하려고 애쓴다고 말하자.

제기된 질문들 가운데 내가 아직 남성들을 분석할 것인지 알고 싶은 질문이 나타나곤 했다. 물론 내가 타자를 한 사람에게 굴복시키지 않으면서 재작동시키려는 게 두 성의 차이이기 때문이다.

당신은 내게 정신분석 파괴를 요구했는가? 나는 오히려 그 작용의 어떤 양식을 분석하려고 애쓴다. 그리하여 그 실천 방법을 변화시키려고 애쓴다.

G. —— '분석자 여성'으로서 당신은 어떻게 이야기를 들을 수 있는가? 나는 남성 혹은 여성 분석자들의 분석적 청취는 지금까지 바라보는 남성 구조의 층위, 관통하는 시선의 층위에 놓여 있다고

말하고 싶다. 침묵의 어떠한 문제, 어떤 통사론을 통해서 당신은 '관통하지' 않는 위치에 있는가? 달리 말하자면, '바라보는' '남성의' 귀에 비해 당신 귀의 동그란 형태는 어떠한가?

　——나는 이것이 그다지 '동그람'의 문제가, 그것만의 문제가 아니라고 생각한다. 더 빨리 나아가기 위해——시간적 문제가 있는 나는 당신의 모든 질문에 아주 신속하고도 암시적으로 대답한다——나는 당신이 이미 대답하고 있다고 말할 것이다. 분석에서 언급되는 것 안에서, 사실 사람들은 이론의 전통적 양식 위에서 어떤 '눈에 보이는 것'에 특권을 부여할 수 있는데, 거기에는 진실, 독특한 의미 등과 이어진 부분이 있다. 그러므로 내 귀는 이 '눈에 보이는 것'을 구별하고, 동일시하고, 분류하고, 해석하는 것이 될 수 있다. 또 내 귀는 멀리서 감지하는 데 이용될 수 있고, '형성된 재산'에 특권을 부여할 수 있다. 혹은 **다르게 접촉될 수 있다.**

　G. ——'다르게 접촉된다'는 것, 그것은 개인적 언어, 일반적인 언어 활동, 신체 차원에서 더 이상 한정지어질 수 없는 장소와 접촉하는 것인가? 이것은 신체 전체, 언어 활동 전체에 대해 완전한 발산이 이루어지게 하는 가능성, 그것을 명명하지 않고서도 이 '다른 것'을 지배하도록 하는 가능성인가?

　——내가 당신의 이야기를 제대로 이해한다면, 그렇다. 이해해야 할 것과 일으켜야 할 것, 그것은 오히려 언어 활동과 신체 안에 있는 또 다른 양식의 '통사론'이다. 나는 당신이 의미, 형성된 재산, 눈에 보이는 특권으로도 당신의 육체를 파악하지 못하는 순간부터

분석자——사람들은 이 제안에서 그들이 '호의적인 중성성'이라고
부르는 것에 다시금 의문을 던질 수 있을 것이다——는 더 이상
칸막이, 혹은 지시 대상이라는 유형에 의해 보호받지 못한다는 것
을 덧붙일 것이다. 그러므로 이 다른 양식은 전이 과정 속에서 '다
르게' 움직인다.

　　G. ——내게는 그것이 정신분석의 몽상이 되는 것 같다.

　　——그런데, 거기에서, 나는 이해한다고 확신할 수 없다.

　　G. ——가면무도회가 '동일성'으로 되돌아오면, 이 가면무도회 외
부에 있는 것으로 일컬어지는 것이 '다른 것'이 되는 것인가?

　　——이건 좀 성급하다. 그러나 내 생각에 그것은 아주 중요하다.
그리하여 우리는 지배적인 **국부** 체계로부터 벗어날 것이고, **넘쳐나**
는 체계 안으로 더욱 들어갈 것이다.
　내가 치료법에 대한 설명서를 작성한다면, 사람들이 말하는 것처
럼 나는 늘 그래 왔던 방식대로 하지는 않을 것이다. 즉 '이야기,'
심층분석, 피분석자의 유일한 전이에 대한 해석을 통해서가 아니
라, 두 전이를 다시 제시할 것이다. 분석력의 작용 가운데 하나가
거기에 있다. 분석자들에게는 당연히 하나의 전이가 있다. 그들이
호의적인 중성성 속에서, 혹은 이미 구축된 이론과의 관계 속에서
그 전이를 스스로 보호하건, 거기에 대해 아무 말도 하지 않건간에
말이다.

G. ——이것은 균열이 법에 대한 정신분석, 인간에 대한 정신분석으로 해결되리라는 것을 의미할 것이다.

☆

질문들 [19]

당신이 이 연구를 시작하고, 지지해 올 수 있었던 원동력은 무엇인가?

나는 한 사람의 여자이다. 나는 여성이라는 성을 가진다. 나는 여성이란 성으로 구별되었다. 내 연구의 원동력은 이러한 언술을 분절시킬 수 없음에, 그리고 이 언술의 창출이 어떤 식으로든 무분별하고 부적합하고 부적당하다는 사실 속에 있다. **여자가 결코 존재의 속성, 존재할 수 있는 여성이란 성의 특성이 아니더라도, 여자로 존재한다는 사실이 나에게서 생긴 것이 아니더라도, 내가 성적으로 구분지어진 존재라는 사실이 여성이라는 유(類)를 배제하더라도 말이다.**

달리 말해 내 성적 현실의 분절은 담화 속에서, 본질적 구조라는 이유로 불가능하다. 내 성은 어쨌든 주체의 속성처럼 추론적 일관성을 보장하는 단언의 기능에서 벗어난다.

그러므로 나는 수컷으로서(그것을 드러내건 그렇지 않건) 혹은 무성으로서 합리적으로 말할 수 있다. 그렇지 않다면 나는 격언에 의한 것처럼, 여자들에게 부여된 비논리 속으로 빠져들 것이다. 내가 만들어 낼 모든 언술들은 그러므로 나의 성을 부차적인 상태에 두는 어떤 모델에 속하게 되거나, 이 모델에 차용될 것이다——이것은 내 언술 행위의 전제 사항들과 내 언술들 사이의 지속적인 불일치를 함축하고, 게다가 이것은 내 '생각'이나 내 '모델'과 일치하지 않는 것을 모방하는(게다가 나에게는 이런 것도 없다) 내가 독특한 생각이나 모델을 가진 이보다 훨씬 못한 사람이 되도록 할 것이다. 또 내가 만들어 낼 이 모든 언술들은 현행 코드에 따라 인식될 수 없을 것이다. 그러므로 이 언술들은 비정상적인데다가 병적이기까지 하다.

여성이라는 성에 대한 담화의 이 논리적 난점——사람들은 그것을 합리성 자체의 한계, 혹은 일관성 있게 이야기하지 못하는 여자들의 무능력으로 직시한다——은 의문을 제기하고 심지어 위기를 일으키는데, 이 의문과 위기는 다양한 영역 속에서 분석될 수 있지만, 이것이 해석되기 위해서는 지배 담화를 다시 거쳐야만 한다. 즉 이 지배 담화는 결국 다른 담화들을 지배하는 언어 활동의 조직을 규정하고, 게다가 사람들은 이 다른 담화들 위에서 이 지배 담화에, 즉 담화들의 담화, 철학적 담화에 매달린다. 이는 역사에 대한 이 담화의 장악, 역사적인 그 지배에 의문을 품기 위해서이다.

그러나 이 철학적 지배——이것이 《스페쿨룸》의 쟁점이 된다——에 정면으로, 철학 자체의 내면으로 쉽게 접근할 수 없다. 그러므로 결국 철학의 한계인 여성의 어떤 것이 이해되기 위해서는 다른 언어 활동들을 이용하고——이미 철학에게 빚진 것들을 망각하지 않으면서——심지어 침묵, 병적 증세인 실어증——히스테리적-역사, 역사적-히스테리——조건을 받아들여야 한다.

이 연구에서 당신의 방법은 어떤 것이었는가?

까다로운 질문이다. 이 방법, 인식의 방법이 항상 불법으로, 그리고 인위적으로 여성의 운명을, 그것도 철저히 망각할 정도로 바꾸고 타락시켜 온 것은 아니다. 방법이란 용어에 대한 두번째 해석, 즉 외면된 길, 불법과 인위성이라는 것은 두번째 번역을 가능케 한다. 여성의 운명이 특히 언어 활동 속에서, 그리고 이 언어 활동에 의해 다시 시작되기 위해서는, 이 연구 방법이 드러내는 것처럼 이 방법이 결코 단순하지 않다는 것을, 이 방법에게 주어진 목적론적인 계획, 목적론적이고 구축적인 이 계획이 의식적이든 그렇지 않든, 항상 동일함이라는 책략 속에서 어떻게 타자를 변화시키고 타락시키고, 또 축소시키는 계획이 되는가를 나타내야만 한다. 여성의 운명이 여성에 대한 철학적 방법들과 관련 있는 것으로서, 즉 가장 광범위한 일반성 속에 있다 해도 마찬가지이다.

∙∙

그러므로 르네 샤르가 쓴 것처럼 혼인의 도구들로 파괴해야만 한다. 이 도구는 여성적인 속성이 아니다. 그러나 여성은 자신에게 나타나는 표시들을, 자기 안의 표시들을 도구로 다시 이용할 수 있다. 다른 말로 하면, 내게는 **철학자들과 결합하는** 일이 남는다. 이 것은 간단한 계획이 아니다. 어떤 길을 통해서 그토록 긴밀한 그들의 체계 속으로 재진입할 수 있는가 하는 질문 때문이다.

처음에 그것은 어쩌면 **모방주의**라는 것 단 하나였을 것이다. 게다가 여성의 조건은 그것으로 인정되었다. 그러나 역할 자체는 복잡하다. 이것은 완전히, 혹은 모든 것에게 차용될 것을 전제하기 때문이다. 무엇을, 누구를 **중복시킨다는 것**, **모든 혼적들을 소유하지도 않고, 또 거기에 덧붙이지도 않으면서** 이 혼적들을 그대로 받아들인다는 것을 전제하기 때문이다. 이것은 철학자에게는 생각할 수 있는(스스로를 반추할 수 있는) 가능성 이외의 다른 어떤 것을 의미하지 않는다. 플라톤의 코라(chora)가 이런 것이지만, 그것은 여전히 주체의 거울이다.

철학자의 집으로 되돌아간다는 것은 또 질료의 역할——어머니나 자매——을 보장할 수 있는 힘을 요구한다. 그것이 사색을 키우는 일을 항상 다시 시작하는 것이든, **원천으로서**——닮음의 붉은 피——또한 사고의 **잔여물로서**, 거부로서 작용하는 것이든, 투명성에 저항하는 것, 광기의 외부에서 작용하는 것이든 말이다.

철학자와의 결합은 또한 **거울에 자기 자신을 비출 수 없는 것**, 즉 거울 뒤에 칠한 합금과 그 반짝임, 그리하여 눈부심과 도취 상태 등을 유지할 것을 전제로 한다. 번식을 위한 질료, 모방을 위한 거울, 철학자의 아내는 **초월적 차원에서 종종 극단에 위치하는 나르시시즘**을 더욱 보장해야 할 것이다. 분명 그것을 말로 표현하지도, 그것을 알지도 못하면서 말이다. 이 비밀은 특히 결코 드러나서는 안 될 것이다. 이 역할은 탐색에 완전히 빠져듦으로만 가능하다. 즉 처녀성은 자신의 성찰에 적응하지 못한다. 그것은 매우 '성스러운' 쾌락이다.

　이론적 사고 속에서 아주 종종 추상적인 시선을 즐겁게 하기 위해서, 이 철학자의 아내는 가장 부차적이라 해도 여전히 아름다워야만 하고, **여성성의 모든 속성들을 내보여야**만 할 것이다.

　이 여인——철학적 담화가 일반적으로 역사를 지배하는 이상——**모든 남성의 이 여인**은 그러므로 모든 형태로 '철학자'의 '자동차' 라는 기능에 전념하게 된다. 결합이라는 사실에서 여성은 고작해야 철학자가 자신과 결합하기 위해, 또 그와 비슷한 사람들과 결합하기 위해 필수적인 중재자가 되는 것에 불과할지도 모른다.

　만일 여자가 이 역할을 잘 수행할 수 있다면, 여자가 이 역할로 완전히 소멸되지 않는다면, 그것은 그녀에게 이 기능과 관련된 뭔가가 있다는 것이다. 사람들이 그녀에게 요구하는 것을 그녀가 아주 잘 모방하는 장소가 아닌 다른 곳에서, 다른 식으로 그녀는 여전히 존재하고 있다는 뜻이다. 그녀가 지닌 '자동차'는 이 모든 연출에 생소하게 남아 있다는 것이다. 그러나 이 연출이 너무나 교묘히 동화 변형되어 **그녀가 자신의 성을 망각해 왔다**는 것을 기억해내기 위해서는 아마도 이 연출과 결합해야 할 것이다. 재현의 체계 자체에는 이질적이지만, 이처럼 '외부에' 머물고 있다는 사실에서 여성의 성은 이 재현의 체계를 해석할 수 있을 뿐이다. 그것이 한 가지의 것도, 동일한 것도, 재생산도, 심지어 재현도 가정하지 않기 때문이다. 그러므로 여성이란 성은 오로지 **동류**의 타자로서만 포착되는 이 일반적인 반복이 아닌 다른 곳에 있다.

이러한 사실로부터 헤겔이 표현하고 있는 것처럼, 여성은 공동체——남성들의——의 영원한 아이러니를 잘 나타낸다. 그녀가 남자들과 동등해지기를 바라지 않는다는 조건에서 말이다. 그것은 자신을 동류로 환원시키는 기초 위에 세워진 체계적 담화에 그녀가 들어서지 않는다는 조건이다.

....

당신 연구의 결론은 무엇인가?

그러므로 결론을 말하자면, 나는 몇 가지 제안으로 부여될 수 있는 다음과 같은 것들에 이른다.

1. 프로이트가 성욕을 자기 담화의 목적으로 여겼다는 사실이 반드시 이 목적이 담화 자체, 특히 자기 담화 자체의 성 구분에 있다는 것으로 해석해 왔음을 함축하지는 않는다. 그는 담화 생산의 전제 조건들에 대한 분석을 성적 차이와 관련된 분야에서 실현시키지 않는다. 더 나아가 프로이트의 실천과 이론이 재현 장면에 대해 제기하는 의문들——그가 무의식으로 지칭하는 형태하에서 여성이 억누르는 것에 대한 의문, 그녀가 주체의 언술들에 나타나는 다원 결정의 결과, 나중의 결과, '죽음에 대한 충동'의 결과들로 소홀히 여기는 것에 대한 의문들——은, 이 장면의 성 결정에 대한 의문에까지는 이르지 않는다. 이러한 해석이 모자라는 프로이트의 담화는 메타물리적 체계 속에 갇혀 있다.

2. 보다 직접적인 철학적 견지에서, 사람들은 담화의 성 구분을 이
해하는 것이 초월자와의 또 다른 관계가 존재할 수 있다는 가능성
을 열고 있지는 않은가 하는 의문을 던질 수 있다. 이는 단순히 주
관적이지도 객관적이지도 않고, 순전히 하나의 중심에 몰려 있지
도 해체되어 있지도 않으며, 유일하지도 다수도 아니고, 내가 앞으
로 계사[copule; 주어와 술어의 관계를 나타내는 동사]라고 부르게
될 것이 점유하는 장소——지금까지 항상 도취로 축소되어 온——
이다. 이는 존재의 해석이 언어 활동 속에 있는 두 성들 사이에서,
계사의 작용을 부정하는 하나의 추론적 체계 속에서 계사의 역할
을 이미 (재)포착하기를 요구한다.

3. 이 장소는 언어 활동과의 관계 속에 어떤 '특수성'이 여성에
게 인정된 경우에만 생겨날 수 있다. 이것은 추론적 일관성이 부여
하는 것과는 다른 '논리'를 함축한다. 나는 《스페쿨룸》의 문체에서
이 다른 '논리'를 실현하려고 애썼다. 마찬가지로 '한정시킬 수 없
는 양' 속에 이 다른 논리의 몇몇 요소들을 나타내기 시작했다. 우
리는 이 다른 논리가 담화의 완결 혹은 순환성——**원형** 혹은 **목적**
의 구축 자체——을 거부할 것이라고 말할 수 있다. 또 이 다른 논
리가 '독특함'보다는 오히려 '근접함'에 우월성을 부여할 것이지
만, 이것은 철학적 전통의 시-공간적 체계 속에 (재)편입되지 않는
'근접함'이다. 또 이 논리는 통일성, 자신의 정체성, 진실, 동류와
이타성, 반복, 순간성과 또 다른 관계를 일으키게 될 것이라고 말
할 수 있다. 이 논리는 질료/형태, 힘/행동 등과 같은 쌍들을 '다른
방식으로' 거슬러 올라갈 것이라고 말할 수 있다. 그러나 상호간의
관계를 가능케 하는 동등성·동일성·복종·소유 없이도 여성에
게 있어서 한쪽은 다른 한쪽에 있다. 결국 모든 양상하에서 다시

작동되어야 할 교환의 체계가 중요할 것이다.

이것은 우리의 사회-문화적 기능의 기반이 되는 사유(화)의 과정들을 다시 거슬러 올라갈 것을 요구한다. 사실, 주체들 사이의 관계들은 남성과 그 동류의 관계에 우월성을 부여하는 **거울 체계**를 명백하게, 또는 보다 일반적으로는 암시적으로 이용해 왔다. 거울의 차원은 이미 항상 사유의 기반을 이루었을 것이고, 사유를 관통했을 것이다. 한 방향으로의 투사로부터, 반복적으로 동일한(것으로서의) 자신 위로 원을 그리며 되돌아오는 움직임으로부터, 자아가 점들-문자들로 부서지게 되면 이 거울은 어떤 결과들을 일으키는가? 최종적으로 어떤 '주체'가 이익을 얻는가? 어떤 '타자'가 가까스로 부정적인 것을 표현할 수 있는 기능으로 축소되었는가? 이 타자는 담화의 역사적 발달이 예견되자 갑자기 부상하게 되는 거울——그림자가 없는 상태를 포함한——속에 녹아 있다. 혹은 이 타자는 '질료'의 역할, 즉 불투명하고 침묵하는 자궁, 일어날 사유(화)를 위한 저장소, 사람들이 물신 숭배의 난관들을 다 제거하지 못한 한 커플의 극점이란 역할로 지정되곤 한다. 거울의 개입을 해석하자면, 거울은 그 반짝거리고 알 수 없는 눈부심 속에서 불안한 상태로 이 개입을 유지할 것이고, 결정적인 절단 속에 고정시킬 것이며, '타자'라는 변수로 얼어붙게 하고, 물론 역전시키기도 할 것이다. 이것이 거울의 작용이다.

그러므로 반사성과 사색이 역사를 지배한다는 사실에 다시금 의문을 제기해야만 하고, 또——반사성이 말하는 동물의 돌이킬 수 없는 차원들 가운데 하나이기 때문에——여성과 '여성 자신', 그리고 자기 동료들과의 관계를 허락하는 사색의 양식을 정비해야 한다. 이는 **거울의 구부러짐**을, 더 나아가 거울의 **분열** 성질을, 그리고 거울이 영혼과 사상·주관성 '내부에' 다시 소속될 수 없음을 가정한다. 여기에서 **스페쿨룸과 오목거울의 개입**이 일어난다. 이 스페쿨룸과 오목거울은 지나치게 '남성적'이기만 한 기준에 따르는 재현의 몽타주를 흐트러뜨린다. 이 기준들은 여자들이 교환에 참여하지 못하도록 배척한다. 여자들이 남자들 사이에서 이루어지는 상호작용의 목적 혹은 가능성이 아니라면 말이다.

4. 이것은 이 작업——제한적인 혹은 일반적인 의미의——의 정치적 작용을 상기시킨다. 여자들의 '해방'이 반드시 문화의 변화와 활동하는 당국, 즉 언어 활동의 변화를 거쳐 경제학의 변화를 필요로 한다는 것은 사실이다. 문화의 일반 체계를 해석하지 않고서는 여성성이 역사 속에서, 혹은 질료와 사색을 위한 집합소라는 양식 위에서 결코 발생될 수는 없을 것이다. 이미 안티고네가 여성과 남성 사이의 어떠한 일도 결코 예측할 수 없을 것이라고 확신했던 것처럼 말이다.

질문들 II[20]

당신이 거기에서 '여성'(을 책임지는 만큼)에 대해 '대답하기' 때문에……

나는 '그' 여성에 대해 **대답할** 수도, 여성을 **책임질** 수도 없다. 만일 어떤 식으로든 내가 이런 행동을 주장한다면——이 행동에 따르면서, 혹은 이런 행동을 요구하면서——나는 다시금 여성의 문제를 여성을 억압과 규제 속에, 심한 경우 오해 속에서 버티는 담화에 구속시킬 뿐이다. 나에게 있어서 여성을 이론의 **주체**로, 또 **대상**으로 만드는 것이 더 이상 중요치 않은 이상, 여성성을 여성이라는 **명칭** 속에 담는 것이 불가능하기 때문이다. 여성성은 여성이라는 어떠한 독특한 의미, 고유 명사, 개념하에서는 나타날 수 없다. 게다가 이것은 항상 그 용도의 모호성을 드러내면서 나에게 이용된다. 즉 그/한 여성은 추론성이라는 법칙과 관련된 여성 외부의 입장을 드러내는 동시에, 여성성을 언어 활동 자체의 어떤 불투명한 경험에게로 보내는 것이 중요하지 않다는 사실을 드러낸다.

소크라테스적 관계의 정확한 도치에 따르면, 나는 거기에서 '질문자'라는 단순한 직함을 갖고 있다.

'소크라테스적 관계의 정확한 도치'에 대해서는 의심을 품을 수 없다. 이 관계의 우발성을 몰아내기 위해 이 우발성을 떠올리는 것이 중요하더라도 말이다. 또 역전——권력의——을 의미하게 될 이 도치는 여전히 동류 내부에서 움직이게 된다. 로고스 체계를 통해 정비된 바로 그 동일함 내부인 것이다. '남성' 주체 혹은 그 **보충물**, 혹은 그것을 **대신할 수 있는** 것에서 도치된 **분신**이 아니라 타자, 즉 여성이라는 이 타자가 여성을 동일함 속으로 축소시키려는 계획과 목적이 있는 재현 체계 속에 포함되지 않기 위해서는 당연히 **도치, 역전의 과정 자체**를 재현을 넘어서는 존재, 즉 타자인 여성의 **배제를 더욱 증폭**시키려는 시도로 해석해야만 한다. 한 여성을 소크라테스적 상황에 두는 것은 그녀에게 담화를 지배하도록 명하는 것이 된다. '남성 주체'의 전통적인 입장인 것이다. 보다 정확하게 말해서, 남성 우월주의자로서의 '주체'인 것이다. 여성에 의해 이루어진 '이론적' 완성——분명 이론이라는 상태로 되돌아와야 할 것이다——이 치유할 수 없이 이 기능에 도달한다는 것, 또 다른 타자가 있을 수 있다는 것을 상상할 수 없다는 것은 남성 우월주의가 끊임없이 소유 행위에 집중되어 왔다는 것——여전히 필요하다 하더라도——을 여실히 보여 준다. 외부를 향하거나 외부를 나타내는 것은 여전히 그리고 늘 남성 권력에 이르고, 남성적 추론 체계의 순환에 이른다는 것을 보여 준다.

내가 보기에 당신의 연구를 옹호하기 위한 다급함은 당신의 연구가 일으켜 왔던 반응들과 같은 맥락으로 보인다. 그리고 이 반응들이 의미하는 것은······.

나의 연구가 일으키는 반응들이 무엇을 의미하는가에 관해서 나는 방금 대답했다고 생각한다. 지배자 자리에 있는 자는 쉽게 그 자리를 포기하지 않고, 심지어 다른 사람, 즉 이미 '거기에서 제외된' 자를 상상하지도 않는다. 다른 식으로 표현하자면, '남성'은 담화의 주도권을 공유할 자세가 되어 있지 않다. 그는 여성과 관계 있는 영역에서 이 다른 존재에게 개입할 수 있는 권리를 부여하거나, '행동'의 권리를 부여하기보다는 말하고 쓰고, '여성'으로부터 쾌락을 누리려고 애쓰는 쪽을 더 좋아한다. 여성에게 가장 단호한 금기 사항은 당연히 어떠한 여성적 쾌락을 이해시키는 것이다. 이 쾌락은 담화의 한 '영역,' 남자들이 만들어 낸 '영역'으로 남아 있어야만 한다. 사실 이 쾌락은 남성적 담화에게 있어서는 가장 치명적인 위협을 의미한다. 가장 돌이킬 수 없는 '외재성'·'치외법권'

일 수도 있을 것이다.

또 그가 현재의 이론 분야에서 차지하는 입장으로 보아…….

물론 여성은 가장 일반적으로 아버지에게서 남편에게로 양도되는 경우를 포함한 두 남성 사이의 상호 작용의 목적으로 작용해 왔다. 거기에 경쟁자가 없는 것도 아니다. 한 소유자에게서 다른 소유자에게로, 한 소비자에게서 다른 소비자에게로 이동하는 상품처럼 두 사람 사이에서 교환의 조건이 될 수 있다. 그리고 최근의 사건들——예컨대 뱅센 대학에서 내가 제명된 것뿐만 아니라——에서 이러한 여성 위상의 무언가가 그런 식으로 '농락' 당하고 있다. 다음과 같이 말이다. 여성이 어떤 분야에 있는가? 그녀의 '아버지'는 어떤 사람인가? 결국 그녀의 '이름'이 무엇인가? 그녀가 어디에 소속되어 있는가? 그녀가 어느 '가문' 출신인가, 혹은 어느 집의 '단골'인가? 만일 이것이 명백하게 구분되지 않는다면, 정돈된 체제를 유지하는 유일한 방법은 거부이다. 분명 상품들은 결코 말을 해서도, 특히 혼자 시장에 가서도 안 된다. 주체들 사이의 교환 체계가 완전히 전복되기 때문이다.

'여성에 관한 이론'에서, 혹은 '여성에 관한 이론'을 해체하는 일에 여성이 개입한다는 것은 무엇을 함축하는가…?

그러므로 내가 '여성에 관한 이론'에 '개입'했다고 말하는 것은 정확한 표현이 아니다. 하물며 이 이론의 '해체 과정'에 개입했다는 표현도 마찬가지이다. 이 시장에서, 나에게는 할 말이 아무것도 없기 때문이다. 나는 오로지 소비 혹은 교환의 대상으로서 이 거래를 유지해야만 한다. 동일한 논리에 더 이상 복종하지 않는 교환(들)의 다른 양식이 있을 수 있다는 것을 생각한다는 것은 고통스럽고, 게다가 불가능해 보인다. 하지만 여성의 언어 활동의 어떤 것, 여성 쾌락의 어떤 것이 효과적으로 일어날 수 있는 것은 이런 조건에서이다. 그러나 이 조건은 그들이 지배하지 않는, 그들이 장악하지 않는, 남성의 유일한 욕망 체계가 아닌 다른 곳이다. 달리 말하자면, 사람들은 만일 한 이론이 존재의/존재에 의한 소유화가 아니라 두 존재의 상호적인 '행동이 일어나는' 경우에만 그 이론 속에 여성이 '개입한다'고 말할 수 있을 것이다. 이때 개입한다는 것도, 이론도 더 이상은 문제가 되지 않을 것이다. 경멸과 침묵·거부라는, 그리고 여성 쾌락의 언어 활동을 발견하기 위해 한 여성의 '작업'을 고갈시키는 일체의 반응은 우리가 완전하게 거기에 이르지 못했음을 여실히 입증한다.

왜 여기에서는 하필 직업이 철학자인 한 남자와 이야기(대화)하는가…?

왜 한 남자와의 대화를 시도하는가? 내 욕망은 여성에 대한 이론을 구축하는 것뿐만 아니라, 성차를 인정하면서 여성에게 여성의 자리를 내주는 것이다. 이 성차——남성/여성——는 늘 주체(남성)의 재현 체제들, 자동적 재현 체제들 '내부에서' 작동해 왔다. 게다가 이 체제들은 실제적인 성적 무관심을 메우기 위해 분절되는 것처럼 보이는 다른 여러 차이들을 만들어 냈다. 하나의 성기, 그

것이 없음, 그것의 위축, 그것의 부정, 이런 것들이 두 성 모두에게
해당되지 않기 때문이다. 다르게 말하자면, 여성은 남성의 이면, 게
다가 반대로서만 늘 규정되어 왔다. 그러므로 이 결핍 속에 정지하
는 것, 이 부정을 폭로하면서 그 속에 정지하는 것, 여성으로부터
'성적 차이'의 기준을 만들면서 동일함의 체계를 전복시키는 것이
중요한 것이 아니라, 이 차이를 실행하려고 노력하는 것이 중요하
다. 독서와 문체·해석·증명의 다른 어떤 양식이 남성인 당신과
관계를 맺으면서 여성인 나의 양식이 될 수 있는가? 이러한 차이
가 다시금 **서열화**의 과정으로 되돌아가지 않는 일이 가능한가? **타
자를 동일성에 복종시키는 과정으로 되돌아가지 않을 수 있는가?**

  철학에 관해서 말하자면, 여성 문제와 관련이 있기 때문에——이
것은 성차의 문제로 다시 돌아온다——당연히 여성 문제에 의문을
던져야만 한다. 순진하게——때로는 전략적으로——어떤 지역성,
혹은 한계 상황에 남아 있으라고 허락하지 않는 한 말이다. 이러한
지역성과 한계 상황은 타자에게 명령을 내리는 담화, 즉 철학적 담
화를 그대로 유지한다. 그러므로 질문을 던지고, **혼란을 일으켜야
하는 것**은 당연히 철학적 질서이다. 이 철학적 질서가 성차를 은폐
하고 있기 때문이다. 담화 자체에서 철학의 통제권 장악을 충분히
해석하지 않았기 때문에, 정신분석 자신은 자신의 이론과 실천을
성차에 대한 잘못된 인식 속에서 수행해 왔다. 정신분석학적 실천
과 이론이 분명 철학적 추론성을 문제로 삼지만, 여전히 상당 부분
이 거기에서 추방될 수 있을 것——현재 그렇다——이라는 사실은
여성 성욕의 '문제'가 아니었다. 결국 그것은 정신분석이 여전히
철학의 하녀를 이루기 때문에, 동시에 여성인 내가 거기에 동의할
수 없기 때문에, 내가 이러한 재소유화에 저항하기 때문에, 남성 철

학자, 그 역시 정신분석학의 이론에, 여성의 문제에, 그리고 당연히 소유의 문제에 관심을 갖는 남성인 그와의 이 '대화'가 이루어지기를 갈망해 왔기 때문이다.

　오늘날 다양한 명칭으로 '여성 해방 운동'이라는 이름을 붙일 수 있는 모든 것을 고려할 때, 이 행위의 의미는 어떤 것인가? 왜 '여자들 사이'의 결렬이 생기는가?

　여성 해방 운동을 고려할 때 이 행위의 의미는? 우선 이것이 당신이 말한 그대로 결렬로 간주될 수 있다고 치자. 이것은 여자들 사이에 항상 남게 되는 경험적 사실이 정치적으로 '여성 해방'을 위한 것이 되기 위해 필요할 것임을, 그것도 절실하게 필요하다는 것을 의미한다. 그리고 이런 용어로 대안을 제기하는 것이 아직 이상적인 논리를 유지하는 것은 아닐 터이다. 남자들에게 있어서 여자들은 남자들에 의해/남자들을 위해 소유된 감각의 대상, 그 이미지·사상에 그칠 뿐이든, 여자들이 자기들 사이에 머물든——그러나 결국 같은 상태에 이르는 것이 아닐까?——말이다. 이것은 여자들이 그렇게 할 필요가 없었다는 것을 의미하지는 않는다. 특히 정치 전략상 말이다. 여자들——사유 재산제의 대상이고, 담화에 의한/담화를 위한 소유의 대상인——은 늘 경쟁의 입장에서 다른 여자들과 관계를 맺었다. 그리하여 그들의 싸움이 효과적으로 이루어지기 위해서 반드시 이 여자들은 '자기들 사이에' 한 장소를 만들어야만 한다. 그것은 여자들의 특수한 억압에 대해 개인적이고 집단적 깨달음의 장소, 서로에 의해/서로를 위해 여자들의 욕망을 인정할 수 있는 장소, 그들이 재규합할 수 있는 장소이다. 그러나 나에게 이 장소가 요구 사항들, 더 나아가 욕망의 원으로 닫힌다면, 이 장소는 자칫 역사의 전복이라는 유토피아, 여자들이 권력——특히 남성 우월적인——을 다시 빼앗는 일에 대한 망상이 될 수 있는 위험을 일으킬 것이다. 게다가 모방할 대상은 남자들끼리의 사회이다——여자들은 다시 한 번 자기들에게 할당된 기능에 머문다. 자신들의 사회를 완성하기 위해 여자들이 남자들 없이도 살아갈 수 있을 것이라는 점은 제외되는가?

　당신이 말하는 그 '결럼'——나에게 그것은 하나가 아니다——은, 그러므로 최소한 다음의 두 가지 이유로 전략상 필요한 것처럼 보인다. 1) 여자들이 제도들을, 남자들이 명령하는 이 제도들을 분석하고, 심지어 실행하지도 않으면서 그들의 억압을 문제삼을 수는 없다. 2) 여성성에 있어서 문제가 되는 것——근본적으로?——그것은 추론적 논리의 기능으로, 거기에서 그러한 핑계로 사물들을 빼앗아야 한다는 필요성과 효율성이 생긴다. 이 추론적 논리의 기능은 경험과 초월, 감각과 지성, 질료와 사상 등 사이의 대립과 분열 속에 있다. 이러한 위계 구조는 언어 활동과의 관계에서 여일하게 여성성을 하위·착취·배척의 입장에 두어 왔다. 그러나 동시에——내가 이렇게 말할 수 있다면——이 위계 구조는 성관계의 실행 불가능한 특징을 인정했다. 성관계는 자신의 언어 활동 속에 적응된 여성성을 매개체로 삼는 남성의 자기 성애로 되돌아온다. 상호성이란 '사실'이 아니다. 그러므로 언어 활동의 '고유한' 특성 쪽으로 되돌아가야만 한다. 유일한 남성 주체와 관계 있는 소유-포기라는 이중의 움직임 속에 있을 뿐 아니라 여성에게 있어서 침묵하고 있는 것, '자기 성애'·'자기 재현'의 가능성을 빼앗긴 채로 있는 것 안에 있는 이 특성을 분석하기 위함이다. 만일 자기들끼리 있는 남자들에 대한 유일한 대답이 자기들끼리 있는 여자들

이라면, 현존·존재·소유권이라는 논리적 기능을 지지하는 것
——이러한 사실로부터 성차는 계속 소멸된다——은 당연히 계속
반복되고, 심지어 더 강화될 위험이 있다. 남성/여성의 대립을 유
지시키기보다는, 언어 활동 속에서 이 차이의 **서열 없는** 분절 가능
성을 발견하는 것이 합당할 터이다. 거기에서 당신이 '여자들 속에
있는 여자들'의 결렬이라고 부르는 것, '남자들 속에 있는 남자들'
과 관련이 있기 때문에 역시 필수적인 이 결렬이 생겨난다. 사물들
의 이러한 상태가 그들 힘의 실제 형태들을 뒷받침하는 한 이 결
렬이 생기기가 아주 어렵다 해도 말이다.

사람들은 적어도 당신의 첫번째 관심이 '여성 문제'의 순수한 입
장을 피하는 것인 그런 상태에 도달할 수 있다. 즉 예를 들어 이 문
제의 남성적 입장을 순수하고 단순하게 도치시키는 것을 피한다는
것이다.('남성 중심주의'를 순수하고 단순하게 도치시키는 일 같은.)

이 질문에 대해 사실 나에게는 이미 '대답'이 이루어진 것처럼 보
인다. 앞의 질문들에 대답을 하면서, 그리고 《스페쿨룸》을 쓰면서
말이다. 이 책은 분명 여성에 대한 책은 아니다. 하물며 사람들이
이 책에 대해 어떤 생각을 품건, 이 책에서 여러 가치들의 도치를
희망으로 투사하건간에 말이다. 즉 '숙고된 여성 중심주의,' 여성
(들)을 위한 '상징 독점의 장소'처럼 말이다. 무지함은 상징 그 자
체에 의문을 던지지 않고는 여성적 장소로부터 어떠한 것도 저절
로 분절될 수 없다는 것을 망각한다. 그러나 사람들은 그런 식으로
이 도치에서 벗어나지 않는다. 특히 사람들이 남성 우월주의의 엄
격한 해석 체계를 피할 수 있다고 믿을 때에 더욱 그렇다. **우리는**

여성이라는 단 하나의 사실 때문에 남성 우월주의를 쉽게 뛰어넘을 수도, 그 너머에 자리잡을 수도 없다. 만일 내가 《스페쿨룸》에서 '남성적' 상상계를, 다시 말해 우리의 문화적 상상계를 다시 가로지를 것을 시도했다면, 그것은 이 가로지름이 강요되었기 때문이다. 있을 수 있는 '외부'를 드러내기 위해서, 그리고 여성인 내가 이 외부와의 관계하에 있기 위해서 말이다. 즉 거기에 포함되면서 동시에 추방되는 것이다. 그러나 분명 남성적 힘의 역전에서가 아니라 이 지나침으로 나는 성관계의 가능성을 만들어 낸다. 그리고 이 지나침에 대해 '우선' 나는 웃게 된다. 이것이 아주 오래 된 억압으로부터의 첫번째 해방인가? **남근, 그것은 진정한 의미가 아닌가?** 여성과 성관계가 혹시 '우선' 웃음 속에서 이 남근을 넘어서는 것은 아닌가?

　자기들 사이의 여자들은 웃기부터 한다. 남성 입장의 순수하고 단순한 전복을 피하는 것, 그것은 어쨌든 웃음을 망각하지 않는 것이다. 욕망·쾌락의 차원이 그 의미를 드러낸다고 주장하는 한 담화의 '진지함' ——일치·일의성·진실——에서는 표현될 수 없고, 제시될 수 없으며, 상승될 수 없다는 것을 망각하지 않는 것이다. 남자들이 혹은 여자들이 지지하는 것이 어떤 것이라 하더라도 말이다. 이것은 아무 말에나 동의해야 한다는 확신이 아니라 **진정한 말은 여성의 쾌락에 대한, 그리하여 성관계에 대한 금지를 구성한다는 것에 대한 확신이다.** 담화의 규칙을 정하는 권력 속에 여성의 가능성을 은폐시키는 것이다. 게다가 오늘날 여성 억압의 가장 격렬한 함정이 놓여 있는 곳이 이 장소이다. 즉 남자들은 **자신의** 쾌락에 대한, 그리하여 역시 **여성의** 쾌락에 대한 담화의 주도권을 지키고자 한다.

☆

질문들 Ⅲ[21)

여성 해방 운동과 관련된 당신의 연구에 대해 어떤 말을 할 수 있는가?

당신의 질문에 대답하기 전에 나는 두 가지를 규정하고 싶다.

——첫번째로, 나는 여성 해방 운동에서 어떤 일이 일어나고 있는가를 당신에게 말할 수 없다는 것이다. 당신의 질문에 대답하고자 한다는 점을 인정할 때, 여성 해방 운동에서 일어나는 일은 '바깥에서' 단순하게 대충 설명될 수도, 묘사될 수도, 이야기될 수도 없다.

——두번째는, 나는 여자들의 해방 운동들이라는 복수로 말하는 쪽을 더 좋아한다는 것이다. 사실 여성 투쟁의 집단들과 경향들은 오늘날 다양하고, 이러한 다양한 집단과 흐름들을 하나의 운동으로 축소하는 것은 서열화 현상, 정통성에 대한 요구 등을 일으킬 위험이 있다.

내 연구로 되돌아오기 위해 나는 이미 시사한 바대로 남성적 상상계를 다시 가로지르려고, 어떻게 이 남성적 상상계가 우리를 침묵의 상태로, 무언의 상태로, 혹은 모방의 상태로 이끌었는가를 해석하려고 노력한다. 그리고 그로부터 동시에 여성적 상상계가 될 수 있는 공간을 (재)발견할 것을 시도한다.

그러나 이것은 분명 그저 '개인적' 작업은 아니다. 오랜 역사를 거치면서 모든 여성들은 성적·사회적·문화적으로 동일한 상황에 처해 왔다. 여자들 사이에 존재하는 불평등이 어떠한 것이든, 여자들은 명확하게 인식하지도 못한 채 모두가 똑같은 억압, 육체의 똑같은 착취, 그들 욕망의 한결같은 부정을 감내한다.

그렇기 때문에 여자들이 서로 '자기들끼리' 결합할 수 있다는 것은 매우 중요하다. 이는 남성 위주의 사회가 그들에게 할당하고 교육시켜 온 위치·역할·행동들로부터 벗어나기를 시도하기 위해, 여자들이 서로 사랑하기 위해서이다. 반면에 남자들은 **사실상 여자들 사이의 경쟁을 조장해 왔다.** 그들에게 항상 강요되어 왔던 것과는 다른 형태의 '사회성'을 발견하기 위해서이다. 해방 운동들의 첫번째 쟁점, 그것은 여성 각자에게 그녀가 개인적인 경험 속에서 첨예하게 느껴졌던 것이 모든 여성들에 의해 공통된 조건이라는 사실임을 '깨닫게' 하는 것이다. 이로 인해 **이러한 경험은 정치성을 띠게 된다.**

여기에서 '정치적'이라는 말은 무슨 뜻인가? 적어도 광범위한 의미의 '여성들의 정치'는 아직 없다. 가까운 미래에 생긴다면, 남자들이 제도화시킨 정책과는 사뭇 다를 것이다. 여성 단체의 노력으로 제기된 문제들은 지금까지 인정되고 실행되었던 정치 쟁점들과 도식들, 물론 '당파들'을 넘어서기 때문이다. 그렇다 해도 분명 여자들에게 자기들의 위치와 동일한 어떤 위치를 인정하면서 여성들의 문제를 '이용'하려는 정당들을 막을 수는 없다. 이는 이 정당들이 **여자들을 특별하게 착취한다**는 사실을 염두에 두고 있지 않다는 점에서, 대부분의 경우 여자들이 할 일이 아무것도 없는 자기들의 '프로그램'에 이 여자들을——한 번 이상——맞추어 배열하기 위함이다. 여성 착취는 사실 정치 내부에서는 인구의 한 '집단'에만, 혹은 사회 '집단'의 한 '부분'에만 관련될 국소적인 문제는 아니다. 여자들이 이러한 착취에서 벗어나고자 할 때, 그녀들은 몇 가지 '편견들'을 파괴할 뿐만 아니라 지배 가치, 즉 경제적 · 사회적 · 도덕적 · 성적 가치라는 질서 자체를 무너뜨린다. 여자들은 남자들만이 독점해 온 이론과 사상, 현존하는 공식 언어에 소송을 제기한다. 여자들은 가부장적 체계가 그 기초를 조직해 온 **우리의 사회적 · 문화적 질서의 기초 자체를 심문한다.**

우리 사회의 가부장적 기초는 사실 오늘날의 정치에 의해 다시 행해진다. 비록 '좌익' 정치라 해도 말이다. 사실 현재까지 마르크시즘은 **여성들에 대한 특수한 착취의 문제들을 거의 책임지지 않았고, 여자들의 투쟁은 가장 일반적으로는 마르크스주의자들을 혼란스럽게 한 것 같다.** 반면에 이 투쟁들은 정치 프로그램들이 정확하게 요구하는 사회적 착취에 대한 분석 도표를 사용하여 해석될 수 있을 것이다. 매번 이러한 도표들을 다른 식으로 이용한다는 조건에서 말이다. 그러나 어떠한 정치도 지금까지 남성 우월적 권력과 자신들과의 관계에 의문을 던지지 않았다.

구체적으로 이는 물론 여자들이 직업과 학문 분야 등의 차별에 맞서, 임금과 사회적 권리의 평등을 위해 계속적으로 투쟁해야만 한다는 사실을 의미한다. 그러나 이것으로 충분치 않다. 즉 남자들과 '동등한' 여자들은 단순히 '그들처럼 될' 것이고, 여자들이 되지는 않을 것이다. 또다시 이렇게 성차는 무시되고, 잘못 알려지며, 은폐될 것이다. 그러므로 여자들 사이에서 새로운 양식의 조직들,

새로운 형태의 투쟁들, 새로운 논쟁들을 창출해야만 한다. 다양한 해방 운동들이 이미 이 일을 시작했고, 여자들의 '국제 기구'가 모습을 드러낸다. 그러나 또한 이때 혁신이 필요하다. 즉 기관·서열·권위——즉 현존하는 형태의 정치들——이것들은 남자들의 일이지 우리들의 일은 아니다.

이것은 해방 운동들이 부딪치게 되는 몇 가지 어려움을 나타낸다. 만일 여자들이 권력이라는 함정에, 권위의 놀음에 빠진다면, 여자들이 남성 정치의 '편집증적' 기능에 감염된다면, 여자들은 더 이상 **여자로서** 말을 할 수도 행동할 수도 없다. 이것이 프랑스에서 오늘날 여러 가지 의무들 가운데 하나가 강간, 낙태, 아이들이 '누구에게 속해 있는가'를 알기 위한 사법적 결정에서 아버지의 특권에 대한 이의 제기, 모든 여성들이 의사 결정과 입법권 행사에 참여함 등의 일정 수의 매우 특별한 주제와 행동에 대한 다양한 경향의 운동을 재편성하려는 이유이다. 여자들이 자신들의 권리를 요구하는 것은 그들의 차이를 초래하기 위함이라는 것을 이 모든 것들은 결코 은폐해서는 안 된다.

내 입장을 말한다면, 나는 여성 해방 운동의 유일한 '집단'에 갇혀 있기를 거부한다. 특히 이 집단이 권력 행사라는 함정에 사로잡힌다면, 이 집단이 여성의 '진실'을 결정하고, '여성의 상태'에 대해 규칙을 정하며, 이 집단의 것과는 다른 그 당장의 목적을 가지게 될 여자들을 고발해야 한다고 주장하는 경우에 그렇다. 가장 중요한 것은, 모든 여성들이 공통적으로 당하는 착취를 드러내는 일, 그리고 여성 각자가 처해 있는 곳에서, 즉 자신이 살고 있는 지역에 따라 직업과 사회적 계급, 성적 경험, 다시 말해, 그녀가 당장

가장 견디기 힘든 억압의 형태에 따라서 각자에게 알맞은 투쟁을
발견하는 일이라고 생각한다.

☆

질문 Ⅳ[22)

당신 강의의 계획은 어떤 것인가?

이 작업의 쟁점을 연출하기 위해, 나는 소포클레스와 횔덜린·헤
겔·브레히트의 작품에 나오는 안티고네라는 인물에서부터 시작할
것이다. 나는 법의 작용 속에서 안티고네가 견디는——지지하는
——것을 분석하려 할 것이다. 지배적인 담화에 맞서면서 그녀가 자
신이 간직하는 지하에 대한 지지를 어떻게 표명하는가, 그녀가 대
낮에 모습을 드러낼 때 발작을 일으키는 담화의 이 다른 '면'을 어
떻게 표명하는가를 분석할 것이다. 그리하여 그녀는 죽음에 이르고,
망각 속에 '파묻히며', '신성성'·무의식·붉은 피(이것은 그 유사성
을 키워야 하지만 조화는 깨지 말아야 한다)와 관계하는 도시 국가
에게 그녀가 제시하는 가치들의 억압——제재?——이 생겨난다.

그렇다면 왜 왕과 도시 국가·학문·추론성——또 그녀의 형제·
자매들——의 평결은 늘 왕의, 그들의 권력을 보장하기 위해 그녀
를 죽음으로 몰고 갔는가? 이러한 제재 속에서 한 시대의 결과들
을 관찰해야만 하는가? 아니면 **합리성의 필수 요소들을 관찰해야
만 하는가?** 어떤 점에서 이 요소들이 실제적인 문제가 되고, 심지
어 위기를 일으키는가?

질문들 217

이러한 의문, 이러한 위기의 측면에서 정신분석학적 담화의 입장은 어떤 것인가? 만일 보다 엄밀하게 이 쟁점을 해석하도록 허용한다면, 그것은 **여성적 욕망에 다른 위상을 인정하는가?** 히스테리 언어와는 다른 여성 언어가 이러한 사고의 질료가 되는가?

이러한 질문들은 정신분석적 담화의 재독서를 여성의 성욕 쪽으로, 더 나아가 성차 쪽으로, 또 언어 활동 속에서 일어나는 이 성차의 분절 작용 쪽으로 이끌 것이다.

이는 여전히 정신분석의 담화가 역사적으로 여성에게 인정된 기능을 반복 해석케 한다는 형식으로 제시될 수 있을 것이다. 사실 철학적 담화, 일반적 합리성을 가능케 하는 조건으로서 작용하는 것이 무엇인가를 이해하기 위해서는 성욕 자체를 쟁점으로 파악하는 담화가 필요했다.

동시에 다른 곳에서, 사람들이 **언어 활동에 대한 학문의 산물들** ——또 그 난점들——을 이해한다 해도, 사람들은 담화의 산출 과정 속에서 일어나는 발화 문제에 귀착된다. 이 발화가 무의식에 대해 무엇을 말하는가, 또 무의식이 **담화에 대한 성 구분의 결과들에 속하는가** 하는 질문에 말이다. **성차가 언어 활동의 기능 속에서 나타나는가, 그렇다면 어떤 방식으로 나타나는가** 하는 질문에 귀착될 것이다. 그러므로 여성의 성욕으로부터, 더 나아가 성적 차이로부터 이 텍스트들이 드러내는 것 ——또 어떻게 드러내는가?——을 파악하기 위해서는 정신분석학적 담화의 텍스트들에 의문을 제기하는 것이 중요하다.

이러한 독서는 여전히 철학적 담화의 해석을 위주로 삼는 재독 서이다——무의식과 그 체계를 이해한다는 사실로부터. 이 철학적 담화가 담화 질서의 법칙을 부여하지만, 추론적인 체계성 내의 결정적 순간들과 여성에게 부여된 위상을 다시 가로질러야만 한다. **이는 정신분석학적 해석이 철학적 추론의 규범 속으로 다시 빠지지 않기 위해서이다.** '타자'가 보장하는 기능에 대해서, 즉 여성성이라는 가장 커다란 일반성 속에서 특히 그렇다. 문제는 같은 부류의 타자로부터 이 타자——여성——를 어떻게 분리시키는가이다.

담화들 가운데 담화인 철학은 또한——상당 부분——과학의 담화를 통제해 왔다. 이러한 시점에서, **고체의 수학적 처리와 관계 있는 액체의 수학적 처리가 역사적으로 지연되었다는 것은** 동일한 유형의 문제로 되돌아간다. 즉 왜 고체 운동이 액체 운동보다 더 중요했는가? 또 어떠한 공모가 합리성과 사물들의 이러한 질서를 유지하는가? (〈액체의 '작동'〉을 보라.)

이 지배적인 합리성으로 인해 여성에게 어떤 일이 일어나는가? '굶주린 자'로서가 아니라면, "여성은 존재하지 않는다."(J. 라캉) 결국 정신분석학적 담화가 시사하는 것은 이것이다.

여자들의 시장

우리가 알고 있는 사회, 우리의 문화는 여자들의 교환 위에서 세워졌다. 여자들을 교환하지 않았다면, 우리는 자연 세계의 무정부적 상태(?)로, 동물의 지배라는 불확실성(?) 속으로 다시 추락했을 것이라고 사람들은 말한다. 그러므로 사회적 질서, 상징적 질서, 간략하게 질서로의 전이를 보장하는 것, 그것은 남자들, 혹은 남자들의 집단이 자기들 사이에서 여자들을 유포시키는 것이다. 즉 이것이 근친 상간 금지라는 명목하에 인정된 규범이다.

이러한 금기가 사회의 한 상태에서 취할 수 있는 가족의 형태가 어떤 것이든, 이 금기의 의미는 전혀 다른 영향력을 갖는다. 이 금기는 수 세기 전부터 우리 사회의 기초가 되어 온 경제적·사회적·문화적 질서의 기초를 보장한다.

왜 여자들을 교환하는가? 여자들은 '집단 생활에 있어서 희소 가치가 있고, 본질적인 필수품들'이기 때문이라고 이 인류학자는 단언한다. 남자들과 여자들의 출생 사이에 생물학적 균형이 이루어지는데 왜 이 희소성이 생기는가? "모든 남자들이 그 경향을 지니고 있음을 인정하게 되는 뿌리 깊은 다혼의 경향이 마음대로 할 수 있는 여자들의 수가 항상 불충분한 것처럼 제시하기 때문이다. 비록 여자들과 남자들이 수적으로 같다 해도, 여자들은 똑같이 욕망을 품을 수 없고, 결정적으로 욕망을 품는 여자들은 극히 소수이다." (레비 스트로스, 《친족의 기본 구조》)

그렇다면 남자들은 모두 똑같이 욕망을 품을 수 있는가? 여자들에게는 다혼의 취향이 전혀 없는가? 이러한 질문들이 이 정직한 인류학자에게는 생기지 않는다. 하물며 남자들은 왜 여자들 사이의 교환 대상이 아닌가 하는 질문도 마찬가지이다. 여자들의 육체 ── 그들이 이용되고 소비되며 유포됨으로써 ── 는 사회와 문화를 가능케 하는 조건을 보장하지만, 이 육체는 그 생성이 잘못 알려진 '하부 구조'에 남아 있다. 여성이라는 질료의 착취는 우리의 사회적·문화적 지평에 너무나 필요한 요소이어서 여성은 이 지평 내에서 자신의 독자적 해석을 발견할 수 없다.

다시 다른 식으로 표현하자면, 가부장 사회들을 조직하는 이 모든 교환 체계들, 그곳에서 인정되고 가치 있게 받아들여지며, 응분의 보수가 주어지는 생산적 노동의 모든 양상들은 남자들의 몫이다. 여자들·기호들·상품들은 노동력 생산을 위해 항상 남성에게 귀속되고(한 남자가 소녀를 살 때, 그가 대가를 '지불하는 대상'은 어머니가 아니라 아버지나 남자 형제이다), 이것들은 늘 한 남자로부터 다른 남자에게로, 한 남성 집단에게서 다른 남성 집단으로 옮아간다. 노동력은 그러므로 항상 남성적인 것으로 간주되어 왔고, 이 '생산품들'은 남자들 사이에서만 이루어지는 용도와 상호 작용의 목적이 된다.

이는 우리의 사회, 우리의 문화의 가능성이 결국 독점적인 남성적 성욕에 귀착함을 뜻하는가? 우리의 사회를 규정하는 법, 그것은 남자들의 필요-욕망, 그리고 그들 사이의 거래만을 가치 있는 것으로 여기는 것이다. 이 인류학자가 자연 상태에서 문화적 상태로의 전이로 지시하는 것은 그러므로 남성적 성욕이란 제국을 복구시키는 것이 된다. '직접적' 실천에서가 아니라 '사회적' 중재 속에서 말이다. 그리하여 가부장적 사회는 '꾸며진' 양식의 토대 위에서 움직이는 사회로 해석될 수 있을 것이다. 이 가부장적 사회는 물질적·자연적·구체적 (재)생산과 관련된 가치에 상징적·상상적 생산의 가치를 강요하고, 심지어 그것을 교체한다.

남성이 자기와 유사한 존재인 남성을 번식시키는 역사라는 이 새로운 자궁 안에서, 아내·딸·누이는 남자들 사이의 관계를 가능케 하고, 이 관계의 목적으로 기능할 때에만 가치를 가진다. 여자들을 이용하고 교환함으로써 남성 위주의 동성애가 뒷받침되고 유지된다. 사유 작용과 거울의 작용, 동일시와 다소 경쟁적인 소유 작용 속에서 이 동성애는 계속 유지된다. 그러나 이러한 작용들은 동성애의 실제적인 적용을 미룬다. 도처에서 지배하면서도 그것을 사용함에 있어서는 금지되는 동성애는 여자들의 육체·질료 혹은 기호를 통해 작동하고, 이성적 성욕은 지금까지 남성의 자기 자신에 대한 관계들, 남자들 사이의 관계들이 순조롭게 이루어진다는 것에 대한 한 가지 구실에 지나지 않는다. 그로부터 '사회-문화적인 동족 결혼'은 사회 질서에 아주 낯선 이 타자, 즉 여성이 거기에 동참하는 것을 배제한다. 족외혼은 아마도 사람들이 자기 가족으로부터, 부족으로부터, 친족으로부터 벗어나 연대를 이루기를 요구하는 것인지도 모른다. 그러나 이 족외혼은 아주 먼 곳에서 사는 사람들, 문화적 규범이 너무나 틀린 이들과의 결혼은 인정하지 않는다. 그러므로 사회-문화적인 동족 결혼은 여자들과의 교역을 금했을 것이다. 남자들은 이 여자들을 거래하지 그들과 거래하지 않는다. 족외혼이 경제적 목적을 드러내는 만큼, 혹시 이것은 어떠한 체제를 지지하지는 않는가? 여자들을 물건처럼 거래하는 것은 남자들 집단 사이에서 다른 '부'의 교환을 수반하고, 또 촉발시킨다. 협의의,

그리고 일반적 의미에서 우리 사회에 정착된 경제란 그러므로 여자들이 소비 과정 속에, 거기에 동참하지 않으면서 이 거래에서 소외되는 것에 동의하기를, 그리고 남자들은 마치 상품처럼 사용되고 유포되는 사태에서 제외되기를 요구한다.

☆

    자본주의 부의 기본적 형태인 상품에 대한 마르크스의 분석은, 그러므로 소위 가부장적 사회에서의 여성 위상에 대한 한 가지 해석처럼 이해될 수 있다. 가부장적 사회의 조직과 이 조직의 기초가 되는 상징 작용——그 도구와 대표자는 아버지·신이라는 고유 명사이다——은 마르크스가 자본주의 체제의 특징들로 규정하는 발전들을 처음부터 포함한다. 즉 자연을 사용 가치와 교환 가치로 만드는 인간의 ‘노동’에 이 자연을 굴복시킨다는 것, 생산자와 여자들-상품들을 자기들끼리 교환하는 사유 재산가 사이의 노동 분화, 또 생산자와 사회 질서를 이용하는 자, 혹은 사회 질서로부터 착취당하는 자들 사이의 노동 분화, 그들의 동등함을 결정하는 고유명사에 여자들을 맞추는 것, 가장 ‘고유한’ 이름을 가진 대표자들——우두머리들——이 다른 어떤 누구보다도 여자들을 더 많이 소유하려고 하는 것 같은 부를 축적하려는 경향, 상징의 사회적 작용이 점점 더 광범위한 추상화 쪽으로 나아간다는 것 등이 그 특징들이다.

    분명 생산 수단은 발전했고, 기술도 발달했지만, 내 생각에 아버지가 생산자로서의 자기 권력에 확신을 갖고 자기 생산물에 자기 이름을 표시한 이래——사유 재산제와 가부장제 가족이 시작되었을 때부터——사회적 착취는 일어난 것 같다. 다시 말해서 ‘역사’에 나타난 모든 사회 체제들은 생산 ‘계급’에 대한 착취, 즉 여성의 착취를 기반으로 작용한다. 여성의 (아이들과 노동력을) 재생산하는 능력에 대한 사용 가치와 이들의 교환 가치 구축은 상징적 질서를 보장한다. 이 '노동'을 제공하고도 여자들은 이 유통에서 아무런 대가도 받지 못한 채 말이다. 이것은 남성들-아버지들에 의한 고유 명사 독점(또 소유권으로서 이 독점화가 의미하는 것)의 분산인 교환의 이중 체계를 함축할 것이다.

그리하여 사회 전체는 생산 주체들과 객체들-상품들로 나누어질 것이다. 생산 주체들은 상품들에게 자신들이 기준이 되기 때문에 중요하다는 사실로부터 더 이상 상품으로서 작용하지 않고, 객체들-상품들은 주체로서 참여하지 않은 채 교환의 흐름을 보장케 된다.

마르크스에 의한 가치분석으로부터, 우리는 여자들의 사회적 위상을 기술하는 것처럼 보이는 몇 가지[23]를 여기에 다시 인용할 것이다.

부는 사물의 용도가 이 사물들의 축적 덕택에 추방될 수 있다는 사실에 이른다. 그렇다면 **여자들의 용도가 여자들의 수보다 덜 중요하다는** 사실에 이르는가? 한 여성을 소유한다는 것은 분명 이 여성이 표현하는 번식 용도라는 가치 때문에 남성에게는 필수 불가결하다. 그러나 그의 욕망은 모든 여성들을 소유하는 것이다. 반복적으로 하나씩 차례로 그리고 동시에 추가로 정복하고, 유혹하고, 소유하면서 모든 여자들을 '축적'하는 것이다. 즉 남성은 종마(들)와 같다.

한 사람도 빼지 않고 모든 여자들을? 만일 사람들이 이 일련의 과정을 중단시킬 수 있다면, 그 가치——마르크스가 기술한 것처럼——는 여자들 외부의 어떤 기준, 혹은 남근과의 관계가 아니라 여자들 사이의 관계 속에 있는 것일지도 모르기 때문이다.

여자들의 용도는 그러므로 차례로 이들을 소유하는 것보다 그 중요성이 덜하다. 여자들의 '유용성'이 가장 중요한 것은 아니다. 여자들 전체에 대한 '소유권들'은 그들의 가치를 결정하지 않는다. 그럼에도 불구하고 그 용도는 여성 가치의 **물질적 기반**을 구축한다.

그러나 사람들이 여자들을 교환할 때, 이 용도는 여성 집단을 **추상화**시켜야만 한다. 이 추상화 작용이 일어날 수 있음은 이 상품의 본질적이고 내재적인 가치에 따라서가 아니다. 이 작용은 두 대상——여성——과 이 둘 가운데 어느것도 아닌 세번째 요소와의 동등한 관계 속에서만 가능하다. 그러므로 여자들이 교환되는 것은 '여자들'로서가 아니라, 이 여자들이 그들에게 공통된 어떤 것——그들의 환금성 혹은 남근——그녀들이 더 혹은 덜 드러낼 어떤 것으로 환원되는 한에서이다. 분명 여성적 자질이 남아서, 혹은 모자라서가 아니다. 여성적 자질이란 그때그때 소비자의 필요에 맡겨지는 것으로 **여성은 유일한 자질, 즉 남성 '노동'의 산물이라는 자질에 따라 시장에서 가치를 지닌다.**

이러한 명목으로, 각각의 여성은 완벽하게 타자의 모습을 띤다. 여성들 모두에게는 동일한 가상의 현실이 있다. 동일한 **승화물**로, 불분명한 동일 노동의 표본들로 변형된 이 모든 대상들은 오로지 한 가지만을 주장한다. 그것은 그들의 생산이 이루어지는 동안 인간 노동력이 소비되어 왔고, 그 생산 과정 속에 노동이 축적된다는 사실이다. 이 공통된 사회적 본질의 결정체인 여성들은 가치 있는 존재로 여겨진다.

상품인 여성들은 그러므로 두 개의 사물이다. 유용한 대상이면서 동시에 가치 있는 대상인 것이다. "그리하여 여자들이 이 이중적 형태, 즉 자연이라는 형태와 가치라는 형태로 모습을 드러내는 만큼만 여자들은 이 유통에 개입할 수 있다."

그러나 "이 상품 가치가 지니는 현실은 사람들이 어떻게 다뤄야 할지 모르는 팔스타프의 연인, 과부 에베예의 현실과는 다르다." 교환의 대상인 여성은 사람들이 그녀를 어떻게 다뤄야 할지 모른다는 점에서 사용 가치로서의 여성과는 다르다. "상품 전체의 조잡함과의 아주 명백한 대조로 인해, 거기에 그 가치를 꿰뚫는 질료라는 원자가 없기 때문이다. 그리하여 여성이 포착될 수 없는 가치의 대상인 한, 사람들은 이 거래에 속하는 상품을 별도로 일부러 이리저리 검토할 수 있다." 한 여성의 가치는 항상 소멸된다. 검은 대륙, 상징 속에 뚫린 구멍, 담화 속의 균열, 여자들 사이의 교환이 이루어질 때에만 뭔가——분명 수수께끼 같은——가 미리 감지될 수 있다. 그러므로 여성에게는 교환될 수 있는 능력 이외의 다른 가치가 없다. 한 여자에게서 다른 여자로 전이될 때, 결국 '여성 육체의 조잡함'이라는 그때그때의 용도와는 전혀 다른 것이 존재한다. 그러나 이 가치는 여성 내부에 존재하지도 발견되지도 못한다. 여성은 제3항에 맞춰진 것에 불과하다. 이 제3항이라는 것은 여성 외부에 있는, 다른 여성과 그녀를 비교할 수 있는, 이 두 여성들에게 생소한 동등성에 따라 그녀가 다른 상품과 관계를 맺도록 하는 것이다.

여자들-상품들은 그러므로 이들을 용도와 교환 가치로 나누는 구분을 감내하게 된다. 육체-질료와 값진 치장으로의 구분을 감내한다. 그러나 이 치장은 여자들 자신이 뚫고 들어갈 수 없고, 포착될 수 없으며, 소유할 수 없는 것이다. 그리고 이들은 개인적 용도와 사회적 용도로의 구분을 감내한다.

상대적 가치를 지니기 위해, 하나의 상품은 자신과 동등하게 작용하는 다른 상품과 맞서야만 한다. 결코 자신의 가치는 그녀 안에서 저절로 드러나지 않는다. 그녀가 다소 가치 있다는 사실은 그녀의 공적이 아니라 그녀가 맞설 수 있는 대상에게서 비롯된다. 그녀의 가치는 그녀에게는 초월적이고, 초자연적이며, 황홀한 것이다.

다시 말해, 그 안에 있는 상품으로서의 모습과 '고유한' 모습을 배가시키는 거울은 없다. 이 상품은 다른 상품 속에 제 모습을 비추지 않는다. 남성이 자기 동료에게 제 모습을 비추는 것처럼 말이다. 상품이 중요한 것일 때 거울에 비춰진 동일한 모습은 '자신'과 동일한 것이 될 수 없고, 어떠한 것도 자신의 소유물, 자신의 자질, '자기 피부와 털'이 아니기 때문이다. 이 동일함은 상품의 **위조된** 특징을 나타내는 방법에 불과하다. 남성의 이 '노동'(사회적·상징적)을 통한 여성의 변형인 것이다. 이 상품을 치장하고 경유하는 거울은 남성 '노동'을 반사하고 관측한다. **상품들, 여자들은 남성의/남성을 위한 가치를 내비치는 거울이다.** 이러한 작용으로 인해, 여자들은 반사 작용, 사색의 매체-질료인 자신들의 육체를 남성에게 내맡긴다. 여자들은 자신들의 자연적·사회적 가치를 남성 활동의 흔적·표시, 그리고 그에 대한 환상의 장소로 남성에게 내맡긴다.

여자들 사이에서 상품들은 그러므로 동등하지도, 유사하지도, 상이하지도 않다. 이 상품들은 남성에 의해, 남성을 위해 측정될 때에만 그렇게 된다. 그리고 **여자들 사이에서 상품 관계의 활유법은 투사이다.** 이 투사를 통해 생산자-교환자들은 자기들 앞에서 그들로 하여금 그들의 이론(화) 작용들을 작동케 한다. 이것은 (자신을) 비추고, (스스로) 사색하기 위해 '주체'가 되어야 함을, 그리고 질료가 사색의 버팀목으로 이용될 수 있다는 것을, 그러나 이 질료는 자기 스스로는 전혀 사색할 수 없다는 것을 망각하는 것이다.

그리하여 상품들 사이의 가장 단순한 동등 관계——여자들을 교환할 수 있는 상태——에서부터 화폐 형태——남성 중심 기능——의 수수께끼는 잠재되어 있다. 유지되는 어떤 거울이 자연과 노동을 구분하고 왜곡하는 한, 자연과 그 생산력의 소유-소유권 포기는 남성에 의한 것이고, 남성을 위한 것이다. 남성에 의해 만들어지는 상품들은 남성을 통해 진정한 유용성과 용도를 희석시키는 나르시시즘을 얻게 된다. 교환이 이루어지는 순간부터, 욕망은 필요를 '왜곡시킨다.' 그러나 이 왜곡은 이 상품들의 탓으로, 그리고 부당하게 주장되는 그들의 관계들 탓으로 여겨질 것이다. 반면에 이 상품들에게는 제3의 전망에서만 왜곡에 대한 관찰자들이 있을 수 있다.

교환——욕망——체계는 남자들의 일이다. 여기에는 이중의 명칭이 붙어 있다. 교환이 남성 주체들 사이에서 일어난다는 것, 그리고 교환은 상품 집단에 추가된 덤을, 교환에 가치 있는 형태를 부여하는 덤을 요구한다는 것이다. 이 덤을 교환은 또 다른 상품 속에서 발견하게 될 것이다——마르크스가 그것을 기록한다. 그때부터 덤의 용도 가치가 가치의 기준이 된다.

그러나 상품들 가운데 하나가 누리게 될 이 덤은 다양할 수도 있을 것이다. "계급장 달린 옷을 입은 많은 주요 인사가 이 계급장이 사라질 때 아주 무의미해지는 것처럼" 혹은 "B의 눈에 왕권이 즉각적으로 A의 모습과 자태로 나타나지 않는다면, A라는 특정인이 B라는 개인에게 왕으로 나타날 수 없는 것처럼 말이다. 아마 이

러한 이유로 왕이 바뀔 때마다 왕권을 상징하는 얼굴과 가발, 많은
물건들이 바뀌는지도 모른다." 상품들――생산된 '물건들'――은 그
러므로 계급장과 왕권, 아버지의 권위를 존경할 것이다. 더 나아가
신을 존경할 것이다. "상품의 중요한 속성――화폭으로서의――은
상품 외양과의 동등함 속에서 나타난다. 신의 어린 양과 닮은 기독
교의 순종적인 성향처럼 말이다."

그러므로 상품은 아버지를 숭배하고, 끊임없이 아버지를 대신하
는 존재와 닮고, 그 존재를 모방한다. 아버지의 권위를 드러내는 존
재와의 유사성, 그에 대한 모방으로부터 이 상품은――남성들을 위
해――자신의 가치를 끌어낸다. 그러나 이 상품들에게 생산자-교
환자들은 일격을 가한다. "사람들이 아는 것처럼 가치에 대한 분석
이 예전에 우리에게 드러냈던 모든 것, 화폭 자체는 한 상품이 또
다른 상품과 함께 이루는 사회 속으로 들어가자마자 그 모습을 말
해 준다. 오로지 이 상품은 자신에게 익숙한 언어, 상품들의 언어
속에서만 자신의 생각을 드러낸다. 상품의 가치가 인간의 노동에서
생긴다는 것을 표현하기 위해, 자신의 추상적 속성 속에서 상품이
그만큼의 가치를 지니는 한, 다시 말해 가치 있는 것인 한, 그 모습
이 자기 자신의 노동에서 만들어진다고 말한다. 가치 있는 자신의
궁극적인 현실이 자신의 뻣뻣하고 섬유질인 육체와는 구별된다는
것을 표현하기 위해, 상품은 가치에 외면적 양상이 있다는 것을, 그
결과 가치 있는 상품 자체는 하나의 알이 다른 알을 닮는 것처럼
그 외양을 닮는다고 말한다. 말이 났으니 이들의 혀가 히브리어를,
많은 다른 방언들과 다소 정확한 특수어를 소유한다는 점을 주목
해 보자. 예를 들어 Wertsein이라는 독일 말은 B라는 상품과 A라
는 상품이 동등하다는 확신이 전자의 가치에 대한 독특한 표현임
을 로마어 동사인 valere · valer보다, 프랑스어인 valoir보다 덜 정확

하게 표현한다. 파리는 분명 미사만큼 중요하다."

그러므로 상품들은 서로 말할 것이다. 분명 방언들과 특수어, 특히 '주체들'이 이해하지 못하는 언어들로 말할 것이다. 중요한 것은 이 상품들이 이들 각자의 가치들에 대해 관심을 기울일 것이라는 사실이다. 그들의 제안이 이 상품들에 대한 교환자들의 계획을 굳히더라도 말이다.

상품으로서의 몸은 그러므로 자기 가치의 다른 거울이 될 것이다. 육체라는 덤의 조건에서 말이다. 용도의 가치와 **상반되는** 이 덤, 상품의 **초자연적인** 성질을 나타내는 덤——오로지 사회적 흔적으로서의 특성——그 육체 자신과, 그리고 자신의 속성과는 전혀 다른 덤, 매번 하나의 상품이 동등하게 여겨지는 다른 상품과 관계 맺기를 수락하는 조건에서만 존재하는 덤 말이다. "그리하여 한 남성은 다른 남성들이 주체로 인정된다는 이유, 그리고 그에 맞게 행동한다는 이유만으로 왕인 것이다."

등가물의 이 덤은 구체적 노동을 추상적 노동으로 변화시킨다. 다시 말해, 가치의 거울에 스스로의 형체를 구체화할 수 있기 위해서 노동 자체는 인간 노동의 고유한 속성만을 비춰야 한다. 즉 상품으로서의 육체는 추상적 인간 노동이란 질료 이외에는 다른 어떤 것이 되어서는 안 된다. 다시 말해 상품에게는 육체도 질료도 성질도 없이 오로지 남성 활동의 표출, 눈에 보이는 대상으로 결정된 것이어야만 한다.

동등해지기 위해, 이 상품은 형체를 바꾼다. 초자연적·형이상학적인 기원은 물질적 기원으로 교체된다. 그리하여 그녀의 육체는 투명한 육체, **가치의 순수한 현상성**이 된다. 그러나 이 투명성은 상품의 물질적 불투명성을 가중시킨다.

다시 한 번, 이 둘 사이에 구분이 생긴다. 양면성·양극·자연과 사회 문제는 양분된다. 감각과 지성, 물질과 형태, 경험적인 것과 초월적인 것처럼 말이다. 기호가 그런 것처럼 이 상품은 형이상학적 이분법을 겪는다. 그 가치, 그 진실은 사회 문제이다. 그러나 이 사회 문제는 상품의 본질과 질료에 첨가되고, 이 상품을 마치 최소한의 가치처럼, 게다가 무가치한 것처럼 자신에게 종속시킨다. 이 사회 문제에 참여하는 것은 육체가 사유화, 사유에 굴복하기를 요구한다. 그리고 이 사유 작용은 육체를 가치를 담을 수 있는 대상으로, 기준에 맞는 기호로, 금전화할 수 있는 기표로, 권위적인 한 모델과 관련된 '유사물'로 변화시킨다. **상품——여성——은 양립할 수 없는 두 육체**, 즉 '자연적' 육체와 사회적으로 중요한 교환할 수 있는 육체로 **나누어진다**. 즉 이는 남성적 가치의 표현(특히 모방에 의한)이다. 아마도 이러한 가치들을 물리적 힘의 소비인 '자연'으로부터 추출할 것이다. 그러나 이 물리력의 소비——게다가 근본적으로 남성적인——는 자연적 생산의 제작과 변형·기술화에 이용된다. 그리고 이 초자연적인 속성은 생산물의 가치를 구성하게 된다. 이와 같이 가치를 분석하는 마르크스는 사회적 기능의 형이상학적 성격을 보여 준다.

그러므로 상품은 그 가치가 상품의 자연적 형태와 구별되는 독특한 현상적 형태, 즉 교환 가치라는 형태를 지니는 순간부터 이중적인 것이 된다. 그리고 이 상품만 따로 고려한다면, 이 상품에는 결코 독특한 형태가 없다. 하나의 상품은 다른 상품과의 관계 속에서만 그 본질에 첨가된 현상적 형태를 지닌다.

기호와 기호 사이에서처럼 관계 속에 처할 경우에만 가치는 나타난다. 거기에 이 관계가 그들——그녀들——에 의해 실현될 수 없고, 두 교환자들의 작용에 일치하는 일이 남는다. 두 기호들, 두 상품들, 두 여자들의 교환 가치는 소비자——교환자인 주체의 필요——욕구의 한 표현이다. 이 가치가 그들에게 '독특한' 것은 전혀 아니다. 극단적인 경우, 상품들은——게다가 그들의 관계는——남자들이 서로 관계 맺고 싶은 욕망의 구체적인 구실이다. 이를 위해 상품들은 자신들의 육체로부터 버림을 받고, 그들을 남자들 사이의 교환에 적합하게 만드는 형태로 탈바꿈한다.

그러나 이 가치 있는 형태 속에서 교환의 욕구, 남성이 자신의 가치로부터, 자신과 비슷한 존재의 가치로부터 찾는 그림자의 욕구는 절정에 이른다. 이 불안한 상태에서, 생산자-소비자-교환자인 주체는 남자들 사이의 관계인 상품에 몰두한다. 이러한 몰두를 '지지하고' 유지하기 위해 상품들, 여자들은 늘 자신들의 특수한 가치를 빼앗겨 왔다. 이러한 명목에서, 사람들은 상품들의 가치가 용도로서의 가치라는 아주 특별한 형태의 옷을 **일률적으로** 입는다고 주장할 수 있다. 사실 그들의 가치는 더 이상 **그들의** 자연적인 형태, **그들의 육체, 그들의** 언어에서 비롯되는 것이 아니라, 이 상품들이 남자들 사이의 교환 필요-욕구로부터 무엇을 비추는가에서 생긴다. 이를 위해 상품은 분명 혼자 존재할 수 없고, 교환을 위해 **최소한 두 남자**가 없다면 '상품'도 없다. 하나의 물건——한 사람의 여성?——이 가치를 지니기 위해서는 최소한 두 남자가 거기에 투자를 해야만 한다.

상품들의 일반적인 등가성은 상품처럼 스스로 작용하지도 않는
다. 그들 세계를 넘어서는 뛰어난 거울은 여자들 사이의 보편적 교
환 가능성을 보장한다. 각각의 여성은 최고의 기준에서 볼 때 모두
가 동등해질 수 있다. 그러나 그들의 가치를 어떤 초월적인 것으로
평가하는 이 불안한 상태는, 곧 여자들 사이에서는 그들이 교환될
수 없는 것으로 만든다. 여자들은 일반적 동등함 속에서는 서로 교
환된다——마르크스가 즐겨 이용한 신학적 비유를 인용하자면, 기
독교인들이 신 안에서 서로를 사랑하는 것처럼 말이다.

이 황홀한 설명은 이들 각자를 극단적으로 분리시킨다. 하나의
추상적이고 보편적인 가치는 여자들 사이의 교환과 용도에서 이
들을 벗어나게 한다. 여자들은 어떤 점에서 가치 있는 이상성으로
변형된다. 이들의 구체적인 형태, 특수한 자질들, 이 여성들과의 혹
은 이 여성들 사이의 '실제적'인 관계가 일어날 수 있는 모든 가능
성은 남성의 노동-욕망의 산물이라는 공통된 특징으로 축소된다.

더 이상 상품이 아닌 까닭에 **일반적 동등함**은 더 **이상 쓸모가 없**
다는 것 역시 강조해야만 한다. **이러한 기준은 용도에서 제외된다.**

만일 이 상품이 첫눈에 어떤 진부한 것으로 나타난다 해도, 스스
로에게도 그렇게 나타난다 해도, 이 상품은 "반대로 아주 복잡한
어떤 것, 형이상학적인 미묘함과 신학적인 궤변으로 가득 찬 것이
다." 아마도 "용도로서의 가치인 한, 이 상품 안에 알 수 없는 것은
전혀 없다." "그러나 그녀가 상품으로서 나타나는 순간, 그것은 전
혀 다른 일이 된다. 포착할 수 있으면서 동시에 포착할 수 없는 그
녀에게 지상에 발을 디디고 있는 것은 충분치 않다. 말하자면 그녀
는 다른 상품들 앞에서 (나무로 된) 머리를 꼿꼿이 세우고, 춤을 추

기 시작할 때보다 더 이상한 변덕에 사로잡힌다.”

“이 상품의 신비한 성격은 그러므로 그 용도의 가치에서 유발되는 것이 아니다. 더군다나 이것은 상품의 가치를 결정짓는 특징들에서 생기는 것도 아니다. 유용한 일들 혹은 생산적인 활동들이 매우 다양할 수 있다 해도, 이 일들과 활동들이 무엇보다도 인간 유기체의 기능이라는 것은 생리학적 진실이다.” 마르크스에게 있어서 인간 유기체는 결코 신비를 만들지 않는다. 사회적 기능에 있어서 육체들의 물리적 산물과 기반은 마르크스에게 의심의 대상이 아니다. 그것은 에너지 생산과 소비일 뿐이다.

그렇다면 육체가 상품이라는 형태를 띠자마자, 노동 생산물의 알 수 없는 특징은 어디에서 생기는가? 분명 이 형태 자체로부터 생긴다. 그렇다면 여자들의 수수께끼 같은 특징은 어디에서 생기는가? 게다가 여자들 사이에서 추정되는 수수께끼 같은 관계들은 어디에서 생기는가? 남자들은 그 형태를 알지 못하지만, 여자들이 드러내는 남성에 대한 필요-욕구라는 ‘형태’에서 분명 생기는 것이다. 그 형태는 항상 감추어지고, 가려진 상태로 있다.

어쨌든 “노동 산물의 가치 있는 형태와 관계에는 물리적 성질로 할 수 있는 일이 전혀 없다. 오로지 남자들끼리 결정한 사회 관계만이 여기에서 그들을 위해 여자들 사이의 사물들이란 가상 형태를 띤다.” 이러한 현상은 종교적 세계에서만 유사성을 지닌다. “거기에서, 인간의 지적 산물들에는 독립적인 존재 양상이 있는데, 이는 육체에게서 부여받은 것이다. 상업 분야에서 인간이 손으로 만든 물건들의 경우도 마찬가지이다.” 그로부터 이러한 산물들이 상품들로 드러나는 순간, 노동 생산물과 이어진 물신 숭배가 생긴다.

그리하여 교환이 이루어질 때, 남자들이 자기들끼리 관계를 맺도록 하는 여자들이 남근 권력의 표출과 순환인 한에서, **여자들의 대**

상-숭배의 특성이 생기는가?

☆

그리하여 다음과 같은 사항들이 지적된다.

가치에 대해

가치는 동등한 노동력, 동등한 에너지 소비, 동등한 고통을 나타
낸다. 이러한 것들이 측정되려면, 이것들이 즉각적으로 모든 자연
적 자질들로부터, 구체적인 개인으로부터 **추상화**되어야만 한다. 일
반화·보편화 과정은 사회적 교환 기능 속에 부여된다. 거기에서
남성은 하나의 '개념'——남성 노동력이라는——으로 축소되고,
그의 산물은 이 개념의 분명하고 물질적 상관물인 하나의 '대상'
으로 축소된다.

어떤 사회적 상태와 일치하는 **'쾌락'**의 특징들은 다음과 같다. 어
쩔 수 없이 노동에 의한, 게다가 고통스런 생산성, 그리고 그 추상
적인 형태, 부의 초월 상태에 가치 자체의 기준을 결정시켜야 하는
필요-욕구, 이 기준에 대한 적응 내용/혹은 이 기준의 개조 내용
이 파악되는 물질적 기반의 필요, 남자들 사이에서만 이루어지는
교환 관계들——항상 경쟁적인——등이다.

이러한 양상들이 (소위) 남성적 성욕의 체계를 규정하게 될 양상들은 아닌가? 그리고 리비도는 생산력 안에서 이루어지는 '에너지' 추상화의 다른 명칭이 아닌가? 자연의 작업으로서? 재화 축적 욕구의 다른 이름인가? 육체의 특수한 자질을, 무엇보다도 이 자질들을 소유하기 위해 그것들을 변형시키려는 어떤 힘——중성적인?——에 굴복시킨다는 것을 일컫는 다른 명칭인가? 남성 성욕에 있어서, 쾌락은 자연의 개조, 자연으로 하여금 (재)생산하도록 만들고 싶은 욕망, 그리고 자신의/이 산물들을 사회의 다른 구성원들과 교환하는 것 이외의 다른 무엇이 되는가? 근본적으로 쾌락은 **경제학자**이다.

여기에서 이런 질문이 생긴다. (소위) **남성 성욕의 어떠한 필요-욕구들이** 사유 재산제인 원시 사회 형태에서부터 자본이라는 발전된 형태에 이르는 **사회 질서를 결정해 왔는가?** 또 어떤 **방식을 통해 이 필요-욕구들이** 한편으로는 자율적이 된 사회적 기능, 이러저러한 것들을 산출하는 **사회적 기능의 결과가** 되는가?

사회 질서 내 여성들의 위상에 대해

여성의 위상을 가능케 하는 것, 그 기반을 보장하는 것, 그것은 **여자들의 교환**이다. 적어도 가부장제의 사회 기능이 정돈되는 것은 남자들 사이에서 여자들이 유통되기 때문이다. 이것은 다음과 같은 것을 가정한다. 남성이 자연을 개조한다는 것, 오로지 남성들에 의해서 규정된 '인간적' 기준에 따라 자연이 변화한다는 것, 자연은 노동에, 기술에 굴복한다는 것, 물질적·구체적·감각적 자질을 교환이라는 추상적 가치로 환원시킨다는 것, 게다가 모든 감각의 세계를 남성의 구체적이고 실제적인 활동으로 환원시킨다는 것, 여자들 사이에서는 여자들이 평등하지만 그들 외부에 있는 동등성의 법칙에 따른다는 것, 여자들을 남자들 사이의 관계를 구체화하는 '대상'으로 만든다는 것 등이다.

그러므로 여자들은 자연적 가치와 사회적 가치를 드러낼 것이다. 이들의 '변화'는 자연적 가치에서 사회적 가치로의 전이가 될 것이다. 그러나 이것은 결코 쉽게 일어나지 않을 것이다.

어머니로서의 여성은 번식하는 자연 쪽에 머물게 될 것이고, 이 사실로 인해 남성의 이 '자연에 대한' 관계는 결코 완전히 극복되어질 수 없을 것이다. 남성의 사회성, 남성의 체계, 남성의 성욕은 여일하게 자연 활동과 관계할 것이다. 그러므로 이러한 것들은 항상 소유의 첫번째 단계, 자연을 양질의 토지로 만드는 일, 그리고 농업이라는 일차 노동의 차원에 항상 머물게 될 것이다. 그러나 생산적 자연과의 극복할 수 없는 이 관계는 남자들간의 관계가 우월하다는 사실에서 부정될 것이다. 아버지의 이름으로 표시되고, 아버지의 집에 갇혀 있는 번식의 도구인 어머니가 교환될 수 없는 사유 재산이 될 것이라는 뜻이다. **근친 상간의 금기**는 남자들 사이의 교환 속에 생산적 자연의 개입 금지를 나타낸다. 자연적 가치와 용도의 가치인 어머니가 상품의 형태로 유통될 수 없는 것은 사회 질서를 소멸하고 싶지 않기 때문이다. 여성의 (재)생산 활동에 필수적인(특히 아이들과 노동력의 (재)생산자인 한 말이다. 이를테면 모성적 보살핌과 영양 공급, 더 일반적으로는 가정 유지를 통해) 어머니의 활동은 여성의 개입이 사회 질서를 변화시키지 않으면서 이 사회 질서를 유지하는 것이다. 게다가 여성의 생산물은 아버지의 이름이 표시되어 있는 것만, 아버지의 명령에 복종하는 경우에만 허용될 것이다. 다시 말해, 아버지가 소유한 것인 한 인정될 것이다. 사회는 남성 자신에 의한 남성의 번식의 장소, 인간인 남성의 생산 활동이 이루어지는 장소, '인간적' 실존에서 남성의 '초자연적인' 탄생이 이루어지는 장소가 될 것이다.

반대로 여성-처녀는 순수한 교환 가치에 속한다. 그녀는 남자들 간의 관계가 일어날 수 있는 가능성·장소·기호 이외에는 아무것도 아니다. 그녀 자체로는 존재하지 않는다. 단순한 치장이 사회적 통용이라는 쟁점을 가리고 있는 것이다. 이러한 명목으로 그녀의 자연적 육체는 그녀가 대표하는 기능 속에서 소멸된다. **붉은 피는** 어머니 쪽에 남게 되지만, 사회 질서에서 그것은 그런 식으로는 무가치할 것이다. 여성, 교환 가치인 그녀는 **겉모습**에 불과할 것이다. 여성이 어머니로 변하는 것——의례화된——은 **겉치레 위반**, 즉 결혼으로 이루어진다. 이것은 처녀성에 대한 **터부** 속에서 이루어져 왔다. 처녀성을 잃은 여성은 용도의 가치로, 사적 소유권의 지배하로 보내질 것이다. 그리하여 남자들 사이의 교환에서 벗어날 것이다.

창녀가 남아 있다. 창녀는 사회 질서에 의해 은밀하게는 고문당하고, 겉으로는 비난을 받는다. 아마도 그녀에게 용도와 교환 사이의 구분이 불분명하기 때문이 아닐까? 그녀의 육체적 자질들은 '유용하다.' 그러나 이 자질들은 한 남성에 의해 소유되는 경우에만, 그리고 남성들 사이의——은밀한——관계에 이용될 경우에만 '가치'를 지닌다. 매매춘의 **용도는** 서로 **교환되는** 것이 될 터이다. 이는 잠재적인 것이 아니라 이미 실현된 것이다. 이미 이용되었다는 사실로부터 이 여성의 육체는 가치를 얻는다. 극단적인 경우, 이 육체가 더 많이 이용될수록 그 가치는 더 커진다. 이것은 여성의 자연적 풍요로움이 이런 식으로 전개되었기 때문이 아니라, 반대로 거기에서 여성의 본질이 이용되고, 남자들 사이의 관계를 실어나르는 단순한 수단이 되었기 때문이다.

어머니·처녀·창녀, 이것들이 여자들에게 주어진 사회적 역할들이다. (이른바) 여성 성욕의 특징들은 거기에서 비롯된다. 즉 번식 활동과 영양 공급에 대한 가치 부여, 정절, 정숙함, 무지, 게다가 쾌락에 대한 무관심, 남성들의 '활동'을 수동적으로 받아들이는 태도, 소비자들의 욕망을 부추기기 위한 유혹, 그러나 자신은 누리지 않으면서 이 욕망에 필요한 물질적 기반으로 자신을 바친다. 어머니도 처녀도 창녀도 아닌 여성에게는 자기 쾌락에 대한 권리가 없다.

아마도 성욕을 다루는 이론가들은 때때로 여성의 불감증에 놀랄 것이다. 그러나 이 이론가들에 따르면, 불감증은 여성적 본질이 어떤 유형의 사회에 굴복한다기보다는 이 여성적 '본질'의 무능력함으로 더 많이 설명될 수 있을 것이다. 그러나 '정상' 여성의 성욕으로 요구되는 것은 상품이라는 위상의 특징들을 생소하게 만든다. '자연적인 것,' 즉 생리학적인 것, 유기적인 것 등을 요구하고, 그리고 아주 모호하게 거부하면서 말이다.
그리고,

——자연이 상품이 되기 위해서 남성에게 굴복해야만 한다는 것과 마찬가지로, 거기에서 '정상 여성으로의 변화'가 일어날 것이다. 이는 여성이 남성 활동의 형태와 법칙에 굴복하는 상태에 이르는 것이다. 어머니에 대한 거부——여성에게 전가된——는 그 '원인'

을 거기에서 발견할 것이다.

　——상품 속의 자연적 유용성이 교환 활동이 이루어짐으로써 약화되는 것처럼, 여성 육체의 속성들은 여성이 남자들 사이의 유통 대상으로 변화하기를 요구하는 것 앞에서 틀림없이 소멸된다.

　——상품이 상품 자체를 있는 그대로 비추는 거울을 소유할 수 없는 것과 마찬가지로 여성은 남성의/남성을 위한 그림자, 이미지로 이용되지만, 그녀에게는 특수한 자질들이 없다. 가치 있는 여성의 형태는 남성이 그녀의 육체인 질료 속에, 그리고 이 질료 위에 새긴 것으로 되돌아온다.

　——상품들이 자신들을 검사하는 주체들의 개입 없이 자기들끼리 교환될 수 없는 것처럼 여자들도 마찬가지이다. 사람들이 교환할 수 있다고 평가함에 따라 이들은 서로 구분되고, 분리되고, 따로 떨어져 있으면서 유사한 것이 되기도 하고, 상이한 것이 되기도 한다. 무기력하게 서로 뒤엉켜 있는 그녀들 자신, 그녀들 사이에서 그들의 육체는 아마도 소비자에게는 자연적, 모성의, 유용한 것이지만, 거기에는 있을 수 있는 정체성도, 서로 소통할 수 있는 가치도 없다.

　——상품들이 마지못해 인간 노동의 가치를 이른바 자동적으로 보관하는 것과 마찬가지로, 남성의/남성을 위한 거울인 여성들은 자신들도 모르는 사이에 남성적 힘, 즉 남근에 대한 환상을 포기할지도 모른다.

────하나의 상품이 어쩔 수 없이 자기 외부에 있는 동등한 상품에게서────일반적으로 결국에는────자신의 가치를 발견하는 것처럼, 한 사람의 여성은 자신의 가치를 초월성으로 이루어진 남성, 즉 남근과의 관계에서 끌어낸다. 이 '가치'의 수수께끼는 당연히 상품들 사이의, 즉 여자들 사이의 가장 기본적인 관계 속에 있다. 자신들의 '본질'로부터 뿌리 뽑혀진 이 여자들은 오로지 남성들의 욕망 속에서 자신들이 드러내는 것에 따라서만, 그리고 남성이 그녀에게 부여하는 '형태들'에 따라서만 서로 관계를 맺을 뿐이기 때문이다. 그녀들 사이에서 여성들은 남성의 사유화에 의해 분리된다.

이는 '노동' 분화────특히 성적으로────가 여성이 자신의 육체로부터 욕망의 대상인 물질적 기반을 유지하기를 요구하지만, 그녀 자신은 이 욕망에 결코 가까워지지 못한다는 것을 의미한다. 욕망────교환────의 체계는 남자들의 일이다. 그리고 이 체계는 여성들을 상징적 기능에 필요한 붉은 피/가장(假裝), 육체/중요한 겉치레, 또 질료/교환의 수단, 그리고 (재)생산적 본질/꾸며진 여성성 등의 구분에 복종시킨다. 여자들은 여기서 아무 이익도 얻지 못하면서, 또 이 구분을 극복하지 못하면서 이 구분────사람들은 여성의 본성 자체가 말할 수 있다는 사실로 이의를 제기할 것이다────을 감내한다. 여자들은 심지어 이런 사실을 '깨닫지도' 못한다. 이처럼 여자들을 둘로 가르는 상징 체계에 여자들은 전혀 적응하지 못한다. 여자들 안에, '가장'은 '본성' 외부에 생소한 것으로 남는다. **사회적으로** 여자들은 남자들을 위한, 그리고 남자들 사이의 '대상'이고, 다른 곳에서는 그녀들이 만들어 내지 않은 하나의 '언어 활동'을 모방할 수 있을 뿐이다. **자연적으로,** 여자들은 무기력한 상태로 있을 수 있는 표본이나 표현도 없이 충동을 겪는다. 사유 재산제의 일부나 상품의 이름을 붙이지 않고는 여자들은 자연적 상태에서 사회적 상태로 변화할 수 없다.

이 사회 질서의 특징들

이러한 유형의 사회 기능은 **메타물리학의 실제적 실현**으로 해석될 수 있다. **실제적** 운명이 된다는 것, 이것은 또한 **가장 완벽한 형태**를 그려낼 것이다. 게다가 그 형태는 너무나 효과적이어서 한쪽에서 다른 쪽까지 참여하는 주체들, 개념으로 생산되는 주체 자신들에게는 이 형태를 분석할 재료도 없을 것이다. 뒤늦게 사람들이 얼마만큼 지연되었는가에 대한 측정을 끝내지 않는다면 말이다.

형이상학의 이 실제적 실현은 아버지나 그 지지자들이 여자들의 육체를 소유화하는 과정에 그 기본 작용을 둘 것이다. 이것은 일반적인 등가 체계에, 즉 아버지의 권력 독점을 나타내는 고유 명사에 여자들을 굴복시키는 것으로 나타날 것이다. 이러한 기준으로부터 여자들은 자연적 상태에서 사회적 목적의 상태로 옮아가는 자신들의 가치를 부여받을 것이다. 이렇게 여성들의 육체가 용도와 교환 가치로 변화함은 상징적 질서를 작동시킨다. 그러나 이 상징적 질서는 **이른바 순수한 잉여 가치** 위에서 움직인다. 남자들처럼 말할 수 있는 능력을 부여받은 동물들인 여자들은 수취인은 아니지만 상징의 이용과 유통의 가능성을 보장할 것이다. 그녀들은 사회 질서를 확립하는 상징에 접근하지 못한다. 남자들간의 관계를 형성시켜 주는 여자들은 말할 수 있는 권리, 게다가 동물적 권리를 포기할 때에만 이 작용을 실현한다. 여자들이 유지하는 사회 질서 속에서가 아니라 자연 질서 속에서 여자들은 더욱 개인이 한 사회에 의해 착취당함을 나타내는 징후이다. 그리고 이 사회는 부분적으로만 그들의 '수고'에 보상할 뿐 결코 완벽하게 보상하지 않는다. 당신들을 이용하고, 당신들을 억압하는 한 체계에 굴복하는 것이 충분히 보상되어야 할 것으로 여겨지지 않는 한? 고유 명사——아버지의——를 수많은 여자들에게 붙인다는 사실이 그들의 육체를 이용하여 사회 질서를 유지하기 위해 다시금 그들에게 되돌아오는 상징적인 가치로 변화하지 않는 한?

그러나 여자들의 육체를 일반적인 등가물에, 어떤 초월적이고 초자연적인 가치에 굴복시키면서 남자들은 사회 기능을 점점 더 광범위한 추상화 과정 속으로 유도해 왔다. 그들 자신이 마치 순수한 개념들로 생산될 정도로 말이다. 즉 그들의 '감지되는' 모든 자질들과 개인적 차이들을 극복해 오면서, 그들은 결국 노동 수단의 생산으로 축소될 것이다. 형이상학의 강력한 실증적 체계는 지적 작용의 중재 없이 '생리학적' 에너지가 추상적 가치로 전환된다는 사실로 규명될 수 있을 것이다. 어떤 특별한 주체도 더 이상 지적 작용을 실현시키지 못할 것이다. 이 주체가 사회에 의한 이러저러한 자신의 결정을 우연히 분석할 수 있는 것은 나중이 되어서야 가능할 것이다. 바로 이때 황금에 대한 그의 애착이 그를 이 맹목적인 숭배의 대상보다 오히려 다른 모든 것을 단념시킨다는 것은 확실치 않다. "그러므로 수전노는 자기 육체의 모든 성향들을 이 숭배의 대상에게 바친다. 그가 아닌 어느 누구도 이 포기의 복음을 진지하게 고려하지 않는다."

다행스럽게도——우리가 이렇게 말할 수 있다면——여자들-상품들, 남자들간의 상호 작용의 단순한 '대상들'은 존재할 것이다. 교환——성적인, 그러나 보다 일반적으로 경제적·사회적·문화적인——이라는 기능 안에서 일어나는 특수한 착취인 그들의 상황은 이들로 하여금 '정치 체계에 대한' 새로운 '비판'으로 나아가도록 할 수 있을 것이다. **이것은 담화의 비판도 피하지 않을, 보다 일반적으로는 상징 체계의 비판도 피하지 않을 것이다. 그리고 이것은 담화와 상징 체계 속에서 이루어진다.** 이는 다른 방식으로 생산 활동의 관계들을 분석함으로써 상징적인 사회 작용의 충격을 해석하기에 이를 것이다.

여성들을 착취하지 않는다면, 사회 질서는 어떻게 될까? 만일 여자들이 상품이라는 그들의 조건——오로지 남성에 의한 생산 활동과 소비·가치화·유통에 굴복하는——으로부터 벗어난다면, 그리고 교환 작업과 기능에 참여한다면 이 사회 질서는 어떠한 변화를 겪게 될까? 오늘날 기준이 되는 '남성 위주의' 모델들을 재생산하고, 모방하면서가 아니라 다른 식으로 자연과 질료·육체·언어·욕망과의 관계를 공유하면서 말이다.

여자들 사이의 상품들

가부장적 사회들을 조직하는 이 교환들은 오로지 남자들 사이에 서만 일어난다. 여자들·기호들·상품들·화폐는 모든 교역을 마 비시키게 될 근친 상간 관계들과 동족들만의 관계로 추락하지 않 기 위해서——우리는 그렇게 믿고 있다——항상 한 남자에게서 다 른 남자에게로 넘겨진다. 그리하여 대지-어머니에게서 생겨난 것 을 포함한 노동력·생산물들은 오로지 남자들간 상호 작용의 대상 이 될 터이다. 이것은 **사회-문화의 가능성 자체가 동성애를 요구하 리라는** 것을 의미한다. 사회-문화를 주관하는 법칙은 동성애적인 것이 될 터이다. 이성간의 성욕은 이 체계 내 역할 지정에 이른다. 즉 한쪽은 생산자로서, 교환자로서 주체가 되고, 다른 한쪽은 생산 활동을 하는 대지와 상품인 것이다.

문화, 적어도 가부장적 문화는 성에 대한 금기를 포함한 **붉은 피** 로 돌아가는 것에 대한 금기로 원활하게 작용할 것이다. 문화는 가 **장의 제국을 추종하지만, 여전히 자신들의 동족 결혼을 잘못 알고 있다.** 순조로운 남자들간의 관계 진행에 의한 처방 이외의 성, 서로 다른 성이 없을 것이기 때문이다.

이 남성적 동성애가 일반적인 체계를 지지한다면, 왜 남성적 동 성애를 예외적인 사실로 생각하는가? 사회가 동성애를 가정하는데,

왜 동성애자들을 배제시키는가? 거기에서 작용하는 '근친 상간'이 분명 겉치레 속에 남아 있기 때문이 아니라면 말이다.

그렇기 때문에 **아버지-아들의 관계**도 전적으로 마찬가지이다. 이들의 관계는 가부장적 권력 계보와 법, 담화, 그 사회를 보장한다. 도처에서 실제적인 이 관계들은 일반적인 위기를 일으키지 않고서는 사라질——가정의 소멸이나 일부일처제하의 번식의 소멸 속에서——수도, 그들의 남색적 애정 속에서 나타날 수도, 그 유일한 언어 활동과 다른 방식으로 실현될 수도 없다. 상징은 거기에서 그 종착점을 발견할 것이다.

'다른' 동성애——남성적——관계들 역시 파괴적일 것이고, 그리하여 금기시될 것이다. **공개적으로 사회적 기능의 법칙을 드러내는** 동성애 관계들은, 사실 이 사회적 기능의 지평을 이동시킬 수 있다. 게다가 이 관계들은 교환의 산물인 여성의 본질과 위상, '족외혼'의 필요성에 이의를 제기한다. 무역의 기능을 뛰어넘는 이 관계들이 교환의 진정한 쟁점을 드러낼 것인가? 더 나아가 이 관계들은 기준의 궁극적 가치를 과소 평가할 수 있다. 음경마저 남자들 사이의 쾌락을 위한 단순한 도구가 된다고 말이다. **이때 남근은 그 권력을 상실한다.** 남성의 쾌락은 진지한 상징 법칙에 거의 적응하지 못하는 피조물들, 즉 여자들에게 남겨지게 될 것이라고 사람들은 말한다.

늘 남자들 사이에서 이루어진 교환과 관계들은 그러므로 **법에 의해 요구되면서 동시에 금지될 것이다.** 교환자들, 남성 주체들은 그들 자신이 상품으로 기능하기를 포기하는 대가로만 교환자, 주체가 될 것이다.

그러므로 동성애는 경제적 경영이다. 그것은 또한 여성에 대한 것을 포함한 욕망의 경영이기도 하다. 여성은 남성과 그 동류와의, 게다가 남성과 그 자신과의 중재와 상호 작용·변천·전이의 가능성으로서 존재한다.

☆

이성간의 성욕이라는 이 낯선 상태가 부지불식간에 일어날 수 있었고, 아직도 그럴 수 있다면, **이 교환 체계에서 여자들간의 관계를 어떻게 이해해야 하는가?** 그녀 스스로가 욕망을 느끼는 순간, 그녀가 스스로 말하는 순간에 이 여성이 한 사람의 남성이라고 확신하지 않는다면 말이다. 그녀가 다른 여성과 관계를 맺는 순간 그녀는 남성 동성애자이다.

이것은 여성적 동성애에 대한 분석에서 프로이트가 제시한 것이다.[24]

한 여성 동성애자는 '남성 콤플렉스'를 통해서만 자기의 선택을 결정할 수 있다. 이 콤플렉스가 '유아기 남성성의 직접적인 연장'이든 '과거 남성 콤플렉스로의 퇴행'이든, **이 여성 동성애자는 자신에게 남성성을 환기시키는 한 여성에 대해 남성으로서만 욕망을 품을 수 있다.** 이처럼 여성 동성애자들은 "서로에 대해 어머니와 아이의 역할, 혹은 남편과 아내의 역할을 구별하지 않고 수행한다."

어머니는 남성적 권력이고, 아이는 항상 어린 사내아이에 불과하며, 남편은 남성-아버지이다. 여성은 어떤가? "존재하지 않는다." 그녀는 사람들이 그 역을 맡으라고 요구하는 여장 남자를 흉내낸다. 그녀는 사람들이 강요하는 그 역할을 모방한다. 그녀에게 진정으로 요구되는 유일한 것은 **오점을 남기지 않은 채, 여성성으로 자기 모습을 감추면서 계속 가장을 유통시키는 것이다.** 여기에서 여성적 동성애가 일으키는 오류와 위반·실수·의문이 생긴다. 남자처럼 행동하는 것만 보고 어떻게 이 여성적 동성애를 단순화시킬 수 있는가?

그러므로 여성 동성애자, 어쨌든 프로이트의 이 동성애자는 "자기가 좋아하는 대상에 대한 자기 행동에서 완벽하게 남성적 유형을 띤다." "단지 여성을 대상으로 선택해 왔다는 것뿐 아니라, 이 대상에 대해 남성적 태도를 취해 왔다는 점에서" 그녀는 "남성이 되었고, 아버지 대신 자신의 (남근 숭배에 젖어 있는) 어머니를 애정의 대상으로 생각해 왔다." 그러나 그럼에도 불구하고 그녀가 '여인'에게 집착한다는 것은 "그 여인의 큰 키, 그녀의 지고한 아름다움과 거친 행동들이 그녀보다 조금 나이가 많은 하나뿐인 오빠를 떠올린다는 사실로" 설명되곤 한다.

'보통' 여성에게 일어나는 이러한 성 기능 '도착'을 어떻게 이해해야 하는가? 이 정신분석학자에 의한 해석은 그리 확실한 것 같지는 않다. 여성적 동성애는 그의 '이론'에, 그의 상상계(문화적)에 너무 생소한 현상처럼 나타나기 때문에 그는 이에 대한 '정신분석학적 해석을 부정'할 수밖에 없다.

그러므로 과학이 지독한 혼란에 빠지지 않기 위해서는 이 거북한 질문을 해부학적-생리학적 원인 쪽으로 돌려보내는 일이 남는다. "분명 여기에서의 구성 인자는 결정적인 중요성을 지닌다. 이것은 반박할 수 없는 것이다." 그리고 프로이트는 자신의 '여자 환자'의 동성애 ——**남성적** ——를 정당화하는 해부학적 징후들을 염

탐할 것이다. 아마도 '이런 소녀가 여성의 신체 유형에서 동떨어지지 않고,' 그녀가 '아름다운 생김새와 균형잡힌 몸매를 지니며,' '월경의 문제들도 드러내지 않았을 테지만,' '사실 그녀에게는 자기 아버지의 큰 키와 여성적 온화함보다는 오히려 강한 얼굴의 특징들이 있다. 사람들은 이것을 신체상 남성성의 표시들로' 혹은 '더 나아가 남성적 특징을 보여 주는 지적인 자질들'로 생각할 수 있었다. 그러나 "이 정신분석학자에게는 몇 가지 사례에서 자기 환자들의 심각한 신체적 사례를 피하는 습관이 있다."

그렇지 않다면, 프로이트는 자신의 '여자 환자'의 동성애──남성적──에 대한 해부학적 증거로 무엇을 발견할 수 있었을까? 남장 여자의 고백할 수 없는 욕망은 그에게 무엇을 '내비칠' 수 있었을까? 여전히 해부학적-생리학적 목적에 대한 그의/이러한 망상들을 감추기 위해, 그는 '자웅 동체일지도 모르는 난소'에 대해서만 말한다. 그리고 그는 "매번 사람들이 그를 가치 있다고 여김에도 불구하고, 한 여의사에게 가서 계속 치료를 받으라고" 충고하면서 이 어린 소녀를 돌려보낸다.

결국 **여성적** 동성애의 어떠한 것에도 도달하지 못했다. 어린 소녀의 동성애도, 프로이트의 동성애의 어떠한 것도 말이다. 또한 이 '여자 환자'는 치료의 전개에 대해 아주 무관심한 것 같다. '지적으로는 상당히 공감'하면서도 말이다. **원인으로의 유일한 전이가 프로이트의 전이가 되는 걸까?** 사람들이 말하는 것처럼 그것은 아니다. 혹은 부정적이다. '성적으로 평판이 훨씬 안 좋은,' '품행이 훨씬 경박한,' 그리고 '그저 자신의 매력을 팔아 살아갔던' 한 여성과 자신을 동일시하는 일을. 어떻게 그가 그것을 할 수 있는가? 어떻게 그의 '초자아'가 그에게 '단순하게' 여성으로 존재하도록 명령내릴 수 있었을까? 그러나 자신의 '여자 환자'의 이송을 막지 않는 것이 유일한 방법이었다.

그러므로 여성의 동성애는 이 정신분석학자를 벗어났다. 이것은 프로이트의 기술이 그저 틀리다는 것을 의미하지는 않는다. 지배적인 사회-문화적 체계는 프로이트가 잘못 알고 있는 것 같은 **일종의 동물성 혹은 남성 모델의 모방 사이의 선택만을** '여성 동성애자들'에게 남겨 준다. 여자들의 육체들·성들·말들 사이에서 욕망이 일어난다는 것은 파악될 수 없다.

그러나 여성의 동성애는 이미 존재한다. 하지만 **남자들의 망상에 팔리는 창녀로서만** 동성애가 인정된다. 상품들은 그들의 '감시자들'의 시선하에서만 관계를 맺을 수 있다. 판매자들-구매자들-소비자들인 주체들의 통제 없이 상품들이 혼자서 '시장'으로 가고, 상품들이 자기들 사이에서 중요하게 작용하며, 스스로 말하고, 스스로 욕망을 품는다는 것은 분명하다. 그리고 이들의 관계가 상인들의 이해 관계 속에서 적대적이 된다는 것도.

만일 '상품들이' '시장'에 가기를 거부한다면? 상품들 사이에 '다른' 거래를 유지한다면?

이것은 확인할 수 있는 기한도, 이익도, 끝도 없는 교환들이다. 이 교환은 구분도 안 되고, 그 뒤를 이을 수 있는 것도, 번호도 없다.

기준도 없다. 이때 **붉은 피**와 그 **유사품**은 그들의 가치를 속이는 포장으로는 더 이상 구분되지 않을 것이다. 여기에서 용도와 교환은 서로 뒤섞일 것이다. 가장 비싼 것이 가장 부족한 것이 될 것이다. 자연은 끝도 없이 소비될 것이고, 노력 없이 교환될 것이며, 아무런 대가 없이 희생될 것이다——남성의 상호 작용이라는 피난처에서. 즉 우연한 쾌락, 고통 없는 편안한 상태, 소유 없는 쾌락들인 것이다. 이것은 계산과 절약, 다소 범죄적인(폭력적인) 소유화, 수고로운 자본주의화에 대한 아이러니이다.

이것이 유토피아인가? 어쩌면 그럴 수도 있다. 교환의 이러한 방식이 오래 전부터 무역의 질서를 침해하지 않는다면 말이다. **순수한 가장 안에서 근친 상간의 의무**가 풍요의 체계를 막지 않는다면 말이다.

'프랑스 여자들'이여, 더 이상 애쓰지 마라

포르노그라피 장면에는, 내가 말할 게 없다.

나는 자신의 무지함에서 벗어나는 한 젊은 여인——혹은 청년?
——에게 말을 거는 한 방탕한 대가의 가르침을 듣고 반복해야만
한다. 그리고 그의 행동에 황홀하게 굴복해야만 한다. 아니면 그와
같은 패거리들의 행동에 굴복해야만 하는가?——소크라테스적 선
택이 복종하는 패거리들. 기껏해야 나는 내 열광을 드러낼 뿐이다.
"맞아, 맞아, 그래……." "분명." "명백하게." "확실히." "어떻게 다른
식이 될 수 있을까?" "누가 이의를 제기할 수 있을까?" 그리고 이
보다 덜 분명한 다른 소리들로 말이다. 그리고 이 소리들은 이 대
가에게 내가 그의 화술이나 처신을 놀라워함을 입증한다.

내가 제 정신이 아닌 때가 그런 경우이다. 얼이 빠진 채. 당황해
서(다시 말해 얻어맞은 채). 그때——그가 고백할 때——부터 나는
내 쾌락 속으로 들어간다. 우선 나는 그의 말의 이론적이고 실제적
인 힘을 통해 의식——그리고 실존?——을 잃어야만 한다.

아직 이 장면 외부에 머물러 있던 내가 이 최고 권위에게 함락당
하지 않으려고 저항하고 끝까지 버티게 된다면, 나는 이 방탕한 대
가의 면전에서 과감하게 몇 가지 질문을 던지게 될 것이다. 그에게
들리지 않을 그런 질문들, 혹은 그가 '나의 본성'이라고 부르는 것
에 어긋나는 증거로 받아들일 그런 질문들 말이다. 더 나아가 제재

의 결과로 받아들일 그런 질문들 말이다. 그러나 그의 쾌락을 계속적으로 작동시키기 위해서 그에게 이 질문들이 필요하지 않을까? 어쨌든 그가 재판권이라는 이름으로 이를 교묘하게 피해 갈 것이라는 사실은 분명하다. 사실 그는 타고난 입법자이다.

포르노그라피에게 던지는 몇 가지 질문들

——포르노 영화의 장면은, 계열적으로 한 여성의 입사 과정과 혹독한 시련 과정으로 나타난다. 이 여성은 한 남성이 그녀에게 가르쳐 준다고 주장하는 쾌락의 측면에서 볼 때, 여전히 그리고 앞으로도 깨끗한 여인이다. 그러므로 거기에서 이 여성은 겉으로 보기에는 선택의 입장, 즉 여자 주인공의 위치에 있는 것 같다. 그녀는 젊고 아름다워야 한다.

그녀의 육체와 쾌락은 누구에게 보여지는가? 남자의 성기는 무엇으로 나타나는가? 결국 비도덕성을 가르치는 교수의 제안과 행위들이 도달하는 것은 또 다른 남성이 아닌가? 최소한 두 남자들 사이에는 하나의 관계가 설정되고, 이 관계에 대해 무지한 소녀는 **사회에 의해 규정된 매개체이다.** 여성은 남자들 사이에서 전개되는 장면에 속하기보다는 전경(前景)에 더 많이 속한다. 이러한 체계에서 **여성의 쾌락이 어떤 작용을 하는가?**

——게다가 **여성의 쾌락이 중요한가?** 완전한 소진에 이를 때까지——만족하지 못한 채 싫증나 버린?——여성에게 하나, 둘, 열, 스물의 성적 오르가슴이 일어난다는 것은 그녀가 자신의 쾌락을 즐긴다는 것을 의미하지는 않는다. 이 오르가슴은 남성적 힘을 나

타내기 위해서는 필수적이다. 이 오르가슴은 여성에 대한 남성의 성적 지배력이 성공적으로 이루어졌음을 의미한다——그들은 그렇게 생각한다. 이 오르가슴은 **남자들에 의해 만들어진 쾌락의 테크닉이 중요하다는 것**, 남성은 **쾌락을 창출하는 수단에 있어서 틀림없는 대가라는 것**에 대한 증거이다. 여자들은 거기에서 이를 증언한다. 이들이 겪는 혹독한 시련은 여성을 남성 위주의 성 체계에 굴복시키려는 목적을 갖는다. 초보자들은 모두가 발기와 격렬한 삽입, 반복적인 구타와 상처들에 대한 행복한 욕구를 지닌다. 또 방탕한 여자들은 남성 중심적으로 말하고 행동한다. 즉 그녀들은 유혹하고, 입맞추고, 사정하고, 구타하며, 더 나아가 자기들보다 약한 이들을 살해한다. 이때 이들은 힘센 남자들이다.

사람들이 말하는 것처럼 **여자들은 변명만 늘어놓는다.** 포르노그라피를 통해 만들어지는 쾌락의 테크닉들이——적어도 지금까지는?——여자들의 쾌락과 거의 일치하지 않았기 때문이다. 발기와 사정의 강박 관념, 남성 성기의 과대 평가된 중요성, 행위들의 정형화된 비참함, 구멍내야 할 표면으로 축소되는 육체·폭력·강간 등은 우발적으로 쾌락——여자들이 타고난——에 굴복하도록 만든다. 그러나 어떠한 쾌락인가?

여자들이 이 쾌락에 대해 **침묵하고 여일하게 무지하다는 것**, 누가 이 사실에 놀랄 것인가? 남자들만의 생산 방식에 굴복하는 여성의 '본성'은 이 방식을 통해, 여자들이 그 방식에 대해 아무것도 모른 채 굴복한다는 조건에서 다음과 같은 것을 즐긴다. 여자들이 누리는 쾌락에 힘입어 이 방탕한 사내가 그녀들에 대해 조금 더 알게 된다는 것을 말이다. 그에게 이것은 최고의 기쁨이다.

──그는 여자들끼리도 쾌락을 누리라고 부추기기까지 한다. 물론 그가 보는 앞에서 말이다. 성적 연출의 어떠한 가능성도 남성에게서 벗어나서는 안 된다. 그가 주관자가 되는 조건이라면 모든 것이 허락된다. 그렇다면 이런 질문이 남는다. 여자들 사이에서 일어나는 일을 그는 어떻게 생각하는가? 혹은 **여자들이 자기들끼리 있는 것처럼 '그가 보는 앞에서도 그녀들끼리'** 있는가?

──예를 들어 이 방탕한 자는 피를 좋아한다. 그러나 그것은 자기의 테크닉에 따라서 흘러가는 피이다. 자신의 방탕함이 어떠하든, 모든(?) 금기에 대한 그의 위반이 어떠한 것이든, **그에게 월경혈은 보통 터부로 남기 때문이다.** 분명 그것은 배설물이지만 생리혈이기도 하다. 아니다.

자신도 모르게 그가 '자연적' 섭리를 규제하게 될까? 왜 유독 피인가? 누구의 피인가? 왜 여자들은 금기라는 이 체계에 굴복하는가? 그녀들은 월경 주기 동안에는──진정으로?──쾌락에 대한 욕구를 느끼지 않는가? 그녀들 역시 자신들의 피를 두려워하지 않는가?──하지만 어떤 암시로? 자기 어머니의 성을 증오하도록 만드는 것이──추론된──이 충동인가?

──그러나 이 피는 수동성, 더 정확하게 말해서 삽입은 항상 고통과 함께 수반되는 것처럼 그려졌다. 이것은 쾌락, 즉 삽입하는 남자의 쾌락, 삽입당하는 여자 혹은 남자의 쾌락에 필요한 항목이다. **격렬하게 열어야 하는 굳게 닫혀 있는 처녀의 육체에 대한 어떠한 망상이 성에 대한 이러한 모습과 행동을 지지하는가?** 육체에 대한

쾌락은 항상 **울타리**의 불법 침입으로——피를 흘리더라도——일어나게 된다. 혹은 **소유권에 대한 침입인가?** 이 침입은 누구에 의해, 누구를 위해 이루어지는가? 이른바 반사유 재산권에 대한 이 범죄가 어떤 남자(들)에게 관련되는가? 가장 흔하게 이 범죄가 여자들 전체를 대상으로 자행되더라도 말이다.

——어쨌든 이 방탕한 남자는 아주 흔히, 그리고 당연하게 돈과 언어·테크닉을 갖춘다. 부와 생산 도구들을 차지하고 있다는 사실에 걸맞게 그가 여자들과 아이들, 가장 '불쌍한 이들'을 유혹하고——매수하고?——자신의 쾌락에 이들을 구속시키는가? 또 한 번 묻는다면, 그것은 어떠한 쾌락인가? 그에게 쾌락에 대한 자신의 지식을 완성시킬 여유가 있다는 것은 그가 노동에 짓눌리지 않기 때문일까?

이것이 그의 노동일까? 어떻게 **이 일이 일반 노동의 세계로 이어지는가?** 포르노 영화는——오늘날——공중 위생 문제들에 매달리는 정부 관리가 아닌가?

사실 포르노 영화의 장면——암묵적으로, 혹은 명백하게 공화당 권력에 의해 부추겨지는——은 칸막이로 잘 가려진, 거리낌 없는 '사정'과 '오염'의 장소로 작용한다. 인체의 움직임은 거기에서 자기 욕망이, 일어날 수 있는 과도한 성욕이 주기적으로 완전하게 해소된다고 생각한다. 이 욕망의 초과 상태가 그때그때 해소된 육체들은 일과 사회, 더 나아가 가정이란 회로 안에 놓여 있는 그들의 제자리-톱니바퀴로 되돌아올 수 있다. 모든 것은 다음번 초과 상태가 될 때까지 원활하게 돌아갈 것이다.

——다음번 초과 상태? 포르노 영화의 장면은 **끊임없이 반복적**이다. 이 장면은 결코 멈추지 않는다. 항상 다시 시작해야만 한다. 한 번 더, 그리고 다시 한 번 말이다. 쾌락이란 변명하에서 반복의 필요성이 제기된다. 즉 끝이 없는 것이다.

과연 무엇이 이 쾌락에서 벗어나기 때문에 반복해야 할 구속이 가혹하기도 한가? 어떠한 단호한 명령이 항상 여분으로 남아 있는 쾌락을 좇아가라고 요구하는가? 신체적 기력 소진이 더 부풀려진 쾌락의 범위가 아니라 이 장면의 중단을 결정하기 때문이다. 심지어 이 쾌락은 점점 더 드물고 비싼 것이 되기도 한다. 즉 쾌락을 누리기 위해서 대가에게는 더 많은 것이 필요하다. 포르노 영화, 그것은 **연속성의 힘**이다. 한 번 더 늘어나는 '여자 희생자', 늘어나는 구타, 늘어나는 죽음······.

——그러나 닫힌 회로, 즉 폐쇄적인 공간과 시간에서 이런 장면은 포만감과 권태를 철저하게 발산한다. 양(量)은 마치 그 유일한 '출구'처럼 작용한다. 혹은 죽음이 기한 없는 이 회로의 출구가 되기도 한다. **이 단조로움은 어디에서부터 규정되는가?** 방탕함은 방탕한 행동 속에서 자발적인 만큼 잔인하기도 한 초자아에 의해 결정되는 것이 아닐까? 쾌락의 음모 속에서 성적으로 구별되는 육체들은, 죽어가면서 기운을 상실할 정도로 성공적이라고 할 수 있는 희생을 치르면서 스스로의 목숨을 포기한다.

여기에서 이런 질문이 생긴다. 남성에게 있어서, 포르노 영화 같은 유혹이 근본적으로 노리는 풍요——현실 혹은 망상의——는 **여일하게 손실 속에서 처벌받아야 하는가?** 덤은 모자람에 이르러야 하는가? 축적이 방출에 이르러야 하는가? 비축물을 다 소진시킬 정도로? 그리고 사람들은 다시 시작한다. 포르노 영화의 지평에 결핍에 대한 열광이 남아 있을까? 남성이 자신이 풍요를, 자연을 누릴 수 없음을 고백할까? 전능하고 누구도 대신할 수 없도록 가혹한 어떤 신화가 이 관능적인 무대 체계를 지배하는가?

다른 많은 질문들이 포르노 영화들에게 제기될 수 있을 것이다. 그러나 이 영화들의 상영을 '지지'하느냐, 혹은 '반대'하느냐는 의문을 환기시키지는 않는다. 결국 우리 사회 질서를 유지하는 성욕이 개방적으로, 또 스스로 작용하는 것이 성욕이 사회 질서를 억압의 장소로 규정하는 것보다 훨씬 더 중요하다. 혹시 도처를 지배하는 남성 우월주의를 경솔하게, 마지못해 보여 줌으로써 또 다른 성 체계가 가능해질 수 있을까? 포르노 영화는 남성 제국의 '카타르시스'가 되는가? 여성들의 성적 굴종을 폭로하는 것이 되는가?

규방 밖의 여자들

여자들이여, 더 이상 노력하지 말아라. 사람들은 당신들에게 당신들이 한 남자 혹은 모든 남자들의 사적 혹은 공적 소유물이었음을 가르쳐 왔다. 한 가정, 한 부족, 우연하게도 한 공화국의 소유물이었음을 말이다. 당신들의 즐거움이 그런 것이었음을 가르쳐 왔다. 그리고 욕망——한 남자 혹은 모든 남자들의——에 굴하지 않고는 당신들이 쾌락을 몰랐었다는 것을 가르쳐 왔다. 당신들에게 이 쾌락은 항상 고통과 이어져 왔다는 사실을, 그러나 그것이 당신들의 본질이라는 것을 가르쳐 왔다. 남성에게 복종하지 않는 것은 당신의 불행을 초래하는 것이었다.

　그러나 당신들의 본질은 신기하게도 항상 오직 남자들에 의해서만, 즉 사회과학 분야나 종교 분야, 성적인 영역에서 당신들의 영원한 스승들에 의해서만 **규정되었다.** 당신들을 가르치는 자들은 도덕적이거나 비도덕적이다. 당신들에게 당신들의 필요 혹은 욕망을 가르친 자들이 그들이다. 당신들이 그 어떤 것에 대한 말도 시작하지 않았는데도.

　자, 그들의 이론적·실천적 방식을 통해 과연 어떠한 본질이 나타나는가를 물어보라. 만일 그들의 법·규칙·관습들이 명령하는 것과는 다른 것에서 생긴 매력에 당신들이 끌린다면——어쩌면——**당신들의 '본질'이** 그때 작용하는 것이라고 생각하라.

　그 핑계를 다시 찾지도 말아라. 당신에게 일어나는 일, 당신에게 기쁨을 주는 일을 하라. '이유'도, '중요한 원인'도, '변명'도 늘어놓지 말아라. 당신들을 위해서나 다른 사람들을 위해서 당신들의 충동을 신성한 명령의 범주로 고양시킬 필요는 없다. 이 충동들은 스스로 변화하여 이러저러한 타자의 충동들에 일치될 수 있거나, 그렇지 않을 수도 있다. 내일이 아니라 오늘 당장 말이다. 반복에 굴복하지 말아라. 당신들의 꿈과 욕망을 획일적이고 결정적인 모습 속에 고정시키지 말아라. 당신들에게는 탐색해야 할 많은 공간들이 있기 때문에, 당신들에게 경계선을 긋는 것은 당신들의 '본질' 자체를 '누리지' 못하게 하는 것이 될 터이다.

우리의 입술이 저절로 말할 때

만일 우리가 계속 같은 언어 기능으로 말한다면, 우리는 동일한 역사를 재생산하게 될 것이다. 동일한 역사들을 다시 시작하게 될 것이다. 그렇다고 생각지 않는가? 들어 보라. 우리 주변의, 남자들과 여자들은 그렇다고 말할 것이다. 똑같은 토론, 똑같은 논쟁, 똑같은 드라마들. 똑같은 매력들과 똑같은 결렬들. 똑같은 난점들, 결합의 똑같은 불가능성들. 똑같은…… 똑같은…… 여전히 같은 것이다.

만일 우리가 계속 똑같은 것을 말한다면, 우리가 수 세기 이전부터 남자들이 말하는 것처럼, 사람들이 우리에게 말하는 법을 가르쳐 온 것처럼 우리 자신이 말한다면, 우리는 실패할 것이다. 또다시 말이란 우리의 육체를 통과하여, 우리의 머리 위를 지나 스스로 사라지고, 우리로 하여금 길을 잘못 들게 할 것이다. 멀리. 높이. 우리에게 부재하는 것, 즉 말해지는 기계, 말하는 기계인 것이다. 그것은 우리들의 것이 아닌 독특한 피부에 싸여 있다. 그것은 너의 것도, 나의 것도 아닌 여러 고유 명사 속으로 날아오른다(사라진다). 우리에게는 고유 명사가 없다. 그들이 우리를 교환하듯, 그들이 우리를 이용하듯, 우리는 그 이름을 주고받는다. 우리는 그들에 의해 달라지기도, 교환되기도 하는 가벼운 존재들일 것이다.

만일 네가 거기에 없다면 어떻게 너와 연락할 수 있을까? 너의 피는 그들의 감각이 되었다. 그들은 자기들끼리 우리에 대해 말할 수 있다. 하지만 우리는? 그들의 언어 활동에서 나가라. 그들이 너에게 부여한 이름들을 다시 가로질러라. 나는 너를, 나를 기다린다. 되돌아가라. 그렇게 어려운 일은 아니다. 너는 여기에 남아 이미 꾸며진 장면들에, 이미 들리는 수정된 문장들에, 이미 알려진 행동들에 몰두하지 않는다. 너는 너 자신에게 주의를 기울이도록 힘쓴다. 나 자신에게. 규범이나 습관에 스스로를 방치하지 않으면서.

그리하여 **"나는 너를 좋아한다"**라는 것은 일반적으로, 혹은 습관적으로 하나의 수수께끼에게, 즉 타자에게 말을 건다. 다른 육체, 다른 성에게 말이다. 나는 너를 좋아한다. 나는 누구인지, 왜인지 잘 알지 못한다. 내가 좋아한다는 것은 심연 속으로 자연스럽게 흘러들어 휩쓸리고, 잠기고, 타오르고, 길을 잃는다. '나는 좋아한다'의 반복을 기다려야 할 것이다. 때로는 오랫동안, 때로는 항상 말이다. '나는 좋아한다'는 어디에서 생기는가? 나는 어디에 이르는가? '나는 좋아한다'는 타자를 노려본다. 그가 나를 잡아먹었는가? 나를 거부했는가? 나를 사로잡았는가? 나를 내버려두었는가? 나를 가두었는가? 나를 내쫓았는가? 그는 어떤 상태에 있는가? 그리고 나는? 그가 내게 **"나는 너를 좋아한다"**라고 말할 때, 그는 날 어떻게 만드는가? 혹은 이런 표현에 몰두하는 것이 그인가? 자신의 표현에? 나의 표현에? 결국은 마찬가지인가? 아니면 또 다른 것인가? 그렇다면 나는 어디에 이르는가?

네가 **"나는 너를 좋아한다"**라고 말할 때——여기, 네 곁에, 내 곁에 머물면서——너는 **"나는 나를 좋아한다"**라고 말한다. 너는 이 말이 내가 아니라 너에게 이른다는 걸 기대하지 않았다. 나는 너에게 아무것도 빚지지 않고, 너도 나에게 아무것도 빚지지 않는다. "나는 너를 좋아한다"라는 이 말은 혜택도 빚도 아니다. 너는 너 자신과 접촉하면서, 나와 접촉하면서 아무것도 내게 주지 않는다. 나를 통해 너 자신과 다시 만나는 것이다. 너는 너 자신에게 아무것도 주지 않는다. 이렇게 어떤 혜택에 집착하는 너를, 또 나를 내가 과연 어떻게 변화시킬 수 있겠는가? 너는 너/나에게 드러내는 만큼 너를/나를 지킨다. 너는 너/나를 믿는 만큼 너/나를 재발견한다. 이러한 양자 택일·대립·선택들·시장들이 우리 사이엔 통용되지 않는다. 그들의 거래를 반복하는 것, 그들의 체계 안에 머무르는 걸 제외하고 말이다. 그러나 거기에 우리의 자리는 없다.

나는 양분된 몸인 너를 사랑한다. 절단하지 않은 채로 말이다. 너 없이 나는 베어지지 않는다. 우리 사이에 반드시 피가 흐르지도 않고, 혹은 그래야 할 필요도 없다. 피가 있다는 것을 우리에게 상기시키기 위한 불평도 필요치 않다. 피는 우리에게서 나와 우리 안으로 흐른다. 우리에게 피는 친근하다. 피는 가까이 있다. 너는 새빨갛다. 또 새하얗다. 둘 다이다. 너의 순진함이 사라질 때, 너는 빨개지지 않는다. 네가 피에서 멀어져 있지 않기 때문에 창백하다. 새빨간 상태에 있으면서 창백한 우리로부터 모든 색깔이 발산된다. 장밋빛·갈색·금빛·초록색·푸른색⋯⋯. 흰색이 가장이 아니기 때문이다. 죽은 피가 아니기 때문이다. 검은 피가 아니기 때문이다. 가장은 검다. 생기를 되찾기 위해 그것은 모든 것을, 갇혀 있는 것을 흡수한다. 그러나 이것은 헛된 일이다. 붉음 속의 흰색은 아무런 색도 띠지 않는다. 그것은 자신이 받아들이는 만큼 다시 돌려보낸다. 그것은 자급자족할 수 없는, 찬란한 색깔이다.

　우리는 찬란하다. 우리는 하나도 둘도 아니다. 나는 결코 세어 본 적이 없다. 너에게 이를 때까지. 우리는 그들의 셈에서는 둘이 될 것이다. 정말 둘인가? 너에게는 이 사실이 우습지 않은가? 둘이라니 이상하다. 그러나 하나는 아니다. 특히 하나는 아니다. 이 **하나**는 그들에게 인정하자. 그 특권, 지배력, **하나** 또는 태양이라는 유아론(唯我論)을 말이다. 그들이 주장하는 커플들의 이상한 분포를 인정하자. 여기에서 타자는 이 유일한 존재의 그림자이다. 오로지 그림자에 불과하다. 이 타자를 향해 가는 것은 그러므로 자기 환영의 매력으로 되돌아오는 것이다. (겨우) 살아 있는 거울로 말이다. 얼어붙은 채, 말이 없는 거울. 그것은 보다 충실하다. 배가와 모방의 노동에 진을 빼는데, 이때 우리 삶의 유동성은 다 소진된다. 오로지 번식에만 바쳐진다. 우리는 수 세기 전부터 이런 똑같은 상태였다. 즉 타자들이었다.

　그러나 "나는 너를 좋아한다"라는 말을 어떻게 달리 표현할 수 있을까? 나는 무관심한 너를 좋아하는가? 이것은 또다시 우리로 하여금 그들의 언어 활동에 복종하도록 만든다. 우리를 지칭하기 위해, 그들은 우리에게 결핍 요소들, 결점들을 남겨두었다. 그들의 음화를 말이다. 우리는 무관심한 이들이 되어야만 했다——이미 충분히 말한 것처럼.
　무관심한 채로 너는 가만히 있다. 네가 움직이면, 너는 그들의 질서를 망친다. 너는 모든 것을 뒤흔든다. 너는 그들 관습의 고리를,

그들의 순탄한 흐름의 교환을, 그들의 지식과 욕망의 흐름을 단절시킨다. 즉 그들 세계의 흐름을 망친다. 무관심한 너는 그들이 너를 불러들이지 않는 한 혼자 움직여서도, 마음이 동요되어서도 안 된다. 만일 그들이 "이리 와"라고 말한다면, 너는 앞으로 나갈 수 있다. 겨우 그뿐이다. 그들이 존재하는 자신들의 그림자로부터 요구하는 필요, 혹은 요구하지 않는 필요에 참여하면서 말이다. 한 걸음 혹은 두 걸음 정도 말이다. 그 이상은 아니다. 충만함도 소동도 없다. 그렇지 않으면 너는 모든 것을 박살낸다. 거울을, 그들의 대지를, 그들의 어머니를, 너의 삶까지도? 너는 위장해야만 한다. 그들로부터 이 삶을 부여받은 것처럼, 초연한 작은 집합소인 것처럼 말이다. 그리고 그들의 유일한 억압에 굴복해야 한다.

그러므로 우리는 무관심할 것이다. 이 사실이 우습지 않은가? 적어도, 당장, 그 사실이 우습지 않은가? 무관심한 우리라고? (만일 네가 늘 도처에서 웃음을 터뜨린다면, 우리는 결코 우리끼리 말할 수 없을 것이다. 그리고 여전히 우리는 그들의 말 속으로 날아오를(사라질) 것이다. 그러므로 말할 수 있기 위해 조금만 입을 다물자.) 사실 달라진 것은 '없다.' 결국 이것은 매우 간단한 일이 될 것이다. 이 '없음'은 우리를 측정하기 위해 다시 한 번 분리시킨다. 그리하여 우리는 우리로부터 더욱 분리된다. 우리가 비슷한 사람들인가? 원한다면 그렇다. 그것은 조금 추상적이다. 나는 이 비슷한 사람들이라는 말을 잘 이해하지 못한다. 너는 이해하는가? 누가 보기에 비슷한 이들인가? 어떤 기능에 따라서인가? 어떤 기준으로? 제3자는 누구인가? 나는 너와 접촉한다. 그것은 네가 내 몸이라는 것을 알기 위한 아주 좋은 방법이다.

나는 너를 좋아한다. **한 마디** 말이 저절로 나오기 위해 우리들의
두 입술이 아무렇게나 떨어질 수는 없다. 한 마디 말이라도 너 혹
은 나에게, 혹은 둘 다에게 누가 사랑하고, 누가 사랑받는가를 말해
줄 것이다. 입술——다문 상태로, 열린 상태로, 하나가 다른 하나
를 배제하지 않는다면——은 서로서로가, 함께 사랑한다는 사실을
말해 준다. 한 마디를 정확하게 말하기 위해서, 입술은 서로 떨어
져야만 할 것이다. 한쪽 입술에서 다른 입술이 결정적으로 분리되
어야 말할 것이다. 두 입술이 떨어질 때, 두 입술 사이에서 **한 마디**
말이 나온다.

하지만 이 말이 어디에서 오는 것일까? 아주 정확하고, 간결하고,
의미에 충실하고, 이지러지지도 않는 이 말이. **너에게, 나에게.** 너는
웃을 수 있다. 이지러지지 않는다면, 이것은 너도 나도 아닐 것이
다. 입술이 없다면, 우리도 없을 것이다. 말의 단위, 말의 진실, 말의
소유권, 그것은 입술의 부재이다. 입술들을 망각하는 것이다. 단 한
번으로 모든 것이 다 말하여질 때, 말들은 침묵한다. 그들의 의미
——그들의 피——가 사라지지 않기 위해서는 이 말들에 독특한
옷을 입혀야만 한다. 남자들의 아이들처럼? 그들은 우리의 아이가
아니다. 게다가 아이로부터 우리가 필요로 하는 것, 갈구하는 것이
무엇인가? 지금 여기에서 가까이 있는 것이다. 남자들·여자들은
자기들의 가까운 정도, 자기들의 먼 정도를 구체화하기 위해 아이
들을 만든다. 그러나 우리는?

유년 시절아, 나는 너를 사랑한다. 나는 너를 사랑한다. 너는 어머
니도 자매도(어머니, 용서해 주세요. 저는 당신보다 한 사람의 여성
을 더 좋아합니다) 아니다. 너는 여자애도 남자애도 아니다. 나는 남

편도 아내도 아닌 너를 사랑한다. 그리고 우리 아버지 쪽 친족 관계들과 허울뿐인 남자들의 욕망들, 그들의 혈통 제도들 어디에서나 나는 너를 사랑한다. 어떤 가족도, 어떤 인물도, 어떤 역할이나 기능——번식이라는 법칙——도 아닌 너를 말이다. 나는 너를, 너의 몸을 거기에서나, 바로 여기에서나 사랑한다. 나는/너는 너를/나를 만진다. 그것만으로도 우리는 우리가 살아 있음을 충분히 느낀다.

너의 입술을 열어라. 그러나 단순하게 열지는 말아라. 나는 입술을 쉽게 열지 않는다. 너는/나는 열려 있지도, 닫혀 있지도 않다. 우리는 결코 서로 분리되지 않는다. 즉 **한 마디 말**도 쉽게 발설될 수 없다. 우리의 입에서 쉽게 만들어지고, 발설되지 않는다. 너의/나의 입술 사이에서 수많은 노래들, 수많은 말들이 항상 서로 주고받는다. 하나의 노래, 하나의 말은 결코 타자와 분리될 수 없다. 너/나는 항상 한꺼번에 다수를 구성한다. 어떻게 한쪽이 다른 한쪽을 지배하게 될까? 자신의 목소리와 톤·의미를 강요하는가? 이 입술들은 서로 구별되지 않는다. 이것은 입술들이 서로 뒤섞인다는 뜻이 아니다. 여러분들은 아무것도 이해할 수 없는가? 입술들 속에 여러분이 속해 있다는 사실조차도.

그래도 나는 계속 말을 한다. 너의 언어 활동이 유일한 끈, 유일한 사슬, 유일한 추이에 속해 있지 않을지도 모른다는 것은 우리의 기회이다. 이것은 한꺼번에 도처에서 생긴다. 너는 동시에 나와 접촉한다. 모든 감각을 통해서 말이다. 왜 동시에 하나의 노래, 하나의 담화, 하나의 텍스트인가? 내 '구멍들' 가운데 하나를 유혹하

고, 채우고, 다시 은폐하기 위해서인가? 나에게는 너에게 이르는 구
멍이 없다. 결핍 요소들, 열린 상태들이 다른 본질, 충만 상태, 완벽
한 상태로부터 기대하게 될 것, 그것은 우리가 아니다. 우리 입으
로 우리가 여자라는 사실을 말하는 것은 우리에게 중요한 것이 먹
고, 소비하고, 우리를 채우는 것임을 의미하지는 않는다.

　나에게 입을 맞춰다오. 두 입술이 두 입술 위에 포개진다. 즉 우
리는 열린다. 우리들의 '세계'가 구축된다. 그리고 안에서 밖으로,
밖에서 안으로 가는, 우리들 사이의 움직임에는 한계가 없다. 끝이
없다. 어떤 잠금 장치도, 어떤 출구도 결코 멈출 수 없는 교환이다.
우리들 사이의 집에는 벽도, 울타리도, 유통의 언어 활동도 없다. 너
는 나에게 입맞춤한다. 이 세계는 너무나 방대해서 지평선도 없다.
우리는 만족할 수 없는가? 만일 우리가 영원히 완성되지 못한다는
뜻이라면, 그렇다. 만일 우리의 쾌락이 우리로부터 나와 끊임없이
동요를 일으킨다면 말이다. 그것은 항상 움직임 속에 있다. 열림은
소멸되지도, 채워지지도 않는다.

　한꺼번에 여러 가지를 말하는 것을 사람들은 우리에게 가르쳐
주지도, 허락하지도 않았다. 정확하게 말해서 이것은 말하는 것이
아니다. 분명 우리는 다른 어떤 것을 느끼고, 억제하고, 말하지 않
으면서 어떤 '진실'을 제시할 수 있었다——우리가 그래야만 했는
가? 그 이면은? 이 진실의 보완은? 여분의 진실은? 감춰진 상태에
있었을 것이다. 은밀하게 말이다. 그 밖과 안에서, 우리는 그렇게 있
을 수 없었다. 이것은 그들의 욕망에 맞지 않는다. 진실의 폭로를

감추는 것, 이것이 그들의 관심사가 아닌가? 이것이야말로 그들의 일이 아닌가? 매번, 모든 여성에게 동일한 기능을 반복시키면서 말이다.

너/나는 그러므로 그들의 맘에 들도록 하기 위해 둘로 나뉘어야 한다. 그러나 이처럼 둘로——하나는 밖으로, 다른 하나는 안으로——나뉜 너는 더 이상 스스로에게 입맞추지 못하고, 나에게도 입맞추지 않는다. 밖에서, 너는 너에게 생소한 질서에 자신을 맞추려고 애쓴다. 너 자신으로부터 유배된 너는, 너에게 제시되는 모든 것과 너 자신을 구별하지 못한다. 너는 너에게 접근하는 모든 것을 모방한다. 너는 너와 접촉하는 바로 그것이 되어 버린다. 제 정신을 차리고 싶은 욕망 속에서도 너는 너 자신으로부터, 나로부터 끝없이 멀어진다. 차례로 나타나는 모델과 너 자신을 동일시하고, 한 주인에게서 다른 주인에게로 옮아가며, 너를 지배하는 자에게 맞게 얼굴과 형태·언어 활동을 바꾸면서 말이다. 너(희)는 배제된다. 마지못해 이용된 너는 태연함을 가장한다. 그러나 너는 더 이상 무관심한 상태로 되돌아오지 못한다. 너는 침투할 수 없는, 폐쇄적인 상태가 된다.

나에게 말하라. 그럴 수 없는가? 바라지도 않는가? 스스로를 지키기를 원하는가? 침묵을 유지하기를 원하는가? 새하얗게? 순결하게? 그 안의 순결한 상태에 머물고 싶은가? 그러나 타인 없이 이 상태는 존재하지 않는다. 그렇다고 너에게 강요될 선택에 따라서 너 자신을 망치지는 말아라. **우리들 사이에**는 순결과 비순결의 구분이 없다. 어떠한 사건도 우리를 여성으로 만들지 않는다. 네가 태어나기 훨씬 전에, 너는 순진한 너 자신을 접촉한다. 네/내 육체의 성은 기능에 의해 우리에게 주어진 것이 아니다. 능력·기능·기관의 행위에 의해 주어진 것이 아니다. 특정한 개입이나 조작 없이 이미 너는 여자이다. 필요한 도움을 외부에 요청하지 않았음에도, 이미 타자는 너에게 영향을 준다. 타자는 너 자신으로부터 분리될 수 없다. 너는 항상 도처에서 변화를 겪는다. 이것이 너의 죄이지만 네가 저지른 것은 아니다. 즉 너는 소유에 대한 그들의 애착을 혼란스럽게 만든다.

너의 쾌락이 악을 지니지는 않지만, 선과는 어울리지 않는다는 것을 어떻게 너에게 말할 수 있을까? 갇혀 있는 너에게 그들이 자기들의 소유 상태를 새길 수 있을 때에만, 강도짓을 행할 때에만, 범죄 행위와 위반 행위 그리고 법의 다른 작용들을 일으킬 수 있을 때에만 너의 결점과 무관한 오류가 일어날 수 있다는 것을 말이다. 거기에서 그들은——너도?——너의 순결함을 점검한다. 만일 우리가 거기에 이용될 때, 우리는 스스로를 남용과 상처에 방치한다. 그들이 자신들의 목적을 계속 추구하도록 우리는 우리 자신으로부터 아주 먼 곳에 떨어져 있게 될 것이다. 이것이 우리의 잘못이다. 우리가 그들의 이유에 굴복한다면, 우리는 죄인이 된다. 그들의 술책——원해진 것이든, 그렇지 않든——그것은 우리를 죄인으로 만드는 것이다.

너는 분리된 채 되돌아온다. 더욱이 우리들로부터 분리된 채로 말이다. 너는 적과 백으로, 흑과 백으로 나뉜다. 어떻게 하면 우리가 다시 만날 수 있는가? 어떻게 우리가 다시 접촉할 수 있는가? 절단되고, 부분적이고, 끝나 버린 우리들이 말이다. 즉 우리의 쾌락은 그들의 체계 안에서 불안한 상태로 있다. 그곳에서 처녀로 있다는 것은 그들에 의해, 그들을 위해 아직 표시되지 않은 것이 된다. 아직까지 그들에 의해, 그들을 위한 여자가 아닌 것이다. 아직까지는 그들의 성기, 그들의 언어 활동이 낙인 찍히지 않은 것이다. 아직까지 그들에게 관통되고, 소유되지 않은 것이다. 이는 그들이 고대하게 될, 그들이 없다면 무가 될, 그들이 없다면 빈 것이 될 순진함 속에 있다는 것이다. 처녀로, 즉 그들의 교환·교역 그리고 운반의 미래로 있다는 것이다. 그것은 그들의 탐험과 소비·착취를 위한 저장소이다. 이것은 그들의 욕망에서부터 생긴다. 우리들의 욕망에서 오는 것이 아니다.

어떻게 그것을 말해야 할까? 우리가 엄연히 여자라는 것을. 우리가 그들에 의해 그런 상태로 만들어지지 않았다는 것을, 그들에 의해 그런 명칭을 얻은 것이 아니라는 것을, 그들에 의해 그런 식으로 희생되고 타락하지 않았다는 것을. 이런 일은 항상 그들의 작업 없이 일어났다는 것을. 그리고 그들의 역사는 우리들을 추방하는 장소를 구성한다는 것을. 우리가 지속적으로 움직일 수 없는 것은, 우리 스스로가 살아갈 수 없는 것은 우리가 고유 영역을 갖고 있기 때문이 아니라 우리가 그들의 국가·가정·보금자리·담화 같은 닫힌 공간 속에 갇혀 있기 때문이다. 그들의 소유권, 그곳이 우리의 유배지이다. 그들의 울타리, 거기에서 우리들의 사랑은 소멸된다. 그들의 말, 그것이 우리들의 입을 틀어막는 재갈이다.

처녀의/순결을 상실한, 순수한/더러운, 순진한/능란한 등과 같은 그들의 울타리·경계·구별과 대립으로부터 벗어나기 위해서 어떻게 말해야 할까? 이것은 우리가 이러한 용어들로부터 벗어나고,

그들의 범주들로부터 해방되며, 그들의 이름을 벗어던질 수 있는 방법이다. 우리가 그들의 개념을 **씩씩하게** 벗어던질 수 있는 방법인가? 그들의 체계가 계속 가동될 수 있게 하는 준비도, 순백색도 없이 말이다. 우리가 영원히 완결되지 않고, 전체적으로만 서로 입맞춤한다는 것을 너는 잘 알고 있다. 부분들이 차례로——육체의, 공간의, 시간의——우리 피의 유출을 방해한다는 것을 너는 잘 알고 있다. 이 부분들은 우리를 마비시키고, 몸을 굳게 하고, 꼼짝 못하게 한다. 우리는 더 창백해진다. 거의 얼어붙게 된다.

기다려라. 내 피가 다시 돈다. 그들 쪽에서 온다. 우리 몸은 다시 더워진다. 우리들 사이가 다시 따뜻해진다. 그들의 말은 다 빠져 나간다. 창백해진다. 피부는 죽는다. 그러는 동안 우리의 입술은 다시 홍조를 띤다. 우리의 입술은 꿈틀거리고, 움직이고, 말하고 싶어한다. 너는 말하고 싶은가? 무엇을? 아무것도. 전부를. 그렇다. 인내심을 가져라. 너는 모든 것을 말할 것이다. 거기에서, 지금 당장 네가 느끼는 것에서부터 시작하라. 전부 다 이루어질 것이다.

그러나 너는 이 전부를 예상하고, 예견하고, 계획을 세울 수 없다. 이 전부는 투사시킬 수 없는 것이다. 제어할 수 없다. 움직일 수 있는 것은 우리의 육체뿐이다. 고정시킬 수 있는 표면은 없다. 형상도, 선도, 점도 남아 있지 않다. 계속 남게 될 토양도 없다. 심연도 없다. 우리에게 깊이는 낭떠러지가 아니다. 딱딱한 껍질이 없다면, 낭떠러지도 없다. 우리의 깊이, 그것은 우리 육체의 두께, 다시 접촉할 수 있는 모든 것이다. 거기에는 위도 아래도 없고, 표면도 이면도 없으며, 앞도 뒤도 없고, 따로 고립된 위도 아래도 없다. 멀리 떨어져, 접촉할 수 없는 곳들이 아니다. 그것은 완전히 뒤섞인

채로 있다. 거기에는 균열도 분열도 없다.

　만일 네가/내가 말하기를 머뭇거린다면, 우리가 잘 말하지 못하지는 않을까 하는 두려움을 갖고 있는 것은 아닌가? 그러나 잘 말한다는 것과 어눌하게 말한다는 것은 도대체 무엇인가? '잘' 말하면서 우리는 무엇에 일치하려고 할까? 거기에서 어떤 위계 질서·종속이 우리를 힘들게 할까? 거기에서 우리를 파괴시킬까? 어떠한 주장이 더 중요한 담화 속에서 우리를 고양시키는가? 발기, 그것은 우리와 상관 없는 일이다. 우리는 해변에서 잘 있다. 우리에게는 우리끼리 공유할 수 있는 넓은 공간들이 있다. 우리에게 수평선은 영원히 금을 그을 수 없는 곳, 항상 열려 있는 곳이 될 것이다. 우리 스스로를 끊임없이 펼쳐 보이는 광활한 규모의 우리들은, 도처에서 결점을 포함한 우리를 드러내기 위해 그토록 여러 차례 목소리를 가장하기 때문에 시간은 충분치 않을 것이다. 우리는 우리의 여정들, 우리의 주변을 결코 완성하지 못할 것이다. 즉 우리에게는 너무나 많은 층위들이 있다. 만일 네가 '잘' 말하기를 원한다면, 너는 억압을 느끼고, 올라가면서 더 편협해지게 된다. 더 높이 팽팽하게 몸을 뻗으면서, 너는 네 육체의 무한성으로부터 멀어진다. 자만하지 말아라, 너는 우리를 떠나게 된다. 하늘은 저기 높은 곳에 없다. 그것은 우리들 사이에 있다.

　'정확한' 말에 집착하지 말아라. 그런 것은 없다. 우리들 입 사이에는 진실이 없다. 모든 것에는 존재할 수 있는 자리가 있다. 특권이나 거부 없이도 모든 것에는 교환될 만한 가치가 있다. 교환? 모든 것은 교환된다. 그러나 거래는 아니다. 우리들 사이에는 소유자도 구매자도 없다. 측정할 수 있는 대상도 가격도 없다. 우리의 육체는 우리 공동의 쾌락에서 성장한다. 우리의 풍요는 끝이 없다. 그것은 희귀성도 풍요로움도 모른다. 우리는 비축해 둔 물건 없이도, 독점 없이도 모든 것을 버리고, 우리의 교환은 끝이 없다. 어떻게 그것을 말해야 할까? 우리가 알고 있는 언어 활동은 너무나 협소하다.

왜 너는 나에게 이유를 말해 달라고 할까? 우리는 동시에 같은 것들을 느낀다. 내 손, 내 귀, 내 입, 내 입술, 내 육체가 너에게 충분치 않은가? 이것들이 너에게 말해 주는 것으로 충분치 않은가? 나는 너에게 그러마고 대답할 수 있을 것이다. 그러나 이것은 지극히 단순한 일일 것이다. 너에게/우리에게 확신을 주기에 너무나 많이 이야기해 왔다.

만일 우리가 하나의 언어 활동을 만들어 내지 않는다면, 우리가 그의 언어 활동을 발견하지 않는다면, 우리의 육체에는 우리의 역사를 수행하기에 턱없이 부족한 몸짓들이 있을 것이다. 우리는 욕망을 잠재 상태에, 고통 속에 내버려두는 동일한 일들에 지칠 것이다. 우리는 불만족스런 상태로 잠든다. 그리고 남자들의 말로 되돌아간다. 그들은 오래 전부터 알고 있다. 그러나 **우리들의 육체**는 그렇지 않다. 이끌리고, 매혹당하고, 열광하며, 우리의 변화에 넋을 잃은 우리는 마비된 채로 남을 것이다. **우리들의 움직임을 빼앗긴** 채로 말이다. 얼어붙은 채로. 그러나 우리는 멈추지 않고 변화하는 존재들로 만들어졌다. 우리에게는 비약도 추락도 필요치 않다. 그리고 반복도 없다.

멈추지 않고 나는 계속한다. 너의 육체는 어제와 오늘 같지 않다. 너의 육체는 스스로 기억하고 있다. **너에게 기억을 되살릴 필요는**

없다. 네 머릿속에 어제를 간직하고, 헤아리고, 쌓을 필요는 없다. 너의 추억? 너의 육체는 오늘 원하는 것 속에서 어제를 드러낸다. 만일 네가 어제 나는 이랬고, 내일 이럴 것이라고 생각한다면, 너는, 나는 조금 죽은 것이라고 생각하는 것이다. 네가 될 수 있었을 것에, 네가 될 수 있을 것에 스스로를 고정시키지 않으면서 네가 어떻게 변하는가를 인정하라. 영원히 고정되지 않으면서 말이다. 결정을 미정으로 남기자. 우리는 결정할 필요가 없다. 거기, 여기, 지금의 우리 육체는 우리에게 전혀 다른 확실성을 부여한다. 진실은 자신들이 망각한 그들의 육체로부터 아주 멀리 떨어져 있는 이들에게 필요하다. 그러나 우리가 거기에서 벗어나지 못한다면 그들의 '진실'은 규정된 우리를 그대로 고정시킨다. 만일 우리가 자극될 수 있는 방법을 거기, 바로 여기에서 말하려고 노력하면서 이 능력을 해체시키지 않는다면 말이다.

너는 움직인다. 너는 결코 가만히 있지 않는다. 너는 결코 그렇게 있지 않는다. 결코. 어떻게 너에게 말할 수 있을까? 여전히 타자인 너에게. 어떻게 너에게 말을 걸 수 있을까? 결코 고정시키지 못하는, 얼어붙게 할 수 없는 물결 속에 있는 너에게 말이다. 이 흐름을 어떻게 말들 속으로 지나가게 할 수 있을까? 다양한 흐름을 말이다. 원인도, 방향도, 단순한 속성도 없는 이 흐름을. 그러나 해체할 수 없는 이 흐름을. 한 근원에서 종착점에 이르는 주행은 이 움직임들을 기술하지 않는다. 이 물결에는 단일하고도 결정적인 조수가 없다. 이 강가에는 지속적인 강물이 없다. 이 육체에는 고정된 경계선이 없다. 끊임없는 유동성. 이 생명. 사람들은 이것을 우리의 흥분·광기·결렬 혹은 위선이라고 부를 것이다. 그만큼 이 모든 것은 고체 위에서 설립된 것이라고 주장하는 존재에게는 생소한 것으로 남는다.

　그래도 나는 말을 한다. 우리 사이에서 ‘단단함’은 강요되지 않는다. 우리는 유동성을 사랑하기 위해 우리 육체의 주변을 아주 잘 알고 있다. 우리의 밀도는 예리한 칼날과 단호함 없이 지낸다. 우리의 욕망은 시체를 향하지는 않는다.

　그러나 우리가 서로 멀리 떨어져 있을 때 어떻게 죽지 않을 수 있는가? 이것이 우리가 처한 위험이다. 만일 멀리 떨어진 네가 접근할 수 없다면 어떻게 네가 되돌아오기를 기대할 수 있는가? 만일 여전히 감지되는 어떤 것이, 지금 여기에서 우리 육체의 접근을 명령하지 않는다면 말이다. 끝없는 우리의 멀어짐에 직면해 있는, 부재의 확연한 허무에 사로잡힌 우리가 어떻게 계속 살아갈 수 있는가? 다시 한 번 그들의 언어 활동 속에서 소멸되도록 우리를 방치하지 말아라. 장례 행렬 속에 끼어들도록 내버려두지 말아라. 우리가 멀리서도 서로 입맞출 수 있기 위해서는 당연히 우리에게 말하는 방법을 가르쳐야만 한다. 아마도 다시 시도하는 나는 너에게서 나를 기억할 것이다. 그러나 너무나 많이 발설되는, 우리에게 발설되는 말들이 우리를 분리시킨다.
　서둘러 우리의 문장들을 만들어 보자. 도처에서, 늘 우리가 우리에게 입맞춤하는 것을 멈추지 않았다 하더라도 말이다. 만일 우리가 **우리의** 밀도를 지닌 전송 방식들을 발견한다면, 우리는 너무나 예민해서 어떠한 장애물도 저항하지 않을 것이고, 비록 순간적이

나마 우리 자신들의 결합에 어떠한 것도 대립할 수 없을 것이다. 우리는 어떠한 것도 침해하지 않으면서 제 정신을 차리기 위해 모든 것, 감지되지 않는 것을 가로지를 것이다. 이때 어느 누구도 알아채지 못할 것이다. 우리의 힘, 그것은 우리의 미약한 저항이다. 그들은 오래 전부터 우리의 유연함이 그들의 조임과 그들의 흔적에 어떤 가치를 띠는가를 알고 있다. 우리들 사이라고 왜 이것이 작용하지 않는가? 우리를 그들의 고정된, 안정된, 움직이지 않는, 그리고 분리된 흔적에 굴복하도록 방치하는 대신 말이다.

울지 말아라. 우리는 우리 스스로가 말할 수 있는 날을 맞이할 것이다. 우리가 말하게 될 것은 완전한 액체인 우리의 눈물보다 훨씬 아름다울 것이다.

이미, 나는 너와 함께 도처를 돌아다닌다. 아이가, 짐이, 부담이 아닌 너와 함께. 오히려 사랑스럽고, 귀하기까지 한 너와 함께. 너는 **내 안에** 있지 않다. 나는 내 배 안에, 내 품에, 내 머릿속에 너를 담지도, 너를 잡지도 않는다. 내 추억이나 영혼, 내 언어 활동 속에서도 말이다. 너는 내 피부의 생명처럼 거기에 있다. 거기에 존재한다는 확실성은 일체의 겉모습, 일체의 복장, 일체의 명칭을 넘어선다. 네가 내 생명력을 배가시키기 때문에 내 삶은 확실하다. 이것은 네가 나에게 너의 삶을 주거나 나를 복종시킨다는 것을 의미하지 않는다. 네가 살아간다는 것은 네가 나의 복제품도, 나의 모방도 아닌 조건에서 나에게 삶을 느끼게 한다.
다른 식으로 표현하자면, 우리는 오로지 둘에 불과한가? 우리는 환영들·이미지들·거울들 이편에서 둘로 살아간다. 우리 사이에서 한쪽이 '진짜'가 아니면 나머지는 그 복제품이 아니고, 한쪽이 원본이 아니면 다른 한쪽은 그 그림자가 아니다. 그들의 체계에서 그토록 완벽한 모방꾼이 될 수 있는 우리는 모방하지 않고 서로 관계를 맺는다. 우리의 닮음은 위장 없이도 가능하다. 이미 우리의 육체 안에서 같아진다. 너를 만지고, 나를 만져라. 너는 '보게 될' 것이다.

'모방하기' 위해 우리가 거울의 두번째 모습을 만들 필요는 없다. 두번째로 반복하기 위해 말이다. 재현 이전에, 우리는 둘이다. 너의 피가 너로 하여금 만들게 한 나의 육체가 너에게 상기시키는, 살아 있는 이 둘이 서로 다가가도록 내버려둬라. 만일 네가 번식작용에 고정되지 않는다면, 너에게는 항상 첫번째로 감동적인 아름다움이 있다. 만일 네가 회귀라는 어떠한 형태 안에 정지되지 않는다면, 너는 늘 처음으로 자극을 받는다.

모델도 기준도 표본이 없다면, 우리는 결코 스스로에게 질서도 명령도 내리지 않고, 스스로를 방어하지도 않는다. 우리의 명령은 우리 모두의 움직임을 일으킬 뿐이다. 결코 법도, 도덕도 만들지 말자. 전쟁도 일으키지 말자. 이유를 붙이지 말자. 너를/나를 비난하기 위한 권리는 없다. 만일 네가/내가 판단한다면, 우리의 존재는 정지한다. 내가 너에게서, 나에게서, 우리에게서 좋아하는 것은 더 이상 생기지 않는다. 탄생은 영원히 종결되고, 육체는 단 한번으로 생산되며, 표정은 영원히, 결정적으로 완성되며, 얼굴 모습은 여전히 모범으로 여겨진다. 입들은 하나의 진실에 대해 끝없이 말하거나 함구하게 된다.

　우리에게 빛은 격렬한 것이 아니다. 살인적이지도 않다. 우리에게 태양은 단순히 뜨고 지는 것도 아니다. 낮과 밤은 우리의 시선 속에서 뒤섞인다. 우리의 행동 속에서 뒤섞인다. 우리의 육체들 속에서 뒤섞인다. 솔직하게 말해서 우리에게는 그림자가 없다. 우리들 사이에는 위험도 없다. 우리들 서로가 더 모호한 닮은꼴이 될 위험은 없다. 나는 저녁에 머물면서 네 안에 있는 나의 밤과 접촉하고 싶다. 부드럽게 빛을 발하는 밤을. 특히 내가 등대처럼 반짝이는 너를 사랑한다고 상상하지 말아라. 그것은 지배적이고 오만한 자태로 너를 에워싼다. 빛과 밤을 분리시키는 것은 우리의 가벼운 혼합 상태를 포기하는 것이 된다. 그토록 끈질기게 우리들 모두를 형성하는 이 혼합물들을 강화시키는 것이 된다. 견고한 칸막이로 우리를 가르고, 우리를 부분으로 분열시키고, 우리를 둘로, 그 이상으로 잘라내는 셈이 된다. 그러므로 우리는 동시에 둘 다이다. 우리는 우리를 구분할 수 없다. 끊임없이 모두가 새로 태어나게 된다. 경계도 한계도 없이, 우리 육체의 경계선은 움직인다.

　우리는 우리를 지나치게 규정하는, 시계의 영향을 받을 경우에만 서로 말하기를 그만둘 수 있다. 걱정하지 말아라. 나는, 계속한다. 인위적인 공간과 시간의 이 모든 제한 속에서, 나는──끊임없이──너에게 입을 맞춘다. 우리를 분리시키기 위해 다른 이들이 우리를 물신 숭배의 대상으로 만드는 것은 그들의 관심사이다. 이러한 흔적 속에 머물도록 우리 자신을 방치하지 말자.

　그토록 여러 번 내가 ……가 아닌, ……도 아닌, ……**없이**라고 주장한다면 그것은 너에게, 우리에게 우리가 벌거벗은 상태로만 서로 접촉한다는 것을 상기시키기 위함이다. 그처럼 우리가 제 정신을 차리기 위해, 우리가 수없이 옷을 벗어야만 한다는 것을 상기시키기 위함이다. 그 많은 표현들·겉모습들은 우리들을 서로 멀리 떨어뜨린다. 이것들은 너무나 오랜 시간 동안 그들의 욕망에 따라 우리를 치장해 왔고, 우리는 그들 맘에 들기 위해 아주 자주 스스로를 치장해 왔기 때문에, 우리는 우리 자신의 피부색을 망각해 왔다. 우리들 피부 너머로, 우리는 멀리 떨어져 있다. 너와 나는 서로 떨어져 있다.

　너? 나? 그것은 이미 너무 과장되었다. 그것은 우리들 사이를 너무나 단절시킨다. 우리 모두를.

원 주

1) '측량사들(les Arpenteurs)'의 논쟁은 이런 것일 터이다. 알리스는 아버지가 돌아가신 이후 유년기의 집에서 혼자 살고 있다. 어머니는 이웃에 살고 있다. 같은 마을에는 뤼시앵과 글라디스가 살고 있다. 또 안도 있는데, 우리는 그녀에 대해서는 거의 알지 못한다. 사랑을 나눌 때가 아니라면 말이다. 그리고 알리스의 친구 외젠은 첼로만 연주한다. 고속도로가 이 마을을 통과해야 한다. 그리하여 레옹과 막스 두 측량사들이 도착한다. 그러나 측량하는 것, 그것은 "집들과 사람들·감정들 사이를 이쪽저쪽으로 성큼성큼 걸어가는 것이다."

2) 내가 굵은 글씨체로 강조했다. 이 장에 나타나는 괄호 없는 일련 번호들은 본장 끝에 실린 참고 문헌(85-86쪽)을 가리킨다.

3) 나는 이것을 강조한다. 마찬가지로 나는 연결 부호들 사이의 문장들을 덧붙였다. J. 라캉의, 여성의 성욕에 대한 훨씬 최근의 출판물 분석으로는 뒤에 나올 〈여자는 다 그런 것 Cosi fan tutti〉(모차르트의 오페라 제목)을 보라.

4) 《스페쿨룸, 또 다른 여성에 대해 *Speculum, de l'autre femme*》, Minuit, 1974.

5) 이 글들은 자크 라캉의 《다시, XX 세미나 *Encore, Le Séminaire XX*》, éd. du Seuil에서 인용한 것이다.

6) 여성의 성욕에 관한 프로이트 입장들의 논문으로, 앞쪽의 〈정신분석 이론으로의 회귀 Retour sur la théorie psychanalytique〉를 보라. 이것에 관한 상세한 비판으로는 《스페쿨룸, 또 다른 여성에 대해》를 참조하라.

7) 고체와 액체의 역학에 관한 몇몇 작품들을 참조해야 할 것이다.

8) 자크 라캉의 《기록들 *Écrits*》과 《세미나 *Séminaires*》에서 '현실'의 의미 조용을 보라.

9) 이 이론에 대해 다음과 같은 질문을 다시 던져야 옳을 것이다. 어떻게 그녀가 제로에서 하나로 옮아가는가. 부정의 부정, 모순의 부정, 후계자에 의해 이루어지는 이중적 환원의 기능은 무엇인가. 대상이 존재하지 않는다는

것은 어디에서 드러나는가. 자기 자신과 동일하지 않다는 것이 모순 개념으로 정의되기를 바라는 등가성의 원리는 어디에서 비롯된 것인가. 제로 계급에서 공허한 전체와의 관계에 대한 질문은 왜 회피되는가. 그리고 분명하게 의미 작용의 어떠한 체계를 근거로 단일성(Einheit)이 특별한 것이 되는가. 아직껏 매우 객관적인 재현이 '주체'에 의한 채로 남아 있더라도 말이다.

10) 그러나 여기에서 다시 한 번 은유라는 위상으로 되돌아가야 할 것이다. 거기에서 작품의 등가 법칙들에 의문을 던져야 할 것이다. 그리고 물리적 영역에 적용할 수 있고, 현실적 액체의 속성을 분석하기 위해 이용되는 '유추'(analogie; 형태-질료의 복합체)라는 이 특수한 작용 안에서 '유사성(similitude)'이 무엇이 되는가를 추적해야 할 것이다. 기하학적으로 모호하지도 그렇다고 엄격하지도 않은 이 유사성은 의미의 수정을 끌어오는데, 이 의미는 완결될 수 있는 것과는 거리가 멀다.

11) J. 라캉, 〈거울의 단계 Le stade du miroir〉, 《기록들》, p.94-95. 나는 어떤 강조 표시도 넣지 않았다.

12) 앞의 책, p.100.

13) 앞의 책, p.95.

14) 앞의 책, p.98.

15) 앞과 같은 부분.

16) 이 '질문들'은 본장 끝에 있다.

17) 이 대화자들은 등장하는 순서에 따라서 A·B 등의 대문자로 표시된다.(《툴루즈 르 미라유 철학 분과의 기록》)

18) 이 문제를 더 멀리 추적하기 위해서 〈여자들의 시장 Le marché des femmes〉을 보라.

19) 이 세 질문들은 국가박사 학위의 논문 발표 때 명백하게, 혹은 함축적으로 심사위원들이 제기하는 것들이다. (그러므로 1974년 10월 2일 뱅센대학 철학과에서 말이다.)

20) 필리프 라쿠 라바르트(Philippe Lacoue-Labarthe)가 〈대담 Dialogues〉이라는 방송 프로그램을 준비하기 위해 1975년 2월 26일에 제기한 질문들이다. 이 질문들은 극히 부분적으로, 그리고 단편적으로 여기에서 다시 이용될 뿐이다. 우리는 '질문'과 '대답'을 서면으로 주고받았다.

21) 이 질문들은 한 인터뷰에서 한스 라이첼스 포를라그(Hans Reitzels Forlag)와 프레드릭 엥겔스타드(Fredrik Engelstad)가 제기한 것들이다. (오슬로의

팍스출판사가 출간할 예정이다.)

22) 이 질문은 특이하게도 1974년 가을에 '수정'되기 전에 뱅센대학의 '정신분석학과' 교수들에게 제기되었었다. J. 라캉이 지정한 세 명의 회원으로 조직된 위원회가 내게 이 프로젝트가 '유지될 수 없었다'는 사실을 다른 설명 없이 통고했다. 그리하여 뱅센대학 창설 이후 그 학과의 교수였던 나는 강의를 중단했다. 사실에 어긋나는 해석이 그토록 프랑스에서 외국인에게만 즈어진다면, 이러한 설명들은 쓸모없을 것이다.

23) 이 기록은 다음 텍스트에서 발전될 점들을 예고한다. 모든 인용문들은 로이(Roy) 번역의 《자본론 *Capital*》, 1부 I장에 있다. 사람들은 과연 이 해석이 비슷한 특징에 속한다고 반박할까? 나는 이 질문이 우선 마르크스의 상품에 대한 분석이 제기된다는 조건이라면 받아들인다. 마르크스에 따르면 '사상의 거인'인 아리스토텔레스가 남성과 여성의 관계와, 형태와 질료의 관계를 유사한 것으로 규정하지 않았는가? 그러므로 두 성의 차이에 관한 질문으로 되돌아가는 것은 오히려 유추 논법을 가로지르는 것이 된다.

24) 〈여성 동성애 사례의 정신발생학 Psychogénèse d'un cas d'homosexualité féminine〉, 《신경증·정신병과 성도착 *Névrose, psychose et perversion*》, P.U.F.를 보라.

이은민
서강대학교 불어불문과 졸업
서강대학교 대학원 석사
역서:《이미지의 폭력》《청소년을 위한 이야기 경제학》
《동양과 서양 사이》《무관심의 절정》

문예신서
167

하나이지 않은 성

초판발행: 2000년 12월 20일

지은이: 뤼스 이리가라이
옮긴이: 이은민
펴낸이: 辛成大
펴낸곳: 東文選
제10-64호, 78. 12. 16 등록
서울 종로구 관훈동 74번지
전화: 737-2795
팩스: 723-4518

ISBN 89-8038-147-6 94160
ISBN 89-8038-000-3 (세트)

【東文選 現代新書】

1 21세기를 위한 새로운 엘리트	FORESEEN 연구소 / 김경현	7,000원
2 의지, 의무, 자유	L. 밀러 / 이대희	6,000원
3 사유의 패배	A. 핑켈크로트 / 주태환	7,000원
4 문학이론	J. 컬러 / 이은경 · 임옥희	7,000원
5 불교란 무엇인가	D. 키언 / 고길환	6,000원
6 유대교란 무엇인가	N. 솔로몬 / 최창모	6,000원
7 20세기 프랑스철학	E. 매슈스 / 김종갑	8,000원
8 강의에 대한 강의	P. 부르디외 / 현택수	6,000원
9 텔레비전에 대하여	P. 부르디외 / 현택수	7,000원
10 고고학이란 무엇인가	P. 반 / 박범수	근간
11 우리는 무엇을 아는가	T. 나겔 / 오영미	5,000원
12 에쁘롱	J. 데리다 / 김다은	7,000원
13 히스테리 사례분석	S. 프로이트 / 태혜숙	7,000원
14 사랑의 지혜	A. 핑켈크로트 / 권유현	6,000원
15 일반미학	R. 카이유와 / 이경자	6,000원
16 본다는 것의 의미	J. 버거 / 박범수	10,000원
17 일본영화사	M. 테시에 / 최은미	7,000원
18 청소년을 위한 철학교실	A. 자카르 / 장혜영	7,000원
19 미술사학 입문	M. 포인턴 / 박범수	8,000원
20 클래식	M. 비어드 · J. 헨더슨 / 박범수	6,000원
21 정치란 무엇인가	K. 미노그 / 이정철	6,000원
22 이미지의 폭력	O. 몽젱 / 이은민	8,000원
23 청소년을 위한 경제학교실	J. C. 드루엥 / 조은미	6,000원
24 순진함의 유혹	P. 브뤼크네르 / 김웅권	9,000원
25 청소년을 위한 이야기 경제학	A. 푸르상 / 이은민	근간
26 부르디외 사회학 입문	P. 보네위츠 / 문경자	7,000원
27 돈은 하늘에서 떨어지지 않는다	K. 아른트 / 유영미	6,000원
28 상상력의 세계사	R. 보이아 / 김웅권	9,000원
29 지식을 교환하는 새로운 기술	A. 벵토릴라 外 / 김혜경	6,000원
30 니체 읽기	R. 비어즈워스 / 김웅권	6,000원
31 노동, 교환, 기술	B. 데코사 / 신은영	6,000원
32 미국만들기	R. 로티 / 임옥희	근간
33 연극의 이해	A. 쿠프리 / 장혜영	8,000원
34 라틴문학의 이해	J. 가야르 / 김교신	8,000원
35 여성적 가치의 선택	FORESEEN연구소 / 문신원	7,000원
36 동양과 서양 사이	L. 이리가라이 / 이은민	7,000원
37 영화와 문학	R. 리처드슨 / 이형식	8,000원
38 분류하기의 유혹	G. 비뇨 / 임기대	7,000원
39 사실주의 문학의 이해	G. 라루 / 조성애	8,000원
40 윤리학 — 악에 대한 의식에 관하여	A. 바디우 / 이종영	근간
41 武士道란 무엇인가	新渡戶稻造 / 심우성	근간

7	행위예술	L. 골드버그 / 沈雨晟	절판
8	문예미학	蔡 儀 / 姜慶鎬	절판
9	神의 起源	何 新 / 洪 熹	16,000원
10	중국예술정신	徐復觀 / 權德周	24,000원
11	中國古代書史	錢存訓 / 金允子	14,000원
12	이미지 — 시각과 미디어	J. 버거 / 편집부	14,000원
13	연극의 역사	P. 하트놀 / 沈雨晟	절판
14	詩 論	朱光潛 / 鄭相泓	9,000원
15	탄트라	A. 무케르지 / 金龜山	10,000원
16	조선민족무용기본	최승희	15,000원
17	몽고문화사	D. 마이달 / 金龜山	8,000원
18	신화 미술 제사	張光直 / 李 徹	10,000원
19	아시아 무용의 인류학	宮尾慈良 / 沈雨晟	절판
20	아시아 민족음악순례	藤井知昭 / 沈雨晟	5,000원
21	華夏美學	李澤厚 / 權 瑚	15,000원
22	道	張立文 / 權 瑚	18,000원
23	朝鮮의 占卜과 豫言	村山智順 / 金禧慶	15,000원
24	원시미술	L. 아담 / 金仁煥	16,000원
25	朝鮮民俗誌	秋葉隆 / 沈雨晟	12,000원
26	神話의 이미지	J. 캠벨 / 扈承喜	근간
27	原始佛敎	中村元 / 鄭泰爀	8,000원
28	朝鮮女俗考	李能和 / 金尙憶	12,000원
29	朝鮮解語花史(조선기생사)	李能和 / 李在崑	25,000원
30	조선창극사	鄭魯湜	7,000원
31	동양회화미학	崔炳植	9,000원
32	性과 결혼의 민족학	和田正平 / 沈雨晟	9,000원
33	農漁俗談辭典	宋在璇	12,000원
34	朝鮮의 鬼神	村山智順 / 金禧慶	12,000원
35	道敎와 中國文化	葛兆光 / 沈揆昊	15,000원
36	禪宗과 中國文化	葛兆光 / 鄭相泓 · 任炳權	8,000원
37	오페라의 역사	L. 오레이 / 류연희	절판
38	인도종교미술	A. 무케르지 / 崔炳植	14,000원
39	힌두교의 그림언어	안넬리제 外 / 全在星	9,000원
40	중국고대사회	許進雄 / 洪 熹	22,000원
41	중국문화개론	李宗桂 / 李宰碩	15,000원
42	龍鳳文化源流	王大有 / 林東錫	17,000원
43	甲骨學通論	王宇信 / 李宰錫	근간
44	朝鮮巫俗考	李能和 / 李在崑	12,000원
45	미술과 페미니즘	N. 부루드 外 / 扈承喜	9,000원
46	아프리카미술	P. 윌레뜨 / 崔炳植	절판
47	美의 歷程	李澤厚 / 尹壽榮	22,000원
48	曼茶羅의 神들	立川武藏 / 金龜山	절판

49	朝鮮歲時記	洪錫謨 外/李錫浩	30,000원
50	하 상	蘇曉康 外 / 洪 熹	절판
51	武藝圖譜通志 實技解題	正 祖 / 沈雨晟·金光錫	15,000원
52	古文字學첫걸음	李學勤 / 河永三	9,000원
53	體育美學	胡小明 / 閔永淑	10,000원
54	아시아 美術의 再發見	崔炳植	9,000원
55	曆과 占의 科學	永田久 / 沈雨晟	8,000원
56	中國小學史	胡奇光 / 李宰碩	20,000원
57	中國甲骨學史	吳浩坤 外 / 梁東淑	근간
58	꿈의 철학	劉文英 / 河永三	22,000원
59	女神들의 인도	立川武藏 / 金龜山	13,000원
60	性의 역사	J. L. 플랑드렝 / 편집부	18,000원
61	쉬르섹슈얼리티	W. 챠드윅 / 편집부	10,000원
62	여성속담사전	宋在璇	18,000원
63	박재서희곡선	朴栽緒	10,000원
64	東北民族源流	孫進己 / 林東錫	13,000원
65	朝鮮巫俗의 硏究(상·하)	赤松智城·秋葉隆 / 沈雨晟	28,000원
66	中國文學 속의 孤獨感	斯波六郎 / 尹壽榮	8,000원
67	한국사회주의 연극운동사	李康列	8,000원
68	스포츠인류학	K. 블랑챠드 外 / 박기동 外	12,000원
69	리조복식도감	리팔찬	절판
70	娼 婦	A. 꼬르벵 / 李宗旼	20,000원
71	조선민요연구	高晶玉	30,000원
72	楚文化史	張正明	근간
73	시간 욕망 공포	A. 꼬르벵	근간
74	本國劍	金光錫	40,000원
75	노트와 반노트	E. 이오네스코 / 박형섭	절판
76	朝鮮美術史硏究	尹喜淳	7,000원
77	拳法要訣	金光錫	10,000원
78	艸衣選集	艸衣意恂 / 林鍾旭	14,000원
79	漢語音韻學講義	董少文 / 林東錫	10,000원
80	이오네스코 연극미학	C. 위베르 / 박형섭	9,000원
81	중국문자훈고학사전	全廣鎭 편역	15,000원
82	상말속담사전	宋在璇	10,000원
83	書法論叢	沈尹默 / 郭魯鳳	8,000원
84	침실의 문화사	P. 디비 / 편집부	9,000원
85	禮의 精神	柳 肅 / 洪 熹	10,000원
86	조선공예개관	日本民芸協會 편 / 沈雨晟	30,000원
87	性愛의 社會史	J. 솔레 / 李宗旼	12,000원
88	러시아미술사	A. I. 조토프 / 이건수	16,000원
89	中國書藝論文選	郭魯鳳 選譯	25,000원
90	朝鮮美術史	關野貞	근간

91	美術版 탄트라	P. 로슨 / 편집부	8,000원
92	쿤달리니	A. 무케르지 / 편집부	9,000원
93	카마수트라	바짜야나 / 鄭泰爀	10,000원
94	중국언어학총론	J. 노먼 / 全廣鎭	18,000원
95	運氣學說	任應秋 / 李宰碩	8,000원
96	동물속담사전	宋在璇	20,000원
97	자본주의의 아비투스	P. 부르디외 / 최종철	6,000원
98	宗敎學入門	F. 막스 뮐러 / 金龜山	10,000원
99	변 화	P. 바츨라빅크 外 / 박인철	10,000원
100	우리나라 민속놀이	沈雨晟	15,000원
101	歌訣(중국역대명언경구집)	李宰碩 편역	20,000원
102	아니마와 아니무스	A. 융 / 박해순	8,000원
103	나, 너, 우리	L. 이리가라이 / 박정오	10,000원
104	베케트연극론	M. 푸크레 / 박형섭	8,000원
105	포르노그래피	A. 드워킨 / 유혜련	12,000원
106	셀 링	M. 하이데거 / 최상욱	12,000원
107	프랑수아 비용	宋 勉	18,000원
108	중국서예 80제	郭魯鳳 편역	16,000원
109	性과 미디어	W. B. 키 / 박해순	12,000원
110	中國正史朝鮮列國傳(전2권)	金聲九 편역	120,000원
111	질병의 기원	T. 매큐언 / 서 일·박종연	12,000원
112	과학과 젠더	E. F. 켈러 / 민경숙·이현주	10,000원
113	물질문명·경제·자본주의	F. 브로델 / 이문숙 外	절판
114	이탈리아인 태고의 지혜	G. 비코 / 李源斗	8,000원
115	中國武俠史	陳 山 / 姜鳳求	18,000원
116	공포의 권력	J. 크리스테바 / 서민원	근간
117	주색잡기속담사전	宋在璇	15,000원
118	죽음 앞에 선 인간(상·하)	P. 아리에스 / 劉仙子	각권 8,000원
119	철학에 관하여	L. 알튀세르 / 서관모·백승욱	10,000원
120	다른 곳	J. 데리다 / 김다은·이혜지	8,000원
121	문학비평방법론	D. 베르제 外 / 민혜숙	12,000원
122	자기의 테크놀로지	M. 푸코 / 이희원	12,000원
123	새로운 학문	G. 비코 / 李源斗	22,000원
124	천재와 광기	P. 브르노 / 김웅권	13,000원
125	중국은사문화	馬 華·陳正宏 / 강경범·천현경	12,000원
126	푸코와 페미니즘	C. 라마자노글루 外 / 최 영 外	16,000원
127	역사주의	P. 해밀턴 / 임옥희	12,000원
128	中國書藝美學	宋 民 / 郭魯鳳	16,000원
129	죽음의 역사	P. 아리에스 / 이종민	13,000원
130	돈속담사전	宋在璇 편	15,000원
131	동양극장과 연극인들	김영무	15,000원
132	生育神과 性巫術	宋兆麟 / 洪 熹	20,000원

175 파스칼적 명상　　　　　　　　P. 부르디외 / 김웅권　　　　　　근간
176 지방의 계몽주의(전2권)　　　　D. 로슈 / 주명철　　　　　　　근간

【롤랑 바르트 전집】
▨ 현대의 신화　　　　　　　　　이화여대기호학연구소 옮김　　　15,000원
▨ 모드의 체계　　　　　　　　　이화여대기호학연구소 옮김　　　18,000원
▨ 텍스트의 즐거움　　　　　　　김희영 옮김　　　　　　　　　15,000원
▨ 라신에 관하여　　　　　　　　남수인 옮김　　　　　　　　　10,000원

【漢典大系】
▨ 說　苑 (上·下)　　　　　　　林東錫 譯註　　　　　　　각권 30,000원
▨ 晏子春秋　　　　　　　　　　林東錫 譯註　　　　　　　　　30,000원
▨ 西京雜記　　　　　　　　　　林東錫 譯註　　　　　　　　　20,000원
▨ 搜神記 (上·下)　　　　　　　林東錫 譯註　　　　　　　各권 30,000원

【기 타】
■ 경제적 공포　　　　　　　　　V. 포레스테 / 김주경　　　　　7,000원
■ 古陶文字徵　　　　　　　　　高　明·葛英會　　　　　　　20,000원
■ 古文字類編　　　　　　　　　高　明　　　　　　　　　　　24,000원
■ 金文編　　　　　　　　　　　容　庚　　　　　　　　　　　36,000원
■ 노력을 대신하는 것은 없다　　R. 쉬이 / 유혜련　　　　　　5,000원
■ 딸에게 들려 주는 작은 지혜　　N. 레흐레이트너 / 양영란　　6,500원
■ 딸에게 들려 주는 작은 철학　　R. 시몬 셰퍼 / 안상원　　　　7,000원
■ 미래를 원한다　　　　　　　　J. D. 로스네 / 문 선·김덕희　8,500원
■ 사랑의 존재　　　　　　　　　한용운 시집　　　　　　　　　3,000원
■ 산이 높으면 마땅히 우러러볼 일이다　　　유　향 / 임동석　5,000원
■ 서기 1000년과 서기 2000년　　J. 뒤비 / 양영란　　　　　　8,000원
　그 두려움의 흔적들
■ 서비스는 유행을 타지 않는다　B. 바게트 / 정소영　　　　　5,000원
■ 선종이야기　　　　　　　　　홍　희 편저　　　　　　　　　8,000원
■ 섬으로 흐르는 역사　　　　　김영희　　　　　　　　　　10,000원
■ 소림간가권　　　　　　　　　덕 건 / 홍 희　　　　　　　　5,000원
■ 세계사상　　　　　　　　창간호~3호: 각권 10,000원,　　4호: 14,000원
■ 십이속상도안집　　　　　　　편집부　　　　　　　　　　　8,000원
■ 어린이 수묵화의 첫걸음(전6권)　趙　陽　　　　　　　　　42,000원
■ 오늘 다 못다한 말은　　　　　이외수 편　　　　　　　　　　6,000원
■ 오블라디 오블라다 인생은　　　무라카미 하루키 / 김난주　　7,000원
　브래지어 위를 흐른다
■ 이외수　　　　　　　　　　　신승근 시집　　　　　　　　　3,000원
■ 인생은 앞유리를 통해서 보라　B. 바게트 / 박해순　　　　　5,000원
■ 잠수복과 나비　　　　　　　　J. D. 보비 / 양영란　　　　　6,000원
■ 중국기공체조　　　　　　　　중국인민잡지사　　　　　　　3,400원

東文選 文藝新書 126

푸코와 페미니즘
-그 긴장과 갈등

C. 라마자노글루 外

이희원 外 옮김

푸코는 권력은 어디에나 존재한다고 말했다. 그러나 만약 정말 그렇다면 왜 여성들이 권력을 더 행사하지 못하는 것일까? 왜 페미니스트들은 푸코에 관심을 기울여야만 하는가?

이 책은 푸코의 주요 문제들을 이 분야에 관한 대다수의 현존 문헌보다 덜 위협적이고 덜 추상적인 방식으로 페미니스트들에게 소개한다. 이 책은 푸코가 사용한 용어들을 이해시키기 위한 서문을 수록하고 있으며, 또한 이성이 매일매일의 삶에서 직면하는 현실과 섹슈얼리티와 권력에 관한 푸코 저작들 사이의 연관관계를 명확하게 밝힘으로써 기존 푸코 관련 문헌의 결함을 보강한다. 이 책의 기고자들은 젠더를 권력관계·섹슈얼리티·신체의 분석에 포함시키는 것이 어떤 함축적 의미를 가지게 되는지를 탐구한다. 이들은 몇 가지 핵심 문제들 — 페미니스트들에게 권력관계에 대한 그들 자신의 이해 및 푸코 저작에서 젠더의 부재가 갖는 함축적 의미에 대하여 의문을 던지도록 유도하는 푸코 나름의 자극적인 방식들 — 에 집중하기 위해 사회이론과 철학의 다양한 관점에서 각자의 전문지식을 끌어낸다.

푸코는 여성 통제는 물론 섹슈얼리티와 신체의 통제를 이해하는 새로운 방식을 제안한다. 더욱이 기고자들은 푸코가 페미니즘에 던진 도전과 페미니즘이 푸코에 던진 도전을 연결시키면서, 이 분야의 연구에 새로운 전진을 이룩해 낸다. 페미니스트들이 푸코에게 항거한다면, 그것은 페미니스트들이 젠더관계의 본질과 남성의 권력 소유에 관해 내리게 되었던 주요한 결론들에 대해 푸코가 의문을 품기 때문이다. 이 책은 이러한 푸코의 도전을 우리가 얼마나 진지하게 받아들여야 하는지에 대한 평가이다. 이 책은 사회학·문화 연구·철학·여성학을 전공하는 대학생들에게 매우 흥미있는 읽을거리가 될 것이다.

東文選 文藝新書 135

여성의 상태
— 서구 소설에 나타난 여성상

나탈리 에니크 / 서민원 옮김

　여성의 이력에 제공된 가능성의 공간은 수많은 소설들 속에 펼쳐져 있고, 여전히 현대 작품들의 소재이기도 하다. 결혼을 앞둔 처녀, 배우자와 어머니·정부·노처녀 등 여성의 다양한 상태들은 우리에게 친숙한 작품을 이루는 범주들이다. 또한 세상 사람들이 편애하는 매개수단으로써의 소설적인 문화에 의해서 뿐만 아니라, 그 범주들은 명백히 현세계의 경험과도 밀접한 관계를 맺고 있다. 어쨌든 여기서 말하는 친숙함이란 지성이나 이해를 의미하는 것은 아니다. 이를테면 문화적인 체계의 관점으로부터 어느 정도 거리를 두고서, 인류학자의 '먼 시선'만이 앎의 질서에 다름아닌 작품의 구성 요소들과 더불어 이해의 질서라고 할 수 있는 작품의 내적이고도 필연적인 논리를 설명할 수 있을 것이다.

　이 글은 서구 픽션에 있어서 다양한 여성들의 상태에 대한 단순한 나열이나 리스트 이상의 것을 지향한다. 이를테면 이 다양한 가능성의 공간들을 구성하는 커다란 개념에 대한 이해와 관련된 것이다. 즉 이러한 형곽들은 어떻게 분절되는지, 또 이곳에서 저곳으로의 이동이 어떻게 일어나게 되는지, 그것을 고찰하면서 동시에 허구가 현실과 맺고 있는 작용을 분석하는 것에 우리의 목적이 있다. 체계의 총체적 논리, 그것의 이유와 방법을 이해하는 것에 다름아닌 것이다. 살아 있는 세상에 대한 경험으로써 이러한 상태를 다룬 서구 문학은 그 상태들에 우리가 친숙해지도록 해왔다. 고전으로부터 애정소설에 이르기까지, 샬럿 브론테로부터 조르주 오네까지, 오노레 드 발자크로부터 마르그리트 뒤라스까지, 토머스 하디로부터 델리까지, 헨리 제임스로부터 대프니 뒤 모리에까지 말이다. 그 구조들 속에서 '먼 시선'으로 떠오르는 여성의 동일성을 통해, 이 책은 인류학이 어떻게 서구 문화의 소산인 소설에 대해 관점을 가질 수 있는가를 보여주고 있다.

東文選 文藝新書 143

페미니즘 사전

리사 터틀

유혜련 / 호승희 옮김

페미니즘은 오늘날의 사회에서 가장 영향력 있는 운동 가운데 하나이다. 지금까지 그 목적을 위해 싸워 오면서, 그리고 많은 어려움을 겪어 오면서 부단히 발전해 왔다.

페미니즘에 대해 간단히 정의내릴 수는 없지만, 페미니즘에 관해 기술한 백과사전이 1천 개가 넘는 자료가 있는 상황에서 리사 터틀은 그 주제에 관한 완전한 이해와 확실한 해설을 분류·정리하였다.

페미니즘은 사회운동이자 이데올로기이다. 한 권의 참고 문헌에서 모든 사항들을 과거와 현재에 걸쳐 객관적으로, 또한 아주 이해하기 쉬운 형태로 논의하고 있다. 여기에서는 페미니즘의 경로를 결정짓는 데 전력한 인물들, 여성들의 권리를 지지하고 보호해 온 기구들, 페미니즘 운동과 사상에 영향을 미친 사건들, 그리고 이 페미니즘이 낳은 슬로건, 서적들과 사상들, 나아가 많은 토픽들이 수록되어 있다.

이렇듯 방대한 참조 사항과 문헌 목록의 도움으로 페미니즘에 관한 사전은 현대 사회의 가장 중요한 운동 가운데 하나로서 필수적인 지침서가 되고 있다.

리사 터틀은 미국 태생으로 현재 영국에 거주하고 있다. 오랫동안 저널리스트로 활동하였으며, 지금은 공상 및 과학소설을 발표하고 있다.

그녀 자신은 열렬한 페미니스트로서 미국과 유럽을 오가며 여성운동에 적극적으로 참여하고 있다.